Diogenes Taschenbuch 22974

Walter Nigg

# *Der Teufel und seine Knechte*

Diogenes

Die Erstausgabe
erschien 1983 im Walter-Verlag, Olten
Umschlagillustration: Francisco Goya,
›*Stregonerie* per la Alameda‹,
1797–1798 (Ausschnitt)


40/97/36/1
ISBN 3 257 22974 7

*Will unsere Zeit mich bestreiten*
*Ich laß es ruhig geschehen.*
*Ich komme aus andern Zeiten*
*Und hoffe in andre zu gehen.*

Grillparzer

# *Inhalt*

## *Einleitung: Die moderne Vielmeinerei*

«Teufel fahr' in alle weichlichen Pfühle
Schmeißt an die Tür alle Stühle,
Schlagt alles klein und krumm!
Werft dort die Baßgeig um.
Satan ist heut hier im Saal»,

singt der schwedische Dichter Carl Michael Bellmann in seinem Schauspiel «Ulla Winblad», in dem ein Anakreontiker mit seiner Laute durch die Hafenkneipen geht. Das Publikum lauscht den übermütigen Liedern über Bacchus- und Liebesfreuden mit einem kaum verhaltenen Kichern, entsprechen sie doch seiner Vorstellung vom leichtlebigen Dasein. Vergnügt hört es dem lustigen, selbst den Tod überspielenden Gesang zu – auf der Bühne darf alles in Stücke gehen. Satan, der im Saal die Stühle umschmeißt, ist nur eine mit Wasserfarben gemalte Theaterfigur; jede Szene vergeht gleich Rauch und Schall.

Hat der heutige Mensch das Teufelsproblem mit derartigen munteren Sprüchen für alle Zeiten von sich gestoßen? Fast scheint es so. Er empfindet sich selbst aufgeklärt und gebildet, neuzeitlich und fortschrittlich, skeptisch und ungläubig, weshalb solche «mittelalterlichen Überreste» ihn nicht mehr anfechten. Er denkt an alles andere, nur nicht an den Teufel, und kennt die Teufelsvorstellung nur noch vom Hörensagen, nicht aber aus eigener Erfahrung. Für ihn sind das längst überwundene Ideen, Rudimente eines primitiven Bewußtseins, die im neuzeitlichen Lebensgefühl keinen Platz mehr haben. Er ist von diesem Thema so unendlich weit entfernt, daß ihn nicht einmal die kaltblütige Streichung des Teufelsglaubens aus seiner Gleichgültigkeit reißt. Er nimmt die Frage gar nicht ernst, geschweige denn, daß er ihre tiefere Bedeutung erfaßt. Die Teufelsfrage ist höchstens noch ein Thema für die volkskundliche Forschung und kann auch da nicht genau definiert werden. Woher kommt diese Ignorierung des Teufels, während er doch frühere Generationen intensiv beschäftigte? Sind die allzu populären Bilder daran schuld, die früher die Menschen erschreckten?

Eine erste Frage meldet sich: Gehört die Teufelsvorstellung in das Gebiet des Aberglaubens? Die Wahrnehmung ist nicht zu bestreiten, daß viele Menschen, auch viele fromme Leute, überaus abergläubisch sind, und nicht minder achten zahlreiche Freigeister auf allerlei abergläubisches Brauchtum. Der Aberglaube nimmt in den Religionen einen breiten Raum ein, auch da «sind nicht alle frei, die ihrer Ketten spotten». Glaube und Aberglaube sind oft miteinander verwoben, gehen ineinander über und sind manchmal kaum zu unterscheiden. Der Aberglaube ist auch ein Glaube, aber ein entarteter. Pascal hat mehrfach vor ihm gewarnt. Auch Jeremias Gotthelf schilderte in seinen bäuerlichen Erzählungen die Verkettung von Glaube und Aberglaube. Er tat es erstaunlich unvoreingenommen, ohne Korrektur und ohne Polemik. Jeremias Gotthelf traute dem Leser die Unterscheidung selbst zu. Tatsächlich hat sich mit dem Teufelsglauben oft abergläubischer Unfug verbunden. Leider hat auch die Kirche den Aberglauben vielfach geduldet. Deswegen klagte die dem Evangelium nahestehende Simone Weil: «Die philosophische Reinigung der katholischen Religion hat niemals stattgefunden.»[1] Diese Feststellung besteht durchaus zu Recht. Der Aberglaube muß ausgeschieden werden, weil er sich immer wieder in den Glauben einschleicht und ihn verunstaltet. Einer seelischen Fessel gleich wirkt er sich aus. Der Christ muß

sich des Aberglaubens erwehren, muß erkennen, daß Glaube und Aberglaube unvereinbar sind.
Obschon sich der heutige Mensch rühmt, über die mittelalterlichen Teufelsvorstellungen weit hinausgewachsen zu sein und vermeint, sich von allem Aberglauben befreit zu haben, vermag er den Blick in diese Richtung nicht zu unterlassen. Spukgeschichten werden selbst in unserer aufgeklärten Zeit mit größtem Interesse gelesen. Warum? Wohl nur deshalb, weil das Problem des Aberglaubens nicht bewältigt, sondern einfach verschoben und überspielt wird. Anstelle des Teufelsglaubens ist der Okkultismus getreten, der sich eines großen Zulaufes erfreut. Was immer mit unheimlichen Geschichten zusammenhängt, wird begierig eingesogen und ganz unkritisch für bare Münze genommen. Ein beschämend primitiver Okkultismus ist zur Ersatzreligion vieler Gebildeter und Halbgebildeter geworden. Je obskurer die Dinge sind, um so interessanter sind sie. Die Verbreitung des Okkultismus verrät ein unabweisbares, wenn auch verkümmertes Bedürfnis, an der übersinnlichen Welt des Teuflischen teilzunehmen. Zahlreiche Menschen der Gegenwart spotten über den mittelalterlichen Teufelsglauben und befinden sich dafür im Banne des Spukes, der sie an der Nase herumführt.
Es ist eine kurzschlüssige Überlegung, das Böse gelten zu lassen und die Teufelsvorstellung abzulehnen. Für den einfachen Menschen sind die beiden Begriffe identisch, weil er in konkreten Bildern, nicht in abstrakten Gedanken denkt. Für ihn personifiziert sich das Böse im Teufel, und wird ihm diese Verbindungslinie gestrichen, kommt er zur Leugnung des Bösen oder sieht in ihm nur das umgekehrte Gute.
Von jeher hat sich das philosophische Interesse mit dem Problem des Bösen beschäftigt. Freilich reden die Philosophen entsprechend ihrer abstrakten Denkweise vom Bösen und nicht vom Teufel; es klingt akademischer. Nicht der Böse, sondern das Böse ist Gegenstand der philosophischen Denk-

bemühungen, obschon Goethe seinen Mephisto spotten läßt: «Den Bösen sind sie los, die Bösen sind geblieben.»[2] Ob man nun «der Böse» oder «das Böse» sagt, ist natürlich ein Unterschied, aber man kann sich fragen, ob Mephistos Feststellung dem Menschen auch nur den kleinsten Vorteil gebracht hat? Problem bleibt Problem – man mag es so oder so umschreiben. Die Menschen leben in einer Welt, in der es Böses gibt und in der das Böse die Macht eines Zaubertrankes hat. Die Philosophen unterscheiden das Böse vom Übel und suchen den Grund des Bösen im menschlichen Egoismus. Das Böse ist nach Paul Häberlin das egoistische Verhalten des Menschen; es kann individueller oder gesellschaftlicher Natur sein. Zahlreich sind die philosophischen Abhandlungen über das Böse. Kant hat sich nicht gescheut, vom «Radikal-Bösen» zu schreiben, was ihm den Tadel Goethes eingetragen hat. Ist das Böse eine natürliche Unzulänglichkeit, oder ist es eine unheimliche Kraft, fragen sie. Die philosophischen Bücher über das Böse sind mit sichtlichem Ernst geschrieben und verdienen Beachtung. Das Rätsel des Bösen hat unübersehbare Auswirkungen, jedenfalls erträgt es weder Ironie noch Spott. Nur Unkenntnis kann die philosophischen Ausführungen über diese Thematik kurzerhand ablehnen. Jede ernsthafte Geistesarbeit hat Anspruch auf Respekt. Martin Bubers Schrift «Bilder von Gut und Böse» enthält tiefsinnige Folgerungen. Der böse Trieb wird «die Hefe im Teig» genannt und die Aufgabe des Menschen darin gesehen, «den bösen Trieb» nicht «zu vernichten, sondern ihn wieder mit dem guten zu vereinigen»[3]. Noch gewaltiger redet Leopold Ziegler in seinem Alterswerk «Menschwerdung» vom Bösen, und zwar dort, wo er auf die Bitte «erlöse uns vom Bösen» zu sprechen kommt. Als geistiger Einzeldenker stößt Ziegler folgerichtig auf Jakob Böhme, der nach ihm der einzige ist, der der Frage nach dem Ursprung des Bösen standhält. Er schreibt über ihn: «Er setzt an diese Frage nicht allein sein

von außen wie von innen gleich bestürmtes Leben, sondern geradezu sein Seelenheil, das er irgendwie gefeit glaubt und wohl auch glauben darf gegen die Gefahren einer vordringlichen Beschäftigung mit dem Bösen.»[4] Böhme, Ziegler und Buber unterscheiden sich von vielen Philosophen darin, daß sie nicht in abstrakten Überlegungen stecken bleiben. Ebenso wenig gehören sie zu den Gelehrten, die ruhig am Schreibtisch sitzen und von der Wirklichkeit des Teufels keine Ahnung haben. Sie beschreiben keine rein gehirnliche Angelegenheit, weil sie die Nähe des Bösen erkannt haben. Das Böse hatte es mit ihrer Existenz zu tun. Wenn sie auch zunächst das Problem rational angehen, ist bei ihnen das Böse in seiner Versuchung doch eine ganz und gar irrationale Macht. Der Teufel taucht mitten im Dasein auf und hält die Menschen in Schach. Dies spüren die Religionsphilosophen deutlich selbst durch alle intellektuellen Ausführungen hindurch.
Neben den Philosophen hat sich auch die religionsgeschichtliche Forschung ernsthaft damit beschäftigt. Die religionsgeschichtliche Arbeit schließt ein unumgängliches Anliegen in sich, das eine Zeitlang durch die Frage nach der Absolutheit des Christentums überschattet wurde. Dann hat sie erkannt, daß die verschiedenen Religionen auf verschiedenen Wegen nach Gott suchen. Diese Einsicht verdankt die Religionsgeschichte namentlich einigen hervorragenden Forschern, wie Richard Wilhelm, der die chinesischen Religionsphilosophen ins Deutsche und das christliche Schrifttum ins Chinesische übersetzte, wodurch sich ein neues, gegenseitiges Verstehen anbahnte. Auch Rudolf Ottos «West-Östliche Mystik» ist in diesem Zusammenhang zu nennen, ein Werk, das den Untertitel «Vergleich und Unterscheidung zur Wesensdeutung» trägt und damit einer unsauberen Vermengung vorbeugte. Im Hinblick auf den Teufel nahmen die Religionsforscher wahr, daß vor allem die altpersische Religion vom Bösen redet, indem sie den Dualismus zwischen dem Reich

des Lichtes und dem Reich der Finsternis zum Prinzip erhob. Von Persien kommend drang der Satan in Israel ein. Der biblische Teufelsglaube ist somit eine persische Entlehnung. Mit dieser Wahrnehmung der religionsgeschichtlichen Forschung ist das Problem keineswegs gelöst. Es hat eine bloße Verschiebung stattgefunden. In Israel erfuhr die Teufelsauffassung eine tiefgreifende Umgestaltung, von der im nächsten Kapitel die Rede sein wird. Die Feststellung, daß der Teufel auch außerhalb der Bibel vorkomme, muß anders interpretiert und bewertet werden, als es bis anhin in der Forschung geschehen ist. Nicht die Abhängigkeit des Alten Testamentes vom Parsismus ist bedeutsam, sondern das in dieser Entdekkung erscheinende Urwissen des Menschen. Auch Buddha wurde, nachdem ihm unter dem Baum die entscheidende Erleuchtung widerfuhr, vom Versucher Mara verlockt, sofort in das Nirwana einzugehen, damit sein erlösungsbringendes Wissen dem Menschen unbekannt bliebe. Neben den Religionen weisen ebenfalls die Märchen auf das Urwissen des Menschen vom Bösen hin, denn in ihnen erscheint sehr oft der Teufel. Die Bedeutung des Problems wird durch das Urwissen des Menschen unterstrichen, deshalb darf man die Religionsgeschichte nicht übergehen.
In den letzten Jahren zeigte die moderne Psychologie ein steigendes Interesse an der Teufelsfrage. Die Psychologie betonte einen anderen Aspekt, indem sie das Böse zum «Schatten» erklärte, unter dem sie das Dunkle und Negative, das Verdrängte und Nichtgelebte im Unterbewußtsein versteht. Der «Schatten» begleitet den Menschen durchs Leben; die Psychologie vermag ihn bis zu einem gewissen Grad zu erhellen, nicht aber völlig aufzulösen. Sie will dies auch gar nicht, weil nach ihrer Meinung der «Schatten» zum Menschen gehört, den sie als eine rein innermenschliche Angelegenheit ohne ethische Bewertung betrachtet. Die psychologische Auffassung hat ihre Berechtigung, da in ihr die Möglichkeit liegt,

sich an die Problematik heranzutasten. Freilich ist ein Vorbehalt anzubringen, indem sie die Gefahr in sich schließt, das Religiöse aufzulösen, versteht sie doch darunter subjektivistisch einen seelischen Vorgang, dem keine objektive Wirklichkeit entspricht. Die Psychologie redet von teuflischen Gefühlen im Menschen, nicht aber vom Teufel. Man kann psychologisch eifrig über das Problem des Satans diskutieren, ohne von seinem Abgrunde nur etwas zu ahnen. Es ist der Psychologie eine seltsame Unverbindlichkeit eigen. Sie löst den Teufel in den trüben Wassern des Unterbewußtseins auf, was mit ihrer irreführenden Rangerhöhung von einer Hilfswissenschaft zu einer Normwissenschaft zusammenhängt. Deswegen ist es angebracht, an einen so unvoreingenommenen Zeugen wie Franz Kafka zu erinnern, der sich in psychologischen Fragen überaus gut auskannte und einmal in sein Tagebuch notierte: «Psychologie ist Lesen einer Spiegelschrift, also mühevoll, und was das immer stimmende Resultat betrifft, ergebnisreich, aber wirklich geschehen ist nichts... Zum letztenmal Psychologie!»[5]

C.G.Jung ging einen Schritt weiter auf der Bahn der Tiefenpsychologie. Er beschäftigte sich unter anderem mit dem Trinitätsproblem, dem er ein eigenes Kapitel «Das Problem des Vierten» widmete. Jung ging von der Frage des Timaios aus: «Eins, zwei, drei – aber der Vierte... wo bleibt er uns denn?» Er wollte die Trinität in eine Quaternität umschaffen, indem als Vierter der Teufel hinzukommt! Er bezeichnete die Dreiheit als kein natürliches, sondern als ein künstliches Ordnungsschema. Es seien immer vier Elemente, vier Qualitäten, vier Farben, vier Kasten in Indien. Er schrieb: «Die logische Folge wäre die Aufhebung der Trinitätsformel und ihre Ersetzung durch eine Quaternität.»[6] Die Ausführungen beweisen, daß auch die Tiefenpsychologie das Teufelsproblem in ihr Denken einbezog. C.G.Jung war ein genial begabter Mensch, der eine ebenso wertvolle als notwendige Ergänzung zu Freuds Verständnis der Tiefenpsychologie herausgearbeitet hat. Doch ist er mit seinem Quaternitäts-Vorschlag einem klügelnden Einfall zum Opfer gefallen, mit dem er selbst nur spielte und den er nicht ernsthaft zu Ende gedacht hat. Kein einziger Theologe hat ihm sein vermeintliches Fündlein abgenommen. Die christliche Geistesgeschichte ist über Jungs konstruierte Quaternität diskussionslos hinweggegangen, zumal es sich bei der Dimension des Teufels nicht um «eine logische Folgerung» handelt. Bei der Trinität war kein künstliches Modell an der Arbeit, vielmehr gelangte – was in jeder Dogmengeschichte nachzulesen ist – das christliche Denken in einem langsamen, ernsthaften Prozeß zur trinitarischen Erkenntnis, die in ihrer paradoxen Formulierung ein Geheimnis ist. Die Frage darf nicht geistreichen Reflexionen ausgeliefert oder mit einem Verblüffungsgedanken verwirrt werden. Auch widerspricht es der religiösen Verantwortung und dem hierarchischen Denken, den Teufel mit Gott, Christus und dem Heiligen Geist in eine Formel zusammenzufassen.

Überdenkt man die philosophischen, religionsgeschichtlichen und psychologischen Ausführungen, steht man vor dem modernen Pluralismus, der auch in den kirchlichen Raum eingedrungen ist. Der Pluralismus spricht zunächst eine Selbstverständlichkeit aus: Zu allen Zeiten gab es verschiedene Meinungen über ein Problem – das ist wahrlich keine Neuigkeit. Das Modewort «Pluralismus» ist ein Fremdwort. Friedolin Stier reflektierte in seinen aufwühlenden Aufzeichnungen «Vielleicht ist irgendwo Tag», wie dieser vielbeschworene Ausdruck am besten zu übersetzen sei. Dabei kam er zu dem treffsicheren Resultat «Vielmeinerei» und hat damit das Schlagwort entlarvt[7]. Um kein Mißverständnis aufkommen zu lassen: der ideologische Dogmatismus ist entschieden abzulehnen, weil er sich keiner Selbstprüfung unterzieht und nur seine eigene Meinung gelten läßt. Die christliche Universalität schließt viele Ausblicke in sich, und jeder kann von mehr als einem Gesichtspunkt aus betrachtet werden. In der modernen Vielmeinerei aber meint jeder Mensch sich über jedes Problem zu jeder Zeit äußern zu können, ohne länger darüber nachgedacht zu haben. Man glaubt, dies einem allerdings falschen Demokratieverständnis schuldig zu sein, das ohnehin kein Gewissen mehr kennt. Die gegenwärtige Vielmeinerei entspricht der so beliebten uferlosen Diskussionssucht, bei der man ganz selten zu einem klaren Ergebnis gelangt. Die Vielmeinerei schafft nur unnötiges Gerede, das ohne Resultat bleibt, Zerwürfnis bewirkt und keine aufbauenden Kräfte entbindet. Sie ist eine moderne Krankheit, für deren Heilung und nicht für deren Verbreitung durch Umfragen man bedacht sein sollte.

Will man sich nicht an der modernen Vielmeinerei beteiligen, muß man das Teufelsproblem nochmals gründlich überdenken. Hat sich nicht ein Fehler in eine allzu schnelle «Überlegung» eingeschlichen? War es überhaupt ein ernsthaftes Nachdenken? War man damit nicht zu Ende, bevor man wirklich begonnen hatte? Geht die Rechnung überhaupt auf? Der moderne Mensch hat es sich viel zu leicht gemacht; er hat wegen den allzu volkstümlichen Teufelsbildern das wirkliche Problem mit einer Handbewegung auf die Seite geschoben und hat behauptet, eine solche Frage sei dem heutigen Denken nicht mehr zumutbar. Fragt uns das Leben, was uns zugemutet werden dürfe und was nicht? Der leichtfüßige «Abschied vom Teufel» verrät eine opportunistische Anpassung an den Zeitgeist. Allezeit sind die Christen aufgefordert, die «Fragen vom anderen Ufer» neu zu überdenken. Die Teufelsfrage ist nicht annähernd beantwortet, wenn man sich einfach dem Zeitgeist anpaßt, der heute so und morgen anders urteilt. Mindestens müßte man mit Ricarda Huch den Satan zu den Urphänomenen zählen[8].

Urphänomene haben Gewicht, wie das Urwissen überdauern

sie der Zeiten Wechsel; sie sind für jede Generation neu, und nie sind sie überholt. Bei den Urphänomenen mag man sich fragen, wie sie sich in unserem Leben bekunden. Auf welche Art haben wir mit ihnen zu tun? Wenn man das Teufelsproblem zum voraus verneint, wie erklärt sich dann all die Verdorbenheit und Gemeinheit, alle Verbrechen und alles Dunkle im menschlichen Dasein? Sind alle diese Erscheinungen beantwortet, wenn man statt «Teufel» «das Böse» sagt? Ist das nicht nur ein anderer Name für die gleiche Sache? Gehört der Teufel zu den antwortlosen Fragen, die den Menschen quälen und auf die er doch nie verzichten kann?
Für die Existenz des Teufels ist man nicht nur in den vergangenen Jahrhunderten eingetreten. In der heutigen Zeit schrieb Alois Winklhofer einen «Traktat über den Teufel», der alle Argumente der Kirchenlehre über Satan rekapituliert und ihn als einen abgefallenen Engel versteht. Der gelehrte Theologe ist mit einem verantwortungsbewußten Gewissen an seine Aufgabe herangetreten. Die kirchliche Orthodoxie entwickelte im Laufe der Jahrhunderte ein überaus imposantes System, an dem sich viel Scharfsinn beteiligte und dem man die Anerkennung für die vielhundertjährige Bemühung unmöglich versagen kann. Bei allem Respekt vor dem sichtlichen Ernst der Ausführungen muß man sich doch fragen: Woher wissen die Theologen dies alles so genau? Beruhen ihre Aussagen wirklich auf Offenbarungen, oder haben sich hier Spekulationen eingeschlichen? Wo hört die göttliche Offenbarung auf, und wo beginnt die theologische Vermutung? Werden hier nicht zwei Auffassungen vermengt, die zu unterscheiden sind? Ist auch wirklich alles wahr, was da ausgesagt wird, oder liegt eine bloß dinglich verstandene Metaphysik vor, die allzu massiv mit übernatürlichen Vorstellungen umgeht? Ist echte Metaphysik nicht ein Denken, das sich wirklich jenseits der Physik bewegt und von dem man alle primitiven Vorstellungen strikte fernhalten sollte? Diesen

Fragen darf man bei aller Ehrfurcht vor der kirchlichen Überlieferung nicht ausweichen, wenn man ehrlich bleiben will. Zuallerletzt dürfen wir die Frage nach der übersinnlichen Welt in uns selbst nicht unterdrücken oder uns tänzerisch über sie hinwegsetzen. Darin mögen sich geistreiche Literaten gefallen, niemals darf sich die christliche Redlichkeit dessen schuldig machen.

Die dogmatische Gläubigkeit nimmt zuweilen geradezu lächerliche Formen an, wenn sie in plumpe Hände gerät. Dies zeigt Dostojewski anschaulich beim stupiden Pater Ferapont in «Die Brüder Karamasoff». In tolpatschiger Art fabuliert Pater Ferapont, daß «das Ende des dicken, dunkelbraunen Schwanzes des Teufels zwischen die Türspalte geraten sei – da war ich nicht dumm und knallte die Tür zu und klemmte seinen Schwanz ein. Wie er quiekte, wie er um sich schlug! Ich aber machte das Zeichen des Kreuzes dreimal nacheinander und kreuzte ihn einfach tot. Er krepierte denn auch auf der Stelle!»[9] Mit diesem törichten Geschwätz prangerte der Dichter die beschämende Beschränktheit der Vertreter des schwarzen Christentums an. Innerhalb des Romanes gehört Pater Ferapont zu den Gegenspielern des lichtvollen Staretz Sossima. Dostojewski, der wahrhaft um den Teufel wußte, wollte mit Pater Ferapont jenen grobklotzigen Unfug brandmarken, den jene anrichten, die vom Leibhaftigen nur den Schwanz sehen und sich damit die wahre Sicht verstellen. Als Reaktion auf diesen undiskutierbaren Aberglauben kam es zur aufklärerischen Meinung, nach der der Teufelsglaube mit der wissenschaftlichen Einstellung unvereinbar sei. Der Dualismus von Gott und Teufel sei durch die Geschichte widerlegt. Durch die fortschreitende Zivilisation habe sich der Mensch von der Teufelsfurcht befreit, und der Teufel habe sich, wie der Nebel vor der aufsteigenden Sonne, verflüchtigt. Wirklich? Kennen die heutigen Menschen tatsächlich keine verteufelten Ängste mehr? Die Argumentation der Aufklärung war rein rationalistisch. Mit dem Verstand aber kommt man dem Teufel gerade nicht bei, zumal er sich selbst in der Vernunft verbirgt. Es fehlt den vielen aufklärerischen Schriften jedes Gespür für das Abgründige und das Dunkle des Lebens. Wenn man glaubt, der Teufel habe gar nie existiert, wie kann man dann so viele Seiten gegen etwas schreiben, das es zu keiner Zeit gegeben hat? Das ist doch eine bizarre Zeitverschwendung. Auch die rationalistischen Argumente haben eine gewisse Berechtigung, trotzdem vermögen sie nicht zu überzeugen und fallen, aufs Ganze gesehen, unter das Urteil: «Gewogen und zu leicht befunden.» Ebenso wenig darf man die Frage nach dem Teufel als eine nur interessante Angelegenheit betrachten, die sich gegen eine Verteufelung des Teufels wehrt und sich auf eine neutrale Einstellung ohne Ja oder Nein zurückziehen will. Der geistige Neutralismus hat viel zum Niedergang des Abendlandes beigetragen. Er vertritt den Standpunkt des Agnostizismus, hinter dem sich die Skepsis verbirgt, die im Relativismus endigt und dem geistigen Selbstmord gleichkommt.

Selbstverständlich kann man über den Teufel keine wissenschaftliche Abhandlung schreiben. Damit kein Mißverständnis entsteht: Ich bin kein Verächter der Wissenschaft. Im Gegenteil. Ich habe mich überaus gerne mit der Geschichte der Wissenschaft beschäftigt und empfinde große Hochachtung vor ihr. Hier aber ist die Wissenschaft nicht am Platze, und darum handelt es sich bewußt um eine unwissenschaftliche Abhandlung, die auch ihre Berechtigung hat. Es läßt sich da nichts beweisen und nichts bestreiten. Die nachfolgenden Ausführungen bewegen sich auf einer anderen Ebene. Auch nützt es nichts, wenn man ein erdrückendes Material zusammenträgt, sei es nun pro oder contra. Behauptung steht da gegen Behauptung. Die Wissenschaft ist eine rationale Sache, und der Teufel ist eine irrationale Erscheinung. Gerade deswegen ist die Wissenschaft nicht zuständig und bewegt sich die Frage außerhalb ihrer Forschung. Bei unserem Problem aber muß man auf das Geheimnis achten, und nie darf man das Unerklärliche doch erklären wollen. Bei aller Wissenschaftsfreudigkeit müssen wir hier stillestehen und die Grenzen des Wissens einsehen.

Oder spricht man am besten nicht über den Teufel, weil er nicht mehr salonfähig ist? Das kommt einer Bankrotterklärung der letzten Fragen gleich. Unabhängig von dem, was die moderne Vielmeinerei vom Teufelsglauben hält, bekenne ich mich ausdrücklich zur Unpopularität und gehe die Frage anders an. Ich bin mir bewußt, daß es sich um einen fragmentarischen Versuch handelt. Es wird keine ausführliche Satanologie entwickelt, die es nicht gibt und nicht geben soll. Eine «Geschichte des Teufels» zu verfassen kann so wenig gelingen wie eine «Geschichte des Gottesreiches». Höchstens wäre es möglich, eine «Geschichte der Teufelsvorstellungen» zu schreiben, doch würde sie von einer monotonen Langweiligkeit sein, weil sich die Auffassungen nicht allzu stark gewandelt haben. Das Wesen der Geschichte ist jedoch gerade die Veränderung, die dem Historiker allein zugänglich ist. Der fragmentarische Versuch macht einige wenige Aspekte geltend, Bruchstücke nur. Jede Vollständigkeit und noch mehr jedes System ist zum voraus ausgeschlossen. Die Unvollkommenheit der Ausführungen ist evident. Die skizzenhafte Zeichnung möchte auf eine oft übersehene Blickrichtung hinweisen. Das Thema beschäftigt uns immer wieder, obschon wir damit nie fertig werden. Wir sollen uns vom intellektuellen Wust befreien und dürfen auch keine theologischen Heufuder vor uns her schieben.

Die Abhandlung geht davon aus, daß es zwei Wirklichkeiten gibt, eine sichtbare und eine unsichtbare. Gewöhnlich lebt der Mensch ganz in der sichtbaren Wirklichkeit; sie beschäftigt sein Denken und sein Tun, sie bestimmt den Tagesablauf und sie füllt den Alltag aus. Ist aber die sichtbare Wirklichkeit die einzig mögliche Realität? Befriedigt sie die unendliche Sehnsucht des Menschen? Darf man die Frauen und Männer, die über die Alltagswirklichkeit hinaussehen, sofort des Obskurantismus verdächtigen? Gibt es nicht Menschen, die etwas sehen und auch solche, die nichts sehen? In ein lebendiges Leben fallen immer wieder seltene Stunden, in denen unerwartet eine andere, unsichtbare Realität durch die vordergründige Wirklichkeit hindurchschimmert. Die sichtbare Welt ist nicht so beschaffen, wie sie dem Menschen gewöhnlich erscheint; er sieht sie zu vordergründig und beachtet nicht die sie überlagernde zweite Wirklichkeit. Paulus schrieb die wie Hammerschläge dröhnenden Worte: «Wir, die wir nicht sehen auf das Sichtbare, sondern auf das Unsichtbare.»[10] Diese viel zu wenig beachtete, bedeutungsschwere Aussage kehrt die übliche Sicht der Dinge mit einem Schlag völlig um. Eine radikalere Umdrehung ist gar nicht möglich. Man mag sich fragen, ob das Wort des Apostels «wir, die wir nicht sehen auf das Sichtbare, sondern auf das Unsichtbare» für den heutigen Christen auch noch gilt? Bemühen wir uns noch um das Sehen auf das Unsichtbare? Des Menschen Denken ist doch gegenwärtig nur auf das Sichtbare gerichtet, und das Unsichtbare läßt er unsichtbar bleiben, ohne die Folgen dieser Nichtbeachtung zu bedenken. Das Sichtbare hat es mit der Zeit zu tun, die unaufhörlich zerrinnt und den Eindruck der Sinnlosigkeit erweckt. Das Unsichtbare kennt keine Zeit. Das haben die Mystiker stets gewußt, sie, die von der Christenheit ungebührlich vernachlässigt worden sind und doch zu ihren tiefsten Vertretern zählen.

Nun gibt es Momente im Leben, in denen sich die unsichtbare Welt plötzlich bemerkbar macht. Sie gehören zu den merkwürdigsten Erlebnissen, die im ersten Augenblick erschreckend und unglaubwürdig zu sein scheinen und die, näher betrachtet, doch nicht zu bestreiten sind. Der atheistische

Nietzsche schrieb einmal «von einer schrecklichen Gestalt hinter seinem Stuhl, die schauderhafte, unartikulierte und unmenschliche Töne von sich gab»[11]. Niemand wird den Philosophen von Sils Maria zu den Hinterwäldlern zählen wollen, ihn, der die Fähigkeit des Um-die-Ecke-Sehens besaß und wie ein Prophet kommende Dinge wahrnahm. Man kennt Nietzsche nur oberflächlich, wenn man einzig sein lautstarkes Getöse von der «Philosophie mit dem Hammer» anführt und nicht auf seine verborgenen Erlebnisse achtet, von denen er selten zu sprechen pflegte. Noch unheimlicher war Solowjews Vision am Ostersonntag 1898. Dieser russische Religionsphilosoph befand sich auf einer Seereise nach Ägypten, als er plötzlich den Teufel erblickte, der auf dem Kissen in seiner Kajüte in der Gestalt eines zottigen Tieres saß. Solowjew fragte ihn: «Und du, weißt du, daß Christus auferstanden ist?» Als Antwort stürzte sich der Teufel auf Solowjew, den man später bewußtlos auf dem Boden liegend fand. Solowjew zählt zu den großen Denkern der Ostkirche, dem eine visionäre Schau der Dinge eigen war. Ähnliche Erlebnisse widerfuhren auch andern Menschen; die Beispiele ließen sich unschwer vermehren. Will man sie alle einfach als Halluzinationen wegschieben? Dermaßen leichtfertig darf man nicht an den Einbrüchen aus der unsichtbaren in die sichtbare Welt vorbeieilen.

Die erwähnten Vorkommnisse deuten an, daß man über den Teufel, um eine gewagte Formulierung zu gebrauchen, nur «visionär» schreiben sollte. Das geht natürlich nicht, weil für das Visionäre die entsprechenden Worte und Begriffe fehlen. Visionäre Erlebnisse können höchstens in Chiffren angedeutet werden; die gewöhnliche Sprache reicht dazu nicht aus, so daß Mißverständnisse beinahe unvermeidlich sind. Für den Menschen, der die zwei Wirklichkeiten anerkennt, ist der Teufel kein bloßes Wort, sondern ein realitätsgesättigtes Zeichen, das nie restlos zu umschreiben ist und dessen dunkle

Existenz oft wie ein Blitz am nächtlichen Himmel in das menschliche Dasein hineinleuchtet. Wie soll man die unheimliche Macht adäquat formulieren? Bedarf es dazu eines ahnungsvollen Gespüres, einer Art sechsten Sinnes, der verborgene Dinge wittert? Müßte es in der Weise geschehen, wie Julien Greens «Geisterseher» Vorkommnisse erzählt, bei denen der Leser nie weiß, sind ihm seine Erlebnisse auch widerfahren oder hat er sie nur geträumt? Der Dichter läßt diese Frage absichtlich in einem ungewissen Schwebezustand. Allen modernen Vorurteilen zum Trotz, ist für uns der Visionär eine gewichtige Gestalt, selbst wenn er auch nur notdürftig umschrieben werden kann. In der «visionären» Schreibweise sind die Dinge wirklich und zugleich unwirklich, beinahe einer Phantasterei ähnlich. Stets muß man Realität und Unrealität zugleich betonen. Das menschliche Leben schillert zwischen den beiden Polen. Es ist alles klar, und zugleich ist alles unklar. Auch diese widerspruchsvolle Spannung hielten die Mystiker aus. Der jetzige Mensch aber hat in seiner einlinigen Vielmeinerei eine verhängnisvolle Einbuße erlitten, indem er die Kraft des Glaubens verloren hat und an einem metaphysischen Unvermögen leidet, das durch kein technisches Können wettzumachen ist.

Darnach spielt sich das Teufelsproblem in einem geistigen Dämmerlicht ab. Satan bewegt sich in einer schwer zugänglichen Sphäre. Er befindet sich in einer unwirklichen Wirklichkeit, auf die der Mensch immer wieder stößt und der er doch nie habhaft wird. Es geht cum grano salis um eine surrealistische Sicht. Auf die Schau kann nur in Bildern hingewiesen werden. Das Bild darf nicht mit der Wirklichkeit identifiziert werden. Die Bildersprache ist ein Hilfsmittel, und es ist falsch, wegen der Unvollkommenheit ihres Ausdruckes an der Realität der Teufel zu zweifeln. Mit dem Wort «Teufel» ist ein Zeichen gesetzt, das den bloßen Symbolcharakter weit überschreitet.

Niemals darf die Sicht dinglich verstanden werden. Der Teufel ist nie und unter keinen Umständen stofflich zu begreifen. Dagegen hat sich schon Thomas von Aquin ganz entschieden verwahrt. Die zu entfaltende Sicht verfügt über den Teufel nicht wie ein Naturwissenschaftler über das Objekt seiner Forschung. Weder Agnostizismus noch Skepsis sind am Platze, wohl aber die kreatürliche Bescheidenheit. Man darf in dieser Frage auch der Phantasie keinen freien Lauf lassen. Es gilt, das Problem des Bösen zu sehen, mit ihm zu rechnen und es doch nicht zu überziehen. Das Ahnungsvermögen ist beachtenswert, nicht aber eine Vorliebe für nebelhafte oder schwammige Vorstellungen, die niemandem helfen. Deshalb sind Vorsicht und Besonnenheit gegenüber dem Mysterium des Bösen geboten. Es ist ein Erinnern an das, was die Menschen einst erlebt haben, das sich aber im mechanistischen Zeitalter verhüllt hat, trotzdem jedoch noch da ist und immer da bleiben wird, weil es nun einmal zum Dasein gehört.

Viel diskutiert wurde die Frage, ob der Teufel eine Person oder eine unpersönliche Macht ist. Die Vorstellung vom personifizierten Bösen hat sich die Kunst zu eigen gemacht und zu eigen machen müssen, denn sonst hätte sie es nicht darstellen können. Nach der Kirchenlehre ist der Teufel eine Person, ein gefallener Engel, wofür wesentliche Argumente sprechen. Näher besehen ist jedoch das Wort «Person» in diesem Bereich ein unvollkommener Begriff, denn jede Person ist begrenzt und des Teufels Wesen ist unbegrenzt. An sich ist der Teufel eher eine Unperson, da er doch die von Gott geschaffene menschliche Persönlichkeit zerstört. Der Teufel als Unperson verstanden, sagt wiederum nicht das Richtige aus. Er kann sich personifizieren, hat er sich doch im Verlauf der Geschichte mehrfach in gewissenlosen, verbrecherischen Naturen verkörpert. Er ist auch in unzähligen anderen Wesen und Dingen gegenwärtig und ist beinahe immer im Spiel.

Die mannigfachsten Möglichkeiten stehen ihm offen: er ist sowohl im Rationalismus als auch im Irrationalismus wirksam. Die Frage, ob er nun eine Person oder eine Nichtperson sei, übersteigt die menschliche Aussagemöglichkeit genau so, wie der Mensch sich die Ewigkeit nicht konkret vorstellen kann. Das Problem spielt sich auf einer transpersonalen Ebene ab, was man keinen Augenblick vergessen darf. In aller Unheimlichkeit ist es eine uns überragende Grenzfrage. Grenzprobleme sind Fragen, die über das menschliche Denkvermögen hinausgehen und bei denen ein sinnvolles Gespräch aufhört. Grenzfragen überschreiten die menschliche Kompetenz und bleiben, wie viele andere Probleme, dahingestellt. Diese Haltung gebietet uns die Demut, die sich über das Kreaturgefühl des Menschen Rechenschaft gibt. Man darf sich keinerlei Grenzüberschreitungen schuldig machen, sonst gerät man auf schwindelerregende Abwege.

Ebensowenig vermögen Menschen die Frage nach dem Ursprung des Bösen lösen. Woher kommt das Böse in die Welt? Die beliebte Antwort, «Gott hat es zugelassen», ist, näher besehen, keine Antwort. Es wäre doch angebracht, offen einzugestehen, daß das Problem der Herkunft des Bösen unbeantwortbar ist. Es gibt höchstens eine Überwindung und eine Erlösung vom Bösen, nicht aber eine Erklärung über seinen Ursprung. Auch diese Frage übersteigt unser Denkvermögen, eine Frage, die wir niemals bewältigen, uns ihr aber nur stellen können. Es ist mir wohl bewußt, daß in diesem Fragment nur die Anfangsgründe umschrieben werden können.

Der Teufel ist eine Realität und zugleich eine Unrealität. Nur diese paradoxe Auffassung ist imstande, die Ontologie des Bösen wenigstens anzudeuten. Dabei muß uns klar sein, daß nur Gott allein das Sein zukommt. Alles ist doppelsinnig, magisch und unheimlich; man kommt mit rationalen Überlegungen dem Bösen nie bei, denn die Teufel spotten, versinken und sind am andern Tag wieder da. Natürlich ist es moderner und auch eleganter, vom Dämonischen zu reden. Wohl am modernsten ist es, wenn man den Dämon als Mitarbeiter am schöpferischen Werk bezeichnet, wie dies André Gide getan hat. Dies aber dürfte auf eine Verwirrung der Begriffe hinauslaufen. Derart zweideutige Aussagen über die Beschaffenheit eines Kunstwerkes können nur Falschmünzern gefallen. Das Dämonische ist das Gottwidrige, das nie schöpferisch ist und das den Menschen weit eher ins Verderben reißt. Ohne Einbeziehung des Bösen wird die Weltgeschichte mit ihren zahllosen Katastrophen ganz unverständlich. Wer Geschichte nicht nur pragmatisch betrachtet, wird dem eigenständigen Denker Theodor Häcker zustimmen: «Die Geschichte ist unerklärlich ohne den Teufel und sein Wirken.»[12] Auschwitz stellt den Christen nicht vor die Frage, ob man fernerhin noch zu Gott beten könne. Diese Frage wäre reichlich naiv, zumal auch vor Auschwitz die schrecklichsten Dinge in der Geschichte vorgekommen sind, Dinge, bei denen einem beinahe das Herz stille steht. Es läßt sich über Auschwitz gar nicht ernsthaft reden, ohne beim Anblick der unbeschreiblich grauenhaften Stätte mit den Verbrennungsöfen und den vielen Baracken, in denen Berge von Kinderschuhen, Frauenhaaren, Brillen und noch vieles mehr aufgehäuft liegen, an das Tier aus dem Abgrund zu denken, das dort leibhaftig aus der Tiefe heraufgestiegen ist und unmenschlich gewütet hat. Die Wirklichkeit des Bösen ist kein ideologischer Überbau, wie der für diese Probleme blinde Marxismus behauptet. Reden wir weiter bewegt, betroffen und verhalten von der metaphysischen Wirklichkeit, wofür sich nach wie vor am besten die Sprache der Symbole eignet.

Die Verkleidungen des Teufels sind vielfältig und unübersehbar. Nach einer mittelalterlichen Legende befindet sich der Teufel unter den Arbeitern, die Steine zum Bau einer Kathedrale tragen. Darnach kann der Teufel auch inmitten des kirchlichen Betriebes tätig sein, der oft so lärmig in Szene

gesetzt wird. Der Teufel ist den Menschen immer viel näher, als sie annehmen. Ebenso gewiß hat er all jene Leute beim Frack gepackt, deren ganzes Denken um Macht und Geld kreist. Die Menschen mit ihren technischen Errungenschaften, auf die sie sich so viel einbilden, versklavt er raffiniert. Es ist eine bedeutsame Aufgabe, den Teufel in seinen Verkleidungen und den verschiedenen modernen Erscheinungsformen aufzuspüren.
Geradezu gefährlich ist es, den Teufel zu beschwören oder ihn an die Wand zu malen. Von ihm darf nur mit äußerster Wachsamkeit gesprochen werden. Die Gründe hiefür hat Paul Tillich genannt: «Echtes Erkennen ist immer Lieben, Sich-Einen mit seinem Gegenstand, der dadurch aufhört, nur Gegenstand zu sein. Mit dem Dämonischen aber kann man sich nur einen um den Preis der Selbstzerstörung: Entweder wird der Dämon aufgeweckt, der in jedem wohnt und bereit ist, ihn zu verderben. Oder er wird enthüllt, aus der Tiefe gehoben und dadurch entleert. Es ist eine merkwürdige Erfahrung: Einer Rede über das Dämonische folgt Wildheit oder Leere oder beides: Der Dämon rächt sich dafür, daß er gekennzeichnet ist. Nur der Prophet, der ihn besiegt, kann ihn ohne Schaden nennen.»[13] Dieser Vorbehalt ist angebracht, auch wenn er eine gewisse Mutlosigkeit in sich birgt. Denn wir zählen uns nicht zu den Propheten und fühlen uns doch gedrängt, das Teufelsthema nicht länger im Schandenwinkel des Aberglaubens liegen zu lassen. Nochmals sei der erleuchtete Jakob Böhme zitiert, der in seinem Sendschreiben ausführte: «Ich sah und erkannte das ganze Wesen im Bösen und Guten.» Er durfte es sehen, weil er von sich bekannte: «Ich habe in Schwachheit und Kindheit, in der Einfalt Christi, in seinem mir gegebenen Kinderwerke, darinnen habe ich mein Spiel.»[14] Wer mit dieser gottverbundenen Einstellung über den Teufel schreibt, nimmt keinen Schaden an seiner Seele.

In den nachfolgenden Ausführungen wird bewußt vom Teufel nicht um des Teufels willen geredet. Das Pikante und Sensationelle, dem die Menschen widerstandslos verfallen, ist eine Verführung. Das Interessante spekuliert nur auf die niedrigen Instinkte der Neugierde, ihm aber jagen im Zeitalter des Pluralismus jung und alt, Mann und Frau, reich und arm hitzig nach. Mit Furcht und Zittern soll gezeigt werden, wie sich der Menschheit in alter und neuer Zeit das Satanische enthüllt und wie sie sich der finsteren Mächte erwehrt hat. Dies soll aber nicht mit kulturgeschichtlicher Unverbindlichkeit geschehen, sondern mit innerer Anteilnahme. Es geht um eine Signalisierung der bösen Kräfte, die viel aktiver und unheimlicher sind, als man es annimmt. Doch soll den Menschen keine neue Teufelsangst eingeflößt werden, wie dies in früheren Jahrhunderten oft geschehen ist. Ein solches Tun wäre unverantwortlich. Die Menschen leiden gegenwärtig genug an Ängsten und Nöten und haben deshalb alles andere notwendiger. Ich bin zutiefst überzeugt von der Überlegenheit des Göttlichen gegenüber allem Teuflischen. Ausführungen, die nicht vom Glauben an den Sieg des Lichtes über die Finsternis getragen werden, sind christlich nicht vertretbar.

Dostojewski hielt sich einmal über «die Tölpel auf, die ihn wegen seinem angeblich ungebildeten und rückständigen Glauben an Gott foppten», ohne dabei «die Beschränktheit ihrer Weltanschauung und die Stumpfheit ihres kleinen Gehirns» zu bemerken[15]. Dann fügte er hinzu, daß sich seine Gegner nicht einmal träumen ließen, durch welche Verneinungen er hindurchgegangen sei, auf die seine Bücher eine Antwort geben. Tatsächlich hat der Teufel in der modernen Zeit die Gestalt des Nihilismus angenommen, in dessen Nähe sich auch Ironie und Satire angesiedelt haben. Mit tausend Mitteln werden die Völker in Ost und West in die gleichgültige Vielmeinerei hineingelockt, in der Hoffnung, sie bemerken nicht, wie sie mehr und mehr vom Nihilismus verschlungen werden. Ebenso beunruhigend ist die Ohnmacht des Guten in der Gegenwart, das heute nur zaghaft und kraftlos zu Worte kommt, und wenn schon, dann dermaßen schwächlich, daß es nicht den geringsten Eindruck hinterläßt. Ich gestehe offen, dieses Buch aus einer inneren Not heraus geschrieben zu haben. Die Frage bedrängt mich: Wohin steuert die Christenheit? Wird sie erneut von Dämonen überschwemmt?

Es ist müßig zu fragen, woher die alles überflutende nihilistische Dämonie gekommen ist, da sie schon lange in der Form einer schöngeistigen oder verpolitisierten Einstellung mit uns und sogar in uns vorhanden war. Allein Menschen, die die größtenteils belanglosen Worte unserer Massenmedien durchschauen und die Wucht der Verneinungen an sich selbst erfahren haben, sind imstande, wirksame Gegenkräfte zu mobilisieren und eine wirkliche Erneuerung einzuleiten. Davon sind wir in der gegenwärtig so ernsten Stunde noch weit entfernt. Trotzdem lassen wir in unseren Bemühungen keinen Augenblick nach, geben niemals auf und halten uns stets an die Worte des Engels, der dem deprimierten Propheten Elias unter dem Ginsterstrauch sagte: «Steh auf und iß, denn du hast noch einen großen Weg vor dir.»[16]

# *Unter den Söhnen Gottes*

## Wo kommst du her?

Paul Claudel schrieb über das Buch Hiob: «Von allen Büchern des Alten Testamentes ist das Buch Hiob das erhabenste, ergreifendste, kühnste und zugleich das rätselhafteste, enttäuschendste und, fast möchte ich sagen, das abstoßendste.»[1] Gemäß dieser gegensätzlichen Charakterisierung ist dem aus dem Rahmen des Alten Testamentes herausfallenden Buch nicht mit einer einfachen Formel beizukommen. Obwohl Claudel zu den wenigen modernen Dichtern zählte, die sich eingehend mit der Bibel beschäftigten, vermochte auch er das Buch Hiob nicht zu bewältigen. Die allegorische Methode des weltgewandten Dichters war hiefür viel zu willkürlich und dem brausenden Inhalt nicht entsprechend. Ernst Blochs effekthaschende Darlegung Hiobs als eines hebräischen Prometheus ist dem Atheismus verpflichtet, geht daher am biblischen Buch glatt vorbei und verdient nicht die geringste Widerlegung. Es gibt kein Buch der Bibel, über das in diesem Jahrhundert so viele Aufsätze geschrieben worden sind wie über Hiob: Vischer, Ehrenberg, de Pury, R.A. Schröder, Margarete Susman, Friedolin Stier und noch viele andere versuchten mit großem Ernst, ihm näherzukommen. Künstler wie William Blake und Hans Fronius haben mit ihren Illustrationen Hiob als die leidende und sich auflehnende Kreatur dargestellt. Das Buch Hiob zählt zu der Weltliteratur und ist kein Traktat. Mit theologischen Maßstäben ist diese Dichtung nicht zu erfassen; sie verlangt zum mindesten nach einer poetischen Sicht, und auch sie genügt nicht. Damals verschwand die Person des Dichters hinter seinem Werk, weshalb wir weder vom Verfasser noch von der Zeit der Niederschrift etwas wissen. Das Buch Hiob steht gleich einem Fremdling im alten Testament, weil es trotz der dichterischen Einkleidung mehr als nur eine Dichtung ist. Formprobleme, die nur nach Aufbau und Komposition fragen, führen bloß eine kleine Strecke weit. In Hiobs Tränen und Verwünschungen liegt mehr Wahrheit beschlossen als in seinen allzu nüchternen Kommentatoren, denen der philologische Apparat die tiefere Sicht verstellt. Es bedarf vieler Erfahrungen und auch des Mutes, den drei Freunden mit ihrem erbaulichen Trost entschlossen den Abschied zu geben und sich mit Hiob aufzulehnen, um inmitten seiner rasenden Reden dem unbegreiflichen Gott zu begegnen.

Im vorliegenden Zusammenhang kann nicht auf den atemberaubenden Dialog Hiobs mit seinen Freunden eingegangen werden. Ich möchte den manchmal unterschätzten Prolog herausgreifen, der in eine seltene Tiefe blicken läßt. Gewöhnlich wird die Vorgeschichte auf die Seite geschoben, als wäre sie ein altes Volksbuch, das der Dichter nicht richtig mit dem Dialog zu verbinden wußte. Niemand hat jedoch das alte Volksbuch gesehen. Ob es überhaupt existiert, ist eine unbewiesene Hypothese. Näher betrachtet enthält die angebliche Rahmengeschichte das Motiv der erregenden Dichtung und ist somit die Voraussetzung der nachfolgenden Dramatik. Im Prolog ist auf eine höchst seltene und für moderne Ohren ganz ungewohnte Weise vom Satan als Ankläger die Rede, in welcher Eigenschaft er auch im Propheten Sacharja auftritt[2].

Nach der Schilderung von Hiobs Frömmigkeit und Glück verschiebt sich die Szene unerwartet: Gott und seine Umgebung stehen im Mittelpunkt. Gott wird nicht geschildert, weil der Mensch sich kein Bildnis von ihm machen darf. Die

Gottessöhne kommen, «um sich vor den Herrn zu stellen»[3]. Was sind das für Wesen, die den Namen «Gottessöhne» tragen? Hat man dabei an jene mythologischen Wesen zu denken, von denen im sechsten Kapitel des ersten Buches Mose berichtet wird: «Die Gottessöhne sahen, daß die Töchter der Menschen schön waren, und sie nahmen sich zu Weibern, welche sie nur wollten.»[4] Beidemal tragen sie den gleichen Namen, aber wir können uns von ihnen keine Vorstellung machen, weil sie unsere Urteilskraft übersteigen. Da sie sich vor den Herrn stellten, hat man vermutet, es seien Engel. Was heißt das: vor Gott stehen? Gehört dies nicht zur tiefsten Bestimmung des Menschen? Es ist sinnvoller, dies zu bejahen, als die Engel in Frage zu stellen. Im zweiflerischen Achselzucken über die Existenz der Engel verrät der gegenwärtige Mensch nur, daß er in metaphysischer Beziehung erblindet ist und die geistigen Realitäten nicht mehr wahrzunehmen vermag. Warum fehlt uns der Sinn für die unsichtbare Wirklichkeit, und warum brachten die früheren Geschlechter hierin eine größere Glaubenskraft auf? Wir sollten über unsere geistigen Schwierigkeiten auf diesem Gebiet ernsthaft nachdenken und nicht vor dem metaphysischen Fragen davonlaufen. Gewaltsam unterdrückte Probleme pflegen sich zu rächen, indem sie zu ungewohnter Stunde anderen Ortes auftauchen und dann eine Antwort erheischen.

Auffallend an den sich vor den Herrn stellenden Gottessöhnen ist, daß auch Satan zu ihnen gehört, dessen wörtliche Übersetzung aus dem Hebräischen «Widersacher» heißt. Satan ist im Buch Hiob eine dichterische-überdichterische Gestalt, nicht etwa nur eine theologische Behauptung. Er bewegt sich ganz selbstverständlich in Hiobs Welt. Der Dichter unterläßt die törichte Frage: Gibt es ihn, oder gibt es ihn nicht? Es heißt einfach: «und es kam auch der Satan in ihrer Mitte»[5]. Der Verfasser sieht darin nichts Befremdliches und verwundert sich nicht. Auch unternimmt er nicht den geringsten Versuch, Satan zu beschreiben, weil dies ohnehin nie gelingen wird. Es ist unmöglich, das Unsichtbare sichtbar zu schildern. Der heutige Mensch empfindet Satans Anwesenheit inmitten der Gottessöhne erstaunlich, ja sogar abstoßend. Er kann sich an diesen Gedanken nicht gewöhnen. Nach dem Buch Hiob aber gehört Satan zu den versammelten Gottessöhnen – ob wir dies nachvollziehen können oder nicht, steht nicht zur Frage.

Keineswegs ist Satan unter den Gottessöhnen nur geduldet. Er wird von ihnen nicht schief angeschaut. Satan benimmt sich unter ihnen wie ihresgleichen. Der Dichter schildert ihn ernst und sieht in ihm keine «bloße Spielfigur ohne eigenes Gewicht». Das wäre wiederum eine geistreiche Bemerkung ohne Sinn. Satan ist im Buch Hiob eine respektable Gestalt. Er tritt stärker in den Vordergrund als die übrigen Gottessöhne. Mit ihm kommt gleich der scharfe Wind in die Dichtung. Das drohende Element rumort im Prolog nicht weniger als im Dialog; schon am Anfang hört man das unheimliche Donnergrollen.

Die Besonderheit des Satans zeigt sich darin, daß er als einziger von Gott einer Anrede gewürdigt wird. Der Allmächtige fragt ihn: «Wo kommst du her?»[6] Man meint das überraschende Erstaunen herauszuhören. Diese Frage ist ebenso groß wie schwer. Ja, es ist eine der zentralen Fragen, die mit einem Schlag die abgründige Problematik aufreißt. Wo kommt Satan her? Was hat er in der Welt Gottes zu schaffen? Die nächste Frage ist gleich bedeutend: Woher kam die Schlange ins Paradies? «O Trieb zum Bösen! Warum bist du geschaffen, den Erdkreis mit Bosheit zu erfüllen?», fragte schon Jesus Sirach[7]. «Wo kommst du her?» – das ist ein entscheidendes Problem. Von jeher haben sich die Menschen die Frage nach dem Ursprung des Teufels gestellt, und nie haben sie vermocht, sie zu beantworten. Wenn wir nur wüßten, woher Satan kommt, dann wäre das Rätsel des Bösen gelöst.

Aber wir wissen es nicht und werden es nie wissen. Die Herkunft des Bösen ist unlösbar und daher auch alle seine Folgen. Schon die erste Frage: «Wo kommst du her?», wirft den Leser aus dem Sattel, so daß er, wie Don Quijote nach seinem Kampf mit den Windmühlen, ganz benommen am Boden liegt. Doch ist es besser, die Niederlage ehrlich einzugestehen, als sie arrogant zu überspielen.

Auf diese Frage Gottes antwortet Satan: «Auf der Erde bin ich umhergeschweift und hin und her gewandert.»[8] Es ist eine erste Selbstbezeichnung Satans: Er ist der Umherschweifende. Er ist das Gegenteil vom Seßhaften und weiß nichts «vom Bleiben am Ort», das Benedikt in seiner Regula seinen Mönchen einschärfte und das der moderne Mensch in seinem hektischen Reisedrang gar nicht mehr aushält. Immer wandert Satan ruhelos umher, taucht bald hier und bald dort auf. Das Wort «Vagabund» wird dem Widersacher nicht gerecht. Die unselige Ruhelosigkeit ist sein Wesen. An keinem Ort ist seine Bleibe. Das beständige Umherstreifen verrät, daß er immer neue Machenschaften im Schilde führt. Der ruhelose Mensch, der an keinem Ort länger bleiben mag, wird von Satan genarrt und befindet sich in seiner Gefolgschaft, bevor er den Koffer für die nächste Reise gepackt hat.

Durch Frage und Antwort ist ein Gespräch zwischen Gott und Satan in Gang gekommen, dessen Verlauf den Menschen leicht um den Schlaf bringt. Die üblichen Podiumsgespräche und Symposien sind ein Kinderspiel dagegen. Gibt es überhaupt eine Diskussion zwischen Gott und Satan? Beginnen da nicht unsere Sinne zu schwinden? Sofern wir noch zu folgen imstande sind, müssen wir nun unsere ganze Aufmerksamkeit anspannen. Gott erkundigt sich: «Hast du achtgehabt auf meinen Knecht Hiob, daß seinesgleichen keiner ist auf Erden, ein Mann so fromm und bieder, so gottesfürchtig und dem Bösen feind?»[9] Aus den Worten «hast du achtgehabt?» geht hervor, daß Satan als eine Art Aufpasser Gottes über die

Menschen gesetzt ist. Merkwürdige, unbegreifliche Feststellung: Satan muß beobachten und auskundschaften. Zugleich wird die Frömmigkeit Hiobs ausdrücklich anerkannt. Gott hält seine gottesfürchtige Biederkeit für echt. Hiob befindet sich im Gleichgewicht und ist zugleich ein vorbildlicher Mensch. Gottes Auge ruht mit Wohlgefallen auf ihm. Darauf kommt es an. Gott liebt den Knecht Hiob und läßt ihm seinen Segen zukommen.

Jetzt stößt man auf eine weitere, unerwartete Szene. Satan hört die Rede Gottes nicht mit demütig gesenkten Augenlidern an, wie die Engel in Jesajas Berufungsvision, die in Gottes Gegenwart ihr Antlitz mit ihren Flügeln bedecken. Er nimmt sie nicht, wie die andern Gottessöhne, einfach zur Kenntnis als das, was der Herr geredet hat und das jedem Disput enthoben ist. Er erwidert Gott: «Ist etwa Hiob umsonst gottesfürchtig? Hast nicht du selbst ihn und sein Haus umhegt und alles, was er hat, ringsum? Das Tun seiner Hände hast du gesegnet, und seine Herden haben sich ausgebreitet im Lande. Aber recke doch einmal deine Hand aus und rühre an alles, was er hat; fürwahr, er wird dir ins Angesicht fluchen.»[10]

Der unter den Gottessöhnen weilende Satan wagt die Berechtigung von Gottes Wohlgefallen an seinem Knecht Hiob anzuzweifeln. Das ist ungehörig, ja eine Frechheit ohnegleichen. Mit seiner hinterlistigen Frage: «Ist Hiob umsonst gottesfürchtig?», verdächtigt er Hiob. Satan sät Argwohn, indem er behauptet, Hiobs Frömmigkeit sei nicht uneigennützig, der Mann aus dem Lande Uz sei fromm aus Gewinnsucht. Das ist Satans These. Er meint, ohne den immensen Reichtum Hiobs wäre von seiner Religiosität nicht viel zu sehen. Seine Frömmigkeit bedeute für ihn ein gutes Geschäft. Ein abenteuerlicher Gedanke, wenn auch die widerliche Verbindung von Glaube und Geschäft im Leben immer wieder festzustelllen ist. Allzu viele Menschen verwechseln Glück mit

Gottesglauben. Satan erweckt Mißtrauen. Das ist sein häßlicher Charakterzug. Offenbar gehört dies zu seinem Wesen. Satan bezweifelt die Dinge, macht zu allem ein Fragezeichen. Der Widersacher ist sogar der Zweifel in Person, verbreitet Unsicherheit und fordert selbst Gott auf, «seine Hand gegen Hiob auszurecken». Was hat dies zur Folge, wenn der Allmächtige seine Hand drohend erhebt? Gegen was immer sie sich wendet, es wird zermalmt. Wie kann man den Ewigen nur dazu auffordern?
Satan bringt seine Zweifel so geschickt an, daß er Gott überredet. Bestürzt stellt man fest, Gott geht auf den Argwohn ein und sagt zu Satan: «Wohlan, alles, was er hat, ist in deiner Hand! Nur nach ihm selbst recke deine Hand nicht aus!»[11] Es wird im Buch Hiob keine Wette zwischen Gott und Satan abgeschlossen, wie sie Pascal den Atheisten vorschlägt. Jedenfalls ist die Bezeichnung «Wette im Himmel» nicht angebracht. Es fehlt der Einsatz. Von einem Pakt kann schon gar nicht die Rede sein. Trotzdem tönen die Worte, «er sei in deiner Hand» furchtbar in den Ohren. Hiob wurde aus der Obhut Gottes in die Machtsphäre Satans hinübergeschoben, ohne daß er dazu etwas hätte sagen können. Mit dieser Daseins-Verschiebung begann jenes Unglück Hiobs, für das es keinen Namen gibt und das seinem idyllischen Frömmigkeitsleben ein ebenso jähes wie erschütterndes Ende bereitete. Wer hat es veranlaßt? Niemand anderer als Satan mit seinen unerhörten Verdächtigungen.
Nun hatte Satan von Gott die Erlaubnis bekommen, Hiob zu prüfen. Gott hat dem Widersacher Gewalt verliehen. Damit gewinnt Satan erstmals Konturen; er bekommt ein schwer zu begreifendes Format, eine noch heute nicht übersehbare Dimension. Das Hiob-Buch sprengt den persischen Dualismus auf und überwindet ihn zugleich. Es gibt nur eine einzige Macht, und die heißt Gott. Satan hat seine Gewalt von Gott und nicht aus sich selbst. Er steht zu Gott im gleichen Ver-

hältnis wie der Mond zur Sonne. An sich hat er kein Licht, sondern empfängt alle Erlaubnis von Gott. Er vermag seine böse Gewalt nur anzuwenden, wenn Gott es ihm gestattet. Sie ist allezeit vom Höchsten begrenzt. Der Ewige sagt ihm, wie weit er dabei gehen darf. Darin liegt das Tröstliche der alttestamentlichen Satansauffassung: er ist kein eigenständiger Widerpart zu Gott, sondern ein Instrument in seiner Hand. Das ist nicht etwa nur ein schwacher Trost, sondern vielmehr die einzige Hilfe im Leben und im Sterben des Menschen.

Der Satan des Hiob-Buches ist kein erbärmlicher Wicht, ist er doch weder feig noch harmlos. Er ist ein mächtiges Wesen, weshalb man schlecht beraten wäre, von ihm geringschätzig zu reden. Er nützt seine Erlaubnis aus und wendet all seine List und Tücke rücksichtslos an. Nicht das geringste Erbarmen zeigt er. Er läßt seine geliehene Macht mit aller Kraft auf Hiob niedersausen. Die Ereignisse überstürzen sich; man kommt aus dem Schrecken nicht heraus. Laut aufschreien möchte man, wenn man weiterliest: Satan inszeniert Raubkriege, denen die Söhne und Töchter Hiobs zum Opfer fallen, entfacht lodernde Feuersbrünste, läßt Häuser einäschern und verheerende Stürme losbrechen. Alles scheint aus den Fugen zu sein und nur ein einziger bleibt übrig, einer, der die Schreckensbotschaft stotternd dem frommen Hiob meldet. Wer diese Geschehnisse überdenkt, bemerkt, daß der Prolog nicht weniger dramatisch ist als der rebellische Dialog, um ganz vom ausklingenden Epilog zu schweigen. Satan hat kosmisches Ausmaß. Die Natur gehorcht seinen Befehlen. Er greift mit Feuer und Flamme in den Ablauf der Geschehnisse ein. Die seltsame Behauptung von Goethes Mephisto über die Schöpfung schließt ein Korn Wahrheit in sich: «s'ist Ehrenpunkt, der Teufel war dabei», – anders sind die Naturereignisse mit ihren Rätseln und Katastrophen nicht zu verstehen. Satan bewirkt umstürzende Veränderungen, die der Mensch nur in geduckter Haltung über sich ergehen lassen kann und denen er hilflos ausgeliefert ist. Mit bösartiger Gewalt hat der Widersacher auch das sich im Gleichgewicht befindende Leben Hiobs bis auf den Grund zerstört.

Hiobs Schicksal hat in der Geschichte lange nachgewirkt. Die Kirchenväter folgerten daraus, daß Satan die Macht besitze, mit Gottes Erlaubnis den Menschen schweren Schaden zuzufügen. Ist mit dieser Überlegung Gott vom Übel freigesprochen? Vermag die kirchliche Logik das unlösbare Problem zu lösen? Kaum, denn des Menschen bohrendes Grübeln setzt immer wieder neu an. Zum allermindesten ist es angebracht, über Satan nicht dogmatisch und harmlos zu reden. Kommt man mit Denken dem Problem überhaupt auf die Spur? Ist der Intellekt dafür das geeignete Werkzeug, oder spielt sich alles in einer Sphäre oberhalb der Vernunft ab? Der Verstand vermag doch nur zu fragen: «Warum?» Und nochmals: «Warum?» Weiter reicht die Kraft der Vernunft nicht aus, und in Beziehung auf Satan gibt es nur die unbefriedigende Antwort: Darum!

Im zweiten Kapitel des Hiob-Buches verschärft sich die ganze Situation nochmals. Die zweite Prüfung ist für Hiob noch schwerer zu ertragen. Nach einem weiteren Gespräch mit Gott erhält Satan die Erlaubnis, auch Hiob selbst anzugreifen, nur das nackte Leben müsse er ihm lassen. Satan hat auch Kraft, Krankheiten auszulösen. Der gottesfürchtige Hiob wird mit ekelhaften Geschwüren vom Scheitel bis zur Sohle überdeckt. Sein Odem wird seinem Weibe zuwider. Sie rät ihm, Gott abzusagen und zu sterben, etwas anderes bleibe ihm gar nicht übrig. Offenbar war die arme Frau dermaßen verzweifelt, daß sie in ihrer Hoffnungslosigkeit alles für verloren gab. Sie verdient deswegen nicht getadelt zu werden, obwohl sie mit ihrem ratlosen Rat die seelische Belastung von Hiobs Heimsuchung noch erhöht hat. Sie scheint in das Lager von Hiobs Feinden hinübergelaufen zu sein. Hiob setzt

sich als einsamer, geschlagener Mann in die Asche, kratzt sich mit einer Scherbe, ein jammervoller Anblick, der auch seinen Freunden den Atem verschlägt. Sieben Tage und Nächte starren sie ihn wortlos an, so sehr waren sie bestürzt.
Aus dem Gespräch zwischen Gott und Satan ist die Äußerung des Ewigen zu beachten: «Du hast mich wider ihn gereizt, ihn ohne Ursache zu verderben.»[12] Dieses Eingeständnis Gottes bestürzt uns und mutet uns ganz unverständlich an. Ist es möglich, daß Satan den Allmächtigen zu reizen vermag, wie er später auch König David verführte, eine Volkszählung zu veranstalten, die ihm zum Verderben gereichte[13]? Satan hat Gott überredet, etwas zu tun, was gegen alle Gerechtigkeit verstößt, weil keine Gründe dafür bestanden. Ohne Ursache gibt der Allmächtige Satan die Erlaubnis, den geprüften Knecht noch vollends zu verderben. Allein nur weil Satan ihn reizte. Alles vernünftige Verstehen hört hier auf, und jedes Wort ist überflüssig. Es bleibt nur das beklemmende Verstummen vor dieser unmöglichen Bildersprache, in der Unvorstellbares ausgedrückt wird.
Offensichtlich ist der Prolog viel bedeutsamer, als gewöhnlich angenommen wird. Es ist keineswegs so, daß Satan im Dialog spurlos verschwindet. Er zittert darin nach. Satan ist in den elementaren Ausbrüchen Hiobs durchaus gegenwärtig. In der zur Person gewordenen Klage schleudert Hiob heulende Worte zum Himmel: «Die Pfeile des Allmächtigen stecken in mir, und mein Geist saugt ein ihr glühend Gift; die Schrecken Gottes verstören mich.»[14] Wirklich, der Dichter des Hiob-Buches fegt alles erbauliche Reden von Gott mit eisernem Besen weg. Hiob lehnt sich in oft blasphemischen Reden gegen die von ihm nicht erkannten Angriffe Satans auf. Er zerstört sein Lebenswerk, und in der Folge glaubt Hiob, leiden zu müssen, ohne schuldig zu sein. Er meint, keine Vergehen begangen zu haben oder wenigstens nur solche, die in der menschlichen Konstitution begründet sind. Gegen

das Erlebnis der Ungerechtigkeit lehnt er sich auf, stöhnt und läßt sich hinreißen, den Tag seiner Geburt zu verfluchen. Was er lästert, ist nur zu begreiflich, da er ja vom Eingeständnis Gottes, «du hast mich wider ihn gereizt, ihn ohne Ursache zu verderben», wie überhaupt vom ganzen Gespräch zwischen Gott und Satan nichts weiß. Deswegen erscheint ihm Gott von nun an als Feind; er erkennt ihn in der Maske Satans nicht mehr als ein ihm wohlgefälliges Wesen. Was Hiob sagt, ist ehrlich, ist wahr und vom Standpunkt des Menschen aus kaum zu widerlegen, wenn er auch in seinen Reden jedes Maß verliert. Seine protestierende Empörung ist den Worten seiner Freunde überlegen, die, ungeachtet der Weisheit, auch von Satan eingeflüstert sind. Obschon diese «leidigen Tröster» salbungsvoll reden und in öliger Erbaulichkeit gebadet sind, werden ihre Darlegungen dem namenlosen Elend Hiobs nicht im geringsten gerecht. Hiob stößt sich an der Unbegreiflichkeit Gottes, dessen Umgebung auch eine Satansgestalt umfaßt. Der heimgesuchte Hiob stellt fest, daß Gott Eigenschaften in sich hat, die unmöglich mit der menschlichen Vernunft zu begreifen sind. Alle Erklärungen sind vernichtend geschlagen. In Gott hat es Tiefen, die dem Verstand restlos unzugänglich sind. Liebe und Zorn wallen in ihm. Darüber äußerte sich viel später auch der tiefsinnige Jakob Böhme. Hiob ist als einer der ersten Menschen auf den unbegreiflichen Gott gestoßen, der gerade in seiner Unfaßlichkeit der lebendige, ewige Gott ist. Ein begriffener oder ein beweisbarer Gott ist gar kein wahrer Gott. Deswegen kann man die tobenden Reden Hiobs nicht genug lesen. In ihnen tut sich etwas von der echten, völlig überrationalen Gotteswirklichkeit kund, die keines Menschen Hirn fassen kann und der gegenüber alle faulen Apologetenkünste ins Leere fallen.

Wie lautet das Ende des Hiob-Buches? Gewöhnlich wird gesagt: Hiob hat auch keine Lösung. Diese Aussage greift daneben. Lösungen gibt es in der Mathematik, aber doch nicht bei den Welträtseln. Hiob legt mit erdrückender Wucht dar, daß die alttestamentliche Rechnung nicht aufgeht. Er erlebt das Problem persönlich und gibt sich mit keiner fragwürdigen Erklärung zufrieden. Das Erklärenwollen verschiebt die Teufelsfrage von der Existenz auf das Gebiet des Wissens. Hiob dagegen signalisiert eine andere, fremdartige Gotteserfahrung. Freilich hat er in aller Frömmigkeit Gott nur vom Hörensagen gekannt, wie man dies immer wieder bei vielen frommen Menschen feststellt. Sie plappern etwas nach, was andere ihnen vorgeredet haben. In der Gewitter-Erscheinung hat Hiob den Allmächtigen konkret erlebt. Es wurden ihm lauter Fragen gestellt, die er nicht von entfernt zu beantworten wußte. Hiob schäumte in seiner Rebellion, aber dem fragenden Gott blieb er auch die kleinste Antwort schuldig. Hernach brachte er kein Wort mehr hervor. Die anklagenden Reden sind ihm vergangen, so berechtigt sie ihm zu sein schienen. Der unbegreifliche Gott hat sich drückend in sein Bewußtsein eingesenkt. Er erlebte den Ewigen. Wem verdankt er letztlich dieses Erleben? Indirekt Satan, eine Antwort, die man beinahe nicht auszusprechen wagt. Ohne dessen Argwohn wäre er zeitlebens in seiner wollenen Frömmigkeit eingewickelt geblieben, einem Glauben, der Gott nur vom Hörensagen kennt. Der Ankläger hat ihn aus dem dösigen Zustand herausgeworfen, hat ihn gerüttelt und geschüttelt und hat ihn durch namenloses Leid dazu gebracht, Gott ganz anders zu begegnen. Diese Seligkeit verdankt er dem Anschwärzer. Satan ist im Hiob-Buch die Gestalt, die den Menschen aus seinem frommen Behagen aufschreckt und ihn durch schwere und schwerste Prüfungen veranlaßt, dem Ewigen auf eine völlig neue Art entgegenzubrennen. Diese im Endergebnis befremdende Rolle spielt Satan im Hiob-Buch. Der einsam dastehende Hiob vermittelt eine überraschende Erkenntnis, er, der im Alten Testament nicht seines-

gleichen hat. Durch ihn erahnt man, was wirkliche Gotteserfahrung ist, eine Erfahrung, die sich unserem Verständnis kaum einordnen läßt.
Äußerst unbehaglich ist die Feststellung von Satan als einer nicht «von außen kommenden, nicht als einer von Gott verworfenen Macht, sondern Satan, der zu Gott, ja zum Rat Gottes zugelassen ist, und weit mehr: Satan, der unter den Kindern Gottes ist»[15]. Er ist keine bloße Gegenmacht, sondern er steht zum Allmächtigen in einem viel verwickelteren, kaum entwirrbaren Verhältnis. Nur ganz ungenügend läßt sich formulieren: Satan ist im Hiob-Buch eine Funktion Gottes. Das ist das überraschende, nur schwer annehmbare Resultat, zu dem der jüdische Dichter des Hiob-Buches gekommen ist. Es eignet sich für keine Dogmatik, die so viel, allzu viel von Gott weiß und sich deswegen in unserer Zeit unglaubwürdig ausnimmt. Hiobs Gotteserkenntnis dagegen ist einem Blitz in dunkler Nacht zu vergleichen. Obgleich die Auffassung vom Teufel als einer Funktion Gottes reichlich abstrakt klingt und deswegen nur vorläufigen Charakter hat, ist sie nicht leicht sich anzueignen. Satan führt die Befehle Gottes aus. Zwar sind es negative Befehle, sind aber trotzdem göttliche Befehle. Er ist an seine Anweisungen gebunden und ist von Gottes Willen abhängig. Er vermag nur zu unternehmen, was der Allmächtige sagt. Das Böse ist im Buch Hiob erkannt, sogar überaus scharf erkannt, aber es ist nicht selbständig, sondern im großen Haushalt Gottes eingebaut und tastet Gottes Souveränität nicht im geringsten an. Über allem steht Gott, der sich auch des Satans bedient, mag es uns noch so unbegreiflich scheinen. Der Widersacher bleibt dem Allmächtigen unterstellt. Er ist nicht zu einem Gegengott hinaufgesteigert, eine Anschauung, die zu einer Zweigötterlehre führen würde, was mit dem Monotheismus unvereinbar ist. Das ist ein großes, ja das denkbar größte Gottes-Verständnis. Deswegen ist das Buch Hiob eine ungemein tröstliche, viel-

leicht sogar die einzig trostvolle Dichtung für alle angefochtenen Gewissen. Merkwürdiges Ergebnis: der Dichter nimmt den Satan viel ernster als alle Spötter zusammen. Trotzdem läßt er Hiob nicht in der Verzweiflung umkommen. Auch der Epilog darf nicht als eine typisch orientalische Erzählung abgetan werden. In einer Dichtung sind alle Ausführungen sorgfältig zu bedenken, und zwar nicht als intellektuelle Probleme, sondern als Existenzerfahrungen Gottes. Das Buch Hiob redet in einer verkürzten Stenographie von Satan, was der Satansfrage adäquater ist, als sie zu einem unmöglichen System auszuwalzen.

Im Alten Testament ist nicht oft von Satan die Rede. Er wird nur an wenigen Stellen erwähnt. Was jedoch das Hiob-Buch über ihn aussagt, ist und bleibt der alttestamentliche, unüberbietbare Beitrag zum Satansproblem. Die israelitische Satanssicht wurde bis heute nicht eingeholt, geschweige denn überboten. Selbst die Gegenwart zehrt von ihrer Aussage. Hiobs Prolog ist Israels erstes und letztes Wort zum Satansproblem. Es besitzt in seiner dichterischen Wucht noch immer seine volle Gültigkeit. Die Kommentatoren des Hiob-Buches verwischen gerne das überraschende Resultat, da sie zu theologisch über das Problem schreiben, was sich als eine unzulängliche Sprache erweist. Hiob erlebte die Frage als Existenzbedrohung, und tatsächlich kann man nur in einer brennenden Notsituation glaubwürdig von Satan reden.

Zum Abschluß der skizzenhaften Bemerkungen sei Nelly Sachs' tiefempfundenes Gedicht «Hiob» angeführt:

«O du Windrose der Qualen!
Von Urzeitstürmen
in immer andere Richtungen der Unwetter gerissen;
noch dein Süden heißt Einsamkeit.
Wo du stehst, ist der Nabel der Schmerzen.

Deine Augen sind tief in deinen Schädel gesunken
wie Höhlentauben in der Nacht
die der Jäger blind herausholt.
Deine Stimme ist stumm geworden,
denn sie hat zuviel WARUM gefragt.

Zu den Würmern und Fischen
ist deine Stimme eingegangen.
Hiob, du hast alle Nachtwachen durchweint
aber einmal wird das Sternbild deines Blutes
alle aufgehenden Sonnen erbleichen lassen.» [16]

# *Fahre aus, du unreiner Geist*

## Die ewige Stimme

Die Bibel ist das normative Buch der Christenheit, ist die wesentliche Grundlage aller christlichen Konfessionen. In der Beziehung zur Bibel sind bei den Christen drei Phasen zu unterscheiden.

Die erste Phase möchte ich die naive nennen, in dem Sinne wie die Flamen ihre ältesten Maler als die primitiven Künstler bezeichnen. Jahrhundertelang galt die Heilige Schrift für inspiriert. Daran rührte kein Zweifel. Auf der göttlichen Eingebung beruhte ihre Autorität, der man zu gehorchen hatte und die zugleich dem Menschen den notwendigen Halt vermittelte. Ihr Inhalt entsprach der Wahrheit. Es verrät wenig Vornehmheit, diesen Glauben geringschätzend einen Biblizismus zu nennen. Die Offenbarung der Schrift wurde von den Vätern reichhaltig verstanden. Sie kannten einen dreifachen Schriftsinn: den buchstäblichen, den moralischen und den mystischen. Wo in der kirchlichen Verkündigung von heute hört man noch einen Nachklang dieser tiefsinnigen Schriftauslegung? Man vergaß sie unmerklich, übrig blieb die Verarmung.

Die zweite Phase ist durch die historisch-kritische Methode charakterisiert. Sie ist ein Kind der Neuzeit, und sein Vater heißt Spinoza. Die Entdeckung und Anwendung dieser Methode entsprach einer kaum zu umgehenden historischen Notwendigkeit. Es war naheliegend, die Bibel einmal als ein Buch wie andere Bücher zu erforschen. Die Begründer der

Bibelkritik waren ehrliche, mutige Männer, niemals ketzerische Ungläubige. Die Bibelkritik fühlte sich der Wissenschaft verpflichtet, und in der Folge las man die Schrift aus einer sichtlichen Distanz und bewertete sie gleich einer profanen Arbeit. Die kritische Methode wies auf die Verschiedenheit der handschriftlichen Überlieferung hin, leistete namentlich in philologischer Beziehung eine große Arbeit und stellte zahlreiche, früher übersehene Fragen zur Diskussion. Die große Zeit der kritischen Methode dürfte vorüber sein, umwälzende Erkenntnisse sind kaum zu erwarten. Dennoch darf die kritische Forschung nicht verspottet werden. Eine solch billige Leichtfertigkeit leistete sich die dialektische Theologie, und deswegen kehrte die Bibelkritik in der Form der Entmythologisierung wieder, die die Bibel dem Verständnis des modernen Menschen anpassen wollte, anstatt umgekehrt den heutigen Menschen endlich einmal vor die Bibel zu führen. Die Kritik muß in würdiger Auseinandersetzung von innen überwunden werden, denn ihre Methode kann auf die Dauer ihrem Inhalt nicht gerecht werden. Damit wurde nur spärlich begonnen, und heute ist die Bibelarbeit von einer resignierten Stimmung getragen. Bei aller Anerkennung der wissenschaftlichen Arbeit untergrub sie das Ansehen der Schrift, hinterließ einen Scherbenhaufen, dies um so mehr, als sie ihre Methode zur Ausschließlichkeit erhob und dem Inhalt überordnete. Die kritische Betrachtung spaltete die Einheit der Bibel auf und verunsicherte den Bibelleser. Freilich, das verursachte Trümmerfeld lag nicht in ihrer Absicht, trotzdem hat sie es bewirkt. Darin liegt ihre verwirrende Tragik, von der gewöhnlich an den Universitäten nicht gesprochen wird und die doch allen Nachdenkens würdig ist.

Die dritte Phase steht noch bevor. Wann sie virulent wird, kann nicht im voraus gesagt werden. Man könnte die nachkritische Situation «die zweite Naivität» nennen, das Wort im Sinne von Peter Wust verstanden. Sie besteht nicht in einer reumütigen Rückkehr zur vorkritischen Betrachtung und noch weniger in einer fundamentalistischen Auffassung, deren Vertreter nach John Bunyans «Pilgerreise» unter die Buchstäbler gefallen sind. So wenig wir in die Zeit unserer Großeltern zurückkehren und wieder Vatermörderkragen und Reifröcke tragen können, so wenig dürfen wir vergessen, daß wir «solchen Schatz in irdenen Gefäßen» haben. Wir befinden uns mitten in der Ablösung von der kritischen Forschung, ohne den neuen Weg schon gefunden zu haben. Das dritte Bibelverständnis darf nicht mit den hochtrabenden Worten «pneumatische Exegese» umschrieben werden. Sich selbst als Pneumatiker ausgeben ist so fragwürdig wie sich selbst als Charismatiker zu empfehlen. Wir müssen mit geöffnetem Sinn und unvoreingenommener Schlichtheit an die Schrift herantreten und deren Ferne und deren Nähe bedenken. Wer die Bibel mit der zweifachen Einstellung des Glaubens und des Fragens liest, wird sie nicht länger mit der Brille des Schriftgelehrten betrachten, vor denen schon Jesus gewarnt hat. Vorurteilslos und ohne theologisches Rüstzeug muß man an die Schrift herantreten, sie so lesen, als hätte man sie noch nie gelesen, erst dann stellt sich das Ersterlebnis ein. Vor allem müßte man sich an die Direktive des Franziskus erinnern: «Ohne Deutelei», sei sie nun fromm oder krittelnd, das ist ganz einerlei. Die rationale Methode ist auf die überrationale Bibel nur begrenzt anwendbar. Sie muß von einem neuen Durchbruch zum ewigen Buch abgelöst werden. Die Heilige Schrift ist in einer mythischen, gleichnishaften Bildersprache geschrieben, die vom Leser erahnt werden kann, über die er jedoch nie verfügt. Das Unnennbare meldet sich in ihr und spricht den Leser, ungeachtet aller Widerstände, direkt an. Über Verlust und Wiedergewinnung der biblischen Maßstäbe hat Paul Schütz, freilich in eigenwilliger Formulierung, eine aufschlußreiche Schrift geschrieben: «Die

Kunst des Bibellesens». Das Wort «Kunst» hat in diesem Zusammenhang nichts mit Ästhetik zu tun, wohl aber will es sagen, daß das Bibellesen für den heutigen, verbildeten Menschen keine problemlose Selbstverständlichkeit ist. In der Bibel erklingt bald leise, kaum vernehmbar und dann wieder laut wie der Donner vom Sinai eine Stimme, die im Menschen Freude und Schrecken auslöst. «Die Bibel-Stimme ist zugleich ganz innen und doch noch ferne Stimme, im Nahesein noch immer andere, nicht meine Stimme... Denn die leise Stimme muß uns etwas sagen, das wir selbst uns nicht sagen können.»[1] Letztlich öffnet sich die Heilige Schrift nur dem Täter und nicht dem bloßen Leser. Es geht um einen neuen Zugang zur Bibel, die dem Menschen eine Wegweisung vermittelt und ihn von seiner Ratlosigkeit befreit. Das tiefere Verständnis für die Bibel ist bis heute nicht gefunden worden, es wachzurufen gehört zu den vordringlichsten Aufgaben der Gegenwart.

Die Bibel ist kein Mythos, aber sie spricht teilweise in mythologischer Sprache, die den bildlichen Formen der ewigen Wahrheit immer noch am nächsten kommt. Die symbolische Bildersprache ist ganz neu zu bedenken, weil hinter ihr die stärkste Realität steht. Der realistische Symbolismus der Bibel ist nicht mit der allegorischen Deutung zu enträtseln. Vor allem ist die Bibel ein Mysterium, was man keinen Augenblick vergessen darf, nicht einmal in der Kirche, wenn die Lesung erfolgt und der Priester die Bibel küßt. Die Schrift deutet ein überzeitliches Geschehen an und erzählt, was noch kein Dichter zu erzählen vermochte. Die nachfolgenden Ausführungen vermitteln von ihrem zeitlosen Geheimnis freilich nur eine schwache Vorstellung. Wem wird der Blick für die unvergleichliche biblische Schau neu geschenkt? Gewiß nur dem, der begreift, daß die Worte der Schrift mit einem fernen Wetterleuchten und zugleich mit den allernächsten Visionen zu vergleichen sind.

Christus bestimmte die Geschichte des Abendlandes. Von seiner Person weiß der gegenwärtige Mensch in seiner Ratlosigkeit nicht, was er denken soll. Mag R. M. Rilke noch so zornig fragen: «Wer ist denn dieser Christus, der sich in alles einmischt?», es ist dem Menschen doch nicht möglich, den ästhetischen Ratschlag des Dichters zu befolgen: «Laßt ihn doch endlich aus dem Spiel», weil Christus sich viel zu tief in die abendländische Seele eingesenkt hat[2]. Jesus Christus entzieht sich hartnäckig unserer Begriffssprache, denn er ist die Person mit der intensivsten Ausstrahlungskraft, deren Lichtkern noch nicht das geringste eingebüßt hat. Die personhafte Wahrheit Christi ist nicht mit Analysen und Definitionen einzufangen. Was die früheren Geschlechter mit dem Wort «Christus» andeuteten, ist etwas ganz anderes als der historische Jesus, von dem man nicht begreift, warum von diesem jüdischen Rabbi eine solche Wirkung ausgegangen ist. Christus ist der Unergründliche; am besten sagt man noch mit dem zweiten Clemensbrief: «Wir müssen von Jesus Christus so denken wie von Gott.»[3] Allezeit geht es um eine Begegnung mit Christus, und es gilt, die Vollmacht der Person Christi zu spüren. Sie läßt sich mit Worten nicht umschreiben, doch ist das Unnennbare an Jesus bedeutsam. Keinem Menschen ist es möglich, Christus zu bewältigen. Der ewige Sohn hat ihn zum voraus überwunden. Wenn ein Mensch nicht von der Person des Herrn erfaßt wird, hat er nichts von ihm verstanden. Es kommt alles auf das Ergriffenwerden an. Weder Dogma noch Bibelkritik können die reale Begegnung mit Jesus ersetzen. Durch alle Vermittlungen muß man zum Ursprünglichen hindurchdringen, um seiner Göttlichkeit innezuwerden. Christus und seine Jünger sprachen vom Satan, wie es zuvor nie geschehen ist. Wer bringt die innere Fähigkeit auf, sich seinen Worten wirklich zu stellen?

Zwischen dem ekstatischen Erlebnis der Taufe Jesu und seinem Auftreten in der Öffentlichkeit mit der Aufforderung zum radikalen Umdenken fand nach den drei ersten Evangelien die Versuchung Jesu durch den Satan statt. Sie ist nicht einzuordnen, dermaßen befremdlich ist sie. Der Evangelist gibt keine Auskunft über den Versucher; seine Existenz wird vorausgesetzt. Die Beziehung zwischen Jesus und Satan ist die des Kampfes, anders kann man gar nicht über dieses Thema reden. Widerstand bis aufs Messer ist der Grundakkord – alles andere ist Variation zu dem einen Thema. Die Versuchung ist etwas Rätselhaftes, sie zu erklären scheitert im voraus. Auch ist dem in das Geheimnis erhobenen Geschehen mit aller Philologie und Theologie nicht beizukommen. Es verrät eine hoffnungslose Verkennung des Berichtes, sieht man in Jesu Versuchung nur eine Komposition der Evangelisten, die aus diesem Geschehen ein gutes Streitgespräch gestalten wollten. Eine erste Annäherung an die Perikope vermittelt Dostojewskis «Großinquisitor». Ich denke nicht primär an seine geniale Interpretation – sie ist dichterisches Eigentum –, wohl aber an seine Intuition, die diesem neutestamentlichen Text eine ungeahnte Aktualität für die Gegenwart verlieh. Dieser russische Dichter lehrt uns Visionen zu deuten, dies um so mehr, als er selbst ein prophetischer Mensch war. Jesu Versuchung erheischt vom Leser Mut, in eine völlig unbekannte Dimension zu blicken.

Nach den Evangelien wurde Jesus vom Heiligen Geist in die Wüste getrieben. Die Wüste ist eine Landschaft ohne Landschaftscharakter, läßt sich nicht untertan machen, was ihrer grenzenlosen Einsamkeit den besonderen Akzent verleiht. In ihrer Hitze und Kälte haben, angefangen vom brennenden Dornbusch des Moses bis hin zu den Wüstenvätern, immer wieder eigenartige Geschehen stattgefunden. Auch Jesus erlebte Einmaliges, nicht Wiederholbares in der Wüste. Er war «bei den Tieren», wie Markus erwähnt, eine singuläre Bemerkung, die aber das Verhältnis von Jesus zu der Kreatur andeutet. Bei der Versuchung durch den Teufel war kein Zeuge anwesend. Jesus hat später die Jünger darüber nur notdürftig unterrichtet. Vierzig Tage währte der Wüstenaufenthalt, so lange ließ sich der Herr die Gesellschaft des Teufels gefallen.

Die Begegnung mit dem Versucher ist anschaulich und unanschaulich zugleich, eine paradoxe Aussage, die bei vielen biblischen Berichten auffällt. Das seltsame Gespräch mit dem Satan ist dermaßen plastisch, als wäre man dabeigewesen, und trotzdem ist der Vorgang unvorstellbar, weil er sich in einer Meta-Wirklichkeit abspielt, die keine Parallele mit unsern Erlebnissen aufweist.

Jesus bereitete sich in strengem Fasten auf seine messianische Aufgabe vor. Er hatte in der Öffentlichkeit noch kein Wort gesprochen, und schon trat der Versucher an ihn heran. Keiner der vier Evangelisten gibt eine nähere Beschreibung des Teufels. Sie nennen ihn beim Namen, indem sie ihn ausdrücklich «Teufel» heißen. Doch wird nicht der geringste Versuch unternommen, ihn zu schildern, denn dies würde auf eine bloß dingliche Auffassung hinauslaufen und dem Geschehen den visionären Charakter nehmen. Auch kein einziges Adjektiv wird gebraucht. Man weiß nach der Lektüre der Versuchungsgeschichte nicht, wie der Teufel ausgesehen hat. Die volkstümliche Vorstellung von der schwarzen Gestalt hat in der Bibel keine Grundlage. Tatsächlich liegt in der Nichtbeschreibung des Teufels ein tieferer Sinn. Er ist eine Realität, die keine literarische Schilderung zuläßt. Wer es trotzdem versucht, gelangt nur zu einem unzulänglichen Bild. Es ist ähnlich wie bei der Ausmalung des Himmels. Transzendente Wirklichkeit kann nie mit menschlichen Worten nachgezeichnet werden. Damit ist nicht das geringste gegen ihre Realität gesagt. Vieles läßt sich weder vorstellen noch denken, das trotzdem existiert, beispielsweise die

Zahlen und die Räume, mit denen die Astronomen zu rechnen pflegen. Nur die auf das Greifbare ausgerichteten Rationalisten bestreiten dies, sie, die sich in einer eindimensionalen Welt verfangen haben. Es wird auch nicht gesagt, woran Jesus erkannte, daß es der Teufel war. Das Evangelium berichtet einfach: «Und der Versucher trat zu ihm.» Alles verbleibt in einer undeutlich-deutlichen Andeutung.

Worin bestand die Versuchung? Die Zumutung, Steine in Brot zu verwandeln, grenzt an eine sinnliche Versuchung, denkt man an Jesu Hungergefühl. Doch wäre dies eine allzu naheliegende Interpretation. Jesu Versuchung ist eine Geheimgeschichte, die verschlüsselt bleibt. Tertullian überliefert ein apokryphes Herrenwort: «Der nicht versucht wurde, ist untauglich für Gott.» Jesu innere und äußere Versuchung kam von unten; ihr Repräsentant war der Teufel. Offenbar will er gleich zu Beginn Jesu Tun in eine andere Richtung lenken. Darum das Ansinnen, mit einem Wunder seine Wirksamkeit zu eröffnen und mit der Lösung der allezeit dringlichen, handfesten Brotfrage die Aufmerksamkeit der Menschen auf sich zu lenken. Weder von Moses noch von Elias wird berichtet, sie hätten den «anderen» so nahe, so furchtbar und so wirklich gesehen, wie Jesus ihn gesehen hat. Er allein kämpfte mit ihm von Angesicht zu Angesicht.

Dreimal näherte Satan sich Jesu. Die Zahl drei ist in diesem Zusammenhang nicht wichtig, sondern betont nur, daß Satan nicht sofort abläßt, wenn er nicht ans Ziel kommt. Er versucht es unglaublich hartnäckig und mit gesteigerter Wucht immer wieder neu. Die erste Versuchung spielt sich in der Wüste ab, die zweite auf der Zinne des Tempels in Jerusalem, wo Jesus ein verlockendes Schauwunder hätte vollbringen sollen, und bei der dritten führte der Teufel ihn sogar auf einen «sehr hohen Berg». Rein räumlich betrachtet steigert er die Versuchung. Sie wird intensiver, und Satan setzt immer härter an. Zuletzt wirft er seine Maske ab und gibt sich als der Widersacher zu erkennen. Er verlangt von Jesus angebetet zu werden, wechselt bei jeder Versuchung seine Taktik und bringt immer wieder andere, verwirrende Ansinnen vor. Jesus dagegen verhält sich stets gleich. Er handhabt immer dieselbe Waffe, «es steht geschrieben», und beruft sich auf das göttliche Wort selbst in jenem Moment, da der Teufel ebenfalls Bibelworte zitiert. Bibelwort kämpft gegen Bibelwort – wahrhaftig, ein einzigartiges Duell. Jedenfalls ist auch Satan ein Bibelkundiger, was uns gegenüber einer Schriftgelehrsamkeit vorsichtig machen muß. Der Teufel weiß geschickt seine Bedingungen anzubringen: «Wenn du...» Beruft sich einer auf Bibelbworte, ist damit offenkundig seine richtige Beziehung zu Gott noch nicht bewiesen. Der fromme Spruch kann auch ein Alibi sein, das dem Teufel dient. Die zweite, schlau angelegte Versuchung will Jesu mit Gott entzweien. In der dritten Versuchung leuchtet die gleißnerische Macht auf, die in ihrer Faszination die Menschen ins Verderben zieht. Die Versuchung verlockt beinahe unwiderstehlich, verspricht das Höchste und fordert den stärksten Widerstand heraus.

Allein, sie endet eindeutig mit dem Sieg Jesu. «Weiche von mir!», herrscht Jesu den Satan an, der sein Ziel nicht erreicht. Er muß sich zuletzt geschlagen geben, indem er unverrichteter Dinge den Schauplatz verläßt. Man atmet erleichtert auf. Was wäre geschehen, wenn Jesus schwach geworden wäre? Unvorstellbar sind die Folgen. Auch in den menschlichen Versuchungen muß die Parole lauten: Weiche von mir!

Nach Jesu Sieg traten Engel zu ihm und dienten ihm. Die Bemerkung des Evangelisten zeigt die Engel als Gegenspieler des Teufels. Sie werden dann sichtbar, wenn der Mensch bis zuletzt gegen den Versucher ankämpft. Jesus glaubte an die Engel. Wiederholt leisten sie ihm Beistand. Auch in Gethsemane erscheint ein Engel und stärkt ihn. Wie soll man vom Teufel reden können, ohne an Engel zu denken?

Als der Messias standhaft blieb, wich der Versucher eine «Zeitlang von ihm», berichtet Lukas[4]. Folglich nicht für immer. Er kommt wieder. Es gibt kein Leben ohne Versuchung. Nie ist sie endgültig überwunden, stets aufs neue muß sie niedergekämpft werden. Es gibt auch hier kein ein für allemal. Später lehrte Christus seine Jünger beten: «Führe uns nicht in Versuchung, sondern erlöse uns von dem Bösen» (im Urtext Maskulinum, nicht Neutrum). Was diese Bitte bedeutet, ahnt der Beter kaum. Man müßte ein umfangreiches Buch schreiben, um nur die Anfangsgründe dieser Worte zu erläutern.

Die teuflische Versuchung gibt den Grundakkord von Jesu Leben an. Darum steht sie an seinem Anfang. In ihr wird für einen kurzen Augenblick der überrationale Hintergrund der Evangeliumsbotschaft sichtbar. Man begreift plötzlich, daß Jesu geheimnisvolles Leben ein Kampf gegen Satan war. Die Gottesherrschaft hat die Vernichtung des satanischen Reiches zum Ziel, verkündet doch das Evangelium den Sieg Jesu über den Teufel.

In Jesu Begegnung mit den Besessenen wird das metawirkliche Geschehen fortgesetzt. Für den Bibelleser ergeben sich mehrere Probleme. Das Thema «Christus und die Besessenen» versteht man nur von der Versuchungsgeschichte her. Die Austreibungen der Dämonen bilden für die neuzeitlichen Exegeten eine Kette von Verlegenheiten. Darum ihre ungeschickten Erklärungen, nach denen sich Jesus dem Zeitbewußtsein angepaßt habe. Es lohnt sich nicht, auf diese Ausflüchte einzugehen, die doch nur die immensen Hintergründe mit einer billigen Akkommodationstheorie überkleben wollen. Die Dämonen sind auch nicht «das Nichtige», denn harmlos kann man sie gewiß nicht nennen. Dostojewski hat den ersten Fingerzeig für eine Deutung der Versuchungsgeschichte gegeben; Johann Christoph Blumhardt sah sich mit der Besessenheit als realer Macht konfrontiert und hob sie denn auch aus dem Feld theoretischer Erörterung heraus. Bei ihm ist die Angelegenheit zu einer Existenzfrage von bedrängender Aktualität geworden.

Es ist nicht möglich, in den Evangelien länger zu lesen, ohne auf Jesu Begegnung mit den Besessenen zu stoßen. Immer wieder kreuzen sie den Weg Jesu, halten sich oft in den Gräbern auf und zerreißen alle Fesseln. Manchmal nähern sie sich Jesu und reden ihn an: «Halt, was haben wir mit Dir zu schaffen, Jesus von Nazareth? Du bist gekommen, uns zu verderben. Ich weiß, wer du bist: der Heilige Gottes.»[5] Ein anderes Mal schreit ein Besessener auf: «Jesu, Du Sohn Gottes, des Allerhöchsten, ich beschwöre Dich bei Gott, daß Du mich nicht quälst.»[6] Nach diesen Worten erkennen die Besessenen vor allen andern Menschen den Messias; sie spüren es vor den Jüngern, um von den Schriftgelehrten gar nicht zu reden, die vor lauter Gesetzeskunde überhaupt nichts merken. In dunkler Ahnung wittern die Besessenen, daß Jesus der Heilige Gottes ist und daher die Dämonenherrschaft ihrem Ende entgegen geht. Die Erzählungen über die Besessenen sind als unsichtbare Geistesschlacht zu deuten, in schroffem Gegensatz zum sogenannten gesunden Menschenverstand.

Nur selten läßt sich Jesus mit ihnen in ein Gespräch ein. Einmal fragt er: «Wie heißest du?», und erhält die überraschende Antwort: «Legion, denn unser sind viele.»[7] Unzählige also. Es ist kein Einzelschicksal, sondern eine Massenerscheinung. Offenbar sind viel mehr Menschen von einem Dämon besessen, als man denkt. Erschreckend ist die Kollektiv-Besessenheit während der Hitlerzeit. Viele wissen nicht, daß jeder Mensch seinen eigenen Teufel hat. Jesus pflegt das Gespräch nicht weiter, jäh bricht er ab[8]. Dann gebietet er: «Fahre aus, du unreiner Geist!» Einen derart eindeutigen Befehl vermag nur eine Person mit Vollmacht auszusprechen. Die Dämonen gehorchen, wenn auch zähneknirschend. Sie fahren in die weidende Schweineherde, die, von Panik ergriffen, in wilder Flucht ins Meer hinein jagt und dort jämmerlich ertrinkt. Wohin fahren unsere Dämonen? Wie dem auch sei, das Geschehen widersteht aller rationalen Deutung. Statt den Besessenenbericht grotesk zu finden, müßte man sich dauernd der Worte erinnern: «Fahre aus, du unreiner Geist!» Ist es nicht erstaunlich, daß ein Mensch von seinem Dämon erlöst wird? Die Freude darob müßte übergroß sein. Heute müßte nichts anderes als eine Austreibung der unreinen Geister geschehen. Und zwar ganz radikal. Ohne eine solche Tat gibt es keine Genesung. Jesus gab auch seinen Jüngern Macht über die Dämonen. Aber seine gegenwärtigen Anhänger haben nicht die Kraft, davon Gebrauch zu machen, und reflektieren auch nicht über die Ursache ihrer Schwäche.

Jesu Begegnung mit den Besessenen ist keine Lehre; sie hat es mit dem Dasein zu tun. Bei ihm ist alles konkrete Handlung, reales Geschehen.

Es klingt beinahe anstößig und doch läßt es sich nicht anders sagen: Jesus betätigt sich in dieser Begegnung mit den Besessenen als Exorzist. Diese Bezeichnung ist in der modernen Zeit anrüchig geworden; das Wort ist denkbar stark belastet. Redet man statt dessen von Jesus als Therapeuten, verwendet man ein modisches Wort und macht damit die Sache nicht besser. Ganz gewiß will Christus die Genesung des Menschen, bevor sie aber eintreten kann, ist der Exorzismus wichtig, freilich darf er nicht mit geheimnistuerischen Ritualen und seltsamen Gebetsformeln vollzogen werden. Diese sind ohnehin suspekt geworden. Der Exorzismus läßt sich vom Urcharismatiker Jesus nicht ablösen. Auch mit dem Wort «Charismatiker» ist Vorsicht geboten, weil es bald auf jeden agierenden Politiker angewendet wird. Bei Jesus hat es einen anderen Sinn, indem die Bezeichnung sein hagiologisches Tun umschreibt. Jesus als geistesmächtiger Exorzist ist für das christliche Bewußtsein ein Hinweis auf das nahe herbeigekommene Reich. Diese Erfassung seiner Persönlichkeit ist

ebenso wichtig wie Jesu Gang zu den Dirnen und Zöllnern, wie sein Kampf mit den Schriftgelehrten und sein Aufruf zum irrationalen Leben. All dies ist befremdend und trotzdem für das Wesen Jesu konstitutiv, jedenfalls darf man es nicht durch eine traditionalistische Brille anschauen. Als eine ganz und gar exorzistische Heilsgestalt, die im Göttlichen verwurzelt war, ja Gottessohn war, steht sie im Widerspruch zu der weichlichen Heilandsauffassung, die Jesus bis zur Unkenntlichkeit verharmlost hat.
Heute beurteilt man die Besessenen als Geisteskranke. Die medizinische Einordnung besteht zu Recht, jedenfalls bewirkte sie eine viel menschlichere Behandlung der Kranken. Früher aber glaubte man in jeder Geisteskrankheit eine Besessenheit zu sehen, eine unstatthafte Verallgemeinerung. Man mag sich fragen, ob die ausschließlich medizinische Betrachtung der Geisteskrankheit nicht ebenso einseitig ist? Müßte man nicht differenzieren? Kommt es nicht einer Abschwächung gleich, wenn man Hitlers Verbrechen mit Größenwahn und hysterischem Einschlag erklären will? Sagt man nicht richtiger: Hitler und Stalin waren vom Teufel besessene Menschen? Gegenwärtig wirkt sich die Besessenheit in Ideologien aus, die die Menschen beherrschen wollen. Faschistische, kommunistische und bürgerliche Ideologien tyrannisieren die Menschen, Zwänge, die nur eine neue Geisteraustreibung großen Stils lösen kann. Auf sie hoffen und warten wir, weil wir sonst von den Mächten völlig geknechtet werden. Solange wir für einen neuen Exorzismus keine Kraft aufbringen, wird sich nichts ändern.

Jesus heilte die Besessenen, indem er die Dämonen austrieb. Die Genesung ist wichtig, denn Jesus war an der Heilung und nicht an irgend einer Dämonenlehre interessiert. Die Pharisäer als verkappte Rationalisten dagegen wollten wissen, wie das zugeht, und beschuldigten deswegen Jesus: «Er treibt die

Teufel nicht anders aus denn durch Beelzebub, der Teufel Obersten.»[9] Die Pharisäer unterschieden eine Hierarchie von Teufeln. Sie bezichtigten Jesus, mit dem obersten Teufel verbündet zu sein und dieser sei es, der ihm die Kraft verleihe, die untergeordneten Teufel auszutreiben. Jesus weist diesen Anwurf entschieden zurück, da kein Reich bestehen könne, wenn es mit sich selbst uneinig sei, selbst nicht das Reich des Bösen. Er schließt seine Widerlegung mit den Worten ab: «So ich aber die Teufel durch den Geist Gottes austreibe, so ist ja das Reich Gottes zu euch gekommen.»[10] Damit dürfte der für Jesus wichtige Wesenskern genannt sein: Das Reich Gottes macht der Teufelsherrschaft ein Ende. Er steht im Kampf mit den Satansmächten und drängt sie Schritt für Schritt zurück. Wo das Reich Gottes hinkommt, muß Satan fliehen. Es ist kein unentschiedener Kampf. Das Gottesreich hat das Übergewicht, es ist wie die Strahlen der Sonne, die die Schatten vertreiben. Bei der Versuchung wie auch bei den Dämonen-Austreibungen liegt der besondere Akzent auf dem besiegten Teufel. Jesus gibt über das Reich des Bösen keine Auskünfte. Nie befriedigt er die Neugierde der Menschen. Nur einmal führt er aus: «Wenn der unsaubre Geist von dem Menschen ausgefahren ist, so durchwandelt er dürre Stätten, suchet Ruhe und findet sie nicht. Da spricht er denn: Ich will wieder umkehren in mein Haus, daraus ich gegangen bin. Und wenn er kommt, so findet er's leer, gekehret und geschmückt. So gehet er hin, und nimmt zu sich sieben andre Geister, die ärger sind denn er selbst; und wenn sie hineinkommen, wohnen sie allda; und wird mit demselben Menschen hernach ärger, denn es vorhin war.»[11] Ein Schleier liegt über diesen Worten. Wahrhaftig, «in den verlassenen Altären siedeln sich die Dämonen an!» Das Schicksal unserer Zeit wird in dieser nicht auszulotenden Aussage erzählt, einer Zeit, in der Gleichgültigkeit herrscht, die dämonisierte Ideologien und Mächte ausnützen.

Das bedeutsamste Wort Jesu über den Teufel steht im Lukas-Evangelium: «Ich sah den Satan vom Himmel fallen als einen Blitz.»[12] Man muß das Wort Christi in seinen Zusammenhang stellen: Die Jünger kehrten von ihrer ersten Aussendung zurück, erzählten voller Freude von ihren Taten und davon, wie sie die Geister ausgetrieben haben. Da sprach Jesus das unerhörte Wort vom Sturz des Satans. Wann sah Jesus diesen Satansblitz? Wie hat sich dieses Fallen vom Himmel zugetragen? Die rätselhaften Worte Jesu sind für uns nicht zu fassen, sie übersteigen unsere Erlebnisfähigkeit, überrollen uns, so daß wir darob verstummen. Wir ahnen bloß die große Entscheidung hinter Christi Sicht. Nach Jesu Auffassung ist mit dem Kommen des Reiches die Herrschaft der Finsternis gebrochen, ist ihr Anführer gestürzt. Nur wie ein zuckender Blitz ist dies wahrzunehmen. Der Sturz Satans bildet die Grundlage, an der die Christen festhalten müssen. Er gibt den richtigen Maßstab für die Beurteilung der späteren Teufels-Erscheinungen. Wo sie ein übermächtiges, alles andere verdunkelndes Eigeninteresse gewinnen, dürfte Jesus nicht mehr gegenwärtig sein. Er stand eindeutig im Sieg über die Finsternis. Es gibt kein lichtvolleres und tröstlicheres Wort als: «Ich sah den Satan vom Himmel fallen als einen Blitz.» Diese Aussage Christi muß der Mensch in allen Situationen der Angst wiederholen, wenn auch damit keineswegs die ganze Erscheinung Christi ausgeschöpft ist.

## Der Fürst dieser Welt

Das Johannes-Evangelium erzählt das Leben Jesu im verklärten Licht und verbindet die Berichterstattung zugleich mit einer einmaligen Interpretation. Erzählung und Deutung gehen ineinander über und bewirken den schimmernden Glanz des johanneisch geprägten Evangeliums. In ihm erklingt eine magische Melodie, von der wirklich noch niemand zu sagen vermochte, von wannen sie kommt und wohin sie führt. Kein weiteres Evangelium war imstande, dieses christliche Zeugnis zu übertreffen. Nach Hermann Kutter «ist das Johannes-Evangelium so unerfindbar echt – weshalb es die historisch-kritischen Theologen gerade als unecht ansehen müssen!»[13]

Nach dem Johannes-Evangelium fährt Satan bei Beginn des Abendmahls in Judas hinein. Ein von Satan besessener Mensch vollbringt den Verrat. Der Judaskuß ist ein Teufelskuß! Der vierte Evangelist bringt die dunkle Machenschaft des Verrates mit dem Teufel in Verbindung.

Das Johannes-Evangelium nennt den Teufel «einen Lügner von Anfang» an[14]. Diese Bezeichnung zeugt von einem tiefen Wissen um den Teufel. Sein Wesen ist Lüge. Wenn auch der Mensch viel lügt, darf die Lüge doch nicht einfach als Scherz verharmlost werden. Sie ist nicht der Ausrede gleichzusetzen. Auch gibt es keine Notlüge. Die Lüge ist eine Aussage des Teufels und steht in schroffem Gegensatz zur Wahrheit. In der Lüge hat sich der Mensch mit dem Bösen unlösbar verstrickt. Er findet gewöhnlich keinen Ausweg aus dem Teufelskreis, greift zur Lüge, die sich unheimlich schnell fortpflanzt und den Menschen zuletzt zerstört. Die Abgründigkeit der Lüge wird zu wenig erkannt, weswegen sich so viele Menschen in einem unentwirrbaren Lügengespinst verfangen. Der Teufel als Vater der Lüge ist der geborene Ränkeschmied, sein Name «Diabolus» heißt der «Durcheinanderwerfer». Er macht den Menschen etwas vor, das weder wahr ist noch Bestand hat. Wer sich mit ihm einläßt, wird betrogen und auf dem Weg der Lüge ins Verderben gelockt. Durchschaut man den Teufel als einen Lügner von Anfang an, entspricht dies der Situation viel mehr, als wenn vom Dämonischen als einer unheimlichen Leidenschaft geredet wird, was wiederum nur eine neue Lüge ist.

Im Johannes-Evangelium wird das erschreckende Wort über Satan gesagt: «Der Fürst dieser Welt»[15], wobei freilich der Begriff «Welt» stets im Kontext mit dem andern Wort Christi zu lesen ist: «Also hat Gott die Welt geliebt...»[16]. Die Formulierung «der Fürst dieser Welt» ist nicht manichäisch zu verstehen, doch drückt sie eindeutig aus, was von dieser gefallenen Welt zu halten ist, in der sich die Menschen meistens nicht zurechtfinden. Sie wird von widergöttlichen Mächten beherrscht. Wer aber das Wort vom «Fürsten dieser Welt» zu bedenken versucht, weiß um den wahren Charakter dieser Erde Bescheid. Sie ist «ein schlechter Ort», um den Romantitel von Julien Green zu gebrauchen, in der das Gute keinen Platz hat. Gewiß ist diese Welt mit ihren Naturschönheiten eine Schöpfung Gottes, aber sie ist der paradiesischen Schöpfung nicht gleichzusetzen, denn nach dem Sündenfall sind böse Gewalten am Werk. Das Lukas-Evangelium redet von Satan als dem vom Himmel gefallenen Blitz, während der vierte Evangelist parallel lautende Worte schreibt: «Nun wird der Fürst dieser Welt ausgestoßen werden.»[17] Die satanische Herrschaft schwindet, auch wenn die Finsternis das Licht nicht begriffen hat. Doch ändert das Nicht-Begreifen nichts daran, daß ihre Zeit dem Ende entgegen geht, weil das wahre Licht nun scheint. Die Ausstoßung des Fürsten dieser Welt ist ein langandauernder Prozeß und hat mächtige Erschütterungen zur Folge. Der harte Kampf währt noch lange. Wohl ist die Satansmacht gebrochen, aber noch nicht vernichtet. Die große Auseinandersetzung ist in vollem Gang.

## Das Geheimnis der Bosheit

Die Evangelien sind der bedeutsamste Teil des Neuen Testamentes. Neben ihnen gibt es noch die Apostelgeschichte, die Briefe der Apostel und die Apokalypse. Auch sie enthalten wichtige Ausführungen über den Teufel. Sie sind nicht lehrmäßig zu verstehen, zumal die Briefe «in Eile» geschrieben sind. Sie gehören auch nicht der Literatur an. Statt einer Lehre wollen sie dem Menschen mächtige Impulse vermitteln. Die Apostelbriefe enthalten Existenzmitteilungen, keine Doktrin. Vor allem sind sie einzigartige Gebrauchsanweisungen für bedrängte Menschen, Hilfen, nach denen man selbst heute greifen könnte.

Paulus zählt zu den maßgebenden Gestalten des neuen Testamentes. Man hat den Völkerapostel nicht restlos erfaßt, wenn man ihn mit der Reformation einseitig nach der Rechtfertigungslehre beurteilt. Er entfaltet sie eindrucksvoll. Sie ist seine denkerische Verarbeitung der Frage: Warum mußte der Messias gekreuzigt werden? Paulus' Denken kreist vorwiegend um Kreuz und Auferstehung, und das irdische Leben Jesu beschäftigt ihn kaum. Albert Schweitzer nennt ihn den «Schutzheiligen des Denkens im Christentum»[18]. Tatsächlich war Paulus ein tiefsinniger Mystiker, weshalb man auf ihn schon gar nicht verzichten kann. Er steht Wache am Eingangstor zur christlichen Mystik. Der Herr erschien Paulus in einer Lichtvision vor den Toren von Damaskus, einer Vision, die ihn buchstäblich in den Staub warf. Später erlebte der ekstatische Mann mystische Verzückungen bis in den dritten Himmel, wobei er unaussprechliche Worte hörte. Auch seine Formulierung «in Christo sein» verrät ein mystisches Verhältnis zum Herrn. Der außerordentliche Mann war nicht nur ein geistesmächtiger Lehrer der Christenheit, er war auch ein Täter des Wortes, der die Überleitung des Evangeliums vom Judentum zum Heidentum vollzog und damit das Christentum vor dem Sektenschicksal bewahrte. Durch seine rastlosen, weitgespannten Reisen hat er das Christentum ausgebreitet, wie dies in Lukas' Apostelgeschichte nachzulesen ist. Zwar bediente sich Paulus seiner Herkunft wegen der rabbinischen Terminologie, die dem heutigen Menschen unbekannt und deshalb schwer verständlich ist. Er war zuerst ein Verfolger der Christenheit, eine «unzeitgemäße Geburt» nannte er sich selbst, aber er entwickelte sich schließlich zum großen Liebenden. Das Hohelied der Liebe im ersten Korintherbrief konnte nur ein Mensch schreiben, der vom Strahl Gottes getroffen wurde. Nie ist ein Mensch tiefer in das Wesen der Liebe eingedrungen als Paulus. Was später die Dichter über die Liebe sangen, ist ein veränderter Nachklang davon; sie alle zehren bewußt oder unbewußt von Paulus' Lobpreisung der Agape.

Trotz aller Weitherzigkeit gibt es für Paulus keine Gemeinschaft mit dem Teufel. Den Korinthern schrieb er: «Ihr könnt nicht den Kelch des Herrn trinken und den Kelch der Dämonen; ihr könnt nicht am Tisch des Herrn Anteil haben und am Tisch der Dämonen.»[19] Er duldet keine Verbindung mit den Dämonen, weil dies einem Verrat am Herrn gleichkommt. Deswegen stellt er die Leser seiner Briefe vor ein unerbittliches Entweder-Oder. Der Radikalismus entspricht dem Urchristentum, und auch Paulus ließ sich auf keine Kompromisse ein.

Ebenso betrachtet Paulus den Kampf mit dem Teufel im Vollzug. Im Epheserbrief heißt es: «Wir haben nicht mit Fleisch und Blut zu kämpfen, sondern mit Fürsten und Gewaltigen, nämlich mit den Herren der Welt, die in der Finsternis dieser Welt herrschen, mit den bösen Geistern unter dem Himmel.»[20] Paulus' hellseherische Worte als zeitbedingte Anschauungen wegexegetisieren zu wollen, ist ein modisches Anpassen an den Zeitgeist, stammen sie doch aus der in den Evangelien geschilderten Atmosphäre. Hier wie dort steht der Mensch den Mächten gegenüber; er weiß sich im Kampf mit ihnen. Der Gegner ist nicht die Sinnlichkeit, die eine gottgeschaffene Gegebenheit ist, sofern sie in der richtigen Ordnung steht, sondern die unsichtbaren Gewalten, die den Menschen überfallen, vergewaltigen und knechten,

wenn er sich nicht in der Obhut Gottes befindet. Von ihnen ist er bedroht, und gegen sie muß er sich wappnen. Darum fordert Paulus die Leser seiner Briefe auf, sich zu rüsten und den Harnisch Gottes anzuziehen. Der Mensch muß sich dauernd wehren, wenn er den Mächten nicht erliegen will. Der Apostel war von einer christlichen Kämpferstimmung erfüllt, und schon um dieser Haltung willen kann und darf man an Paulus nicht achtlos vorübergehen.
Paulus erzählt ein eigenartiges Erlebnis mit einem Satansengel, der ihn höchst handgreiflich mit den Fäusten schlug[21]. Folglich ist Paulus aus dem Erleben, nicht aus der Theologie, zu verstehen. Das Bekenntnis zeigt Paulus mitten im elementar erlebten, dramatischen Kampf. Wer sich daran stößt, verkennt den Apostel und geht am Tiefsten vorbei. Paulus lebte in einer ganz anderen Welt als in der der Exegeten. Er hat mit ihnen nur wenig Gemeinsames. Paulus ist den Faustschlägen des Satansengels nicht wehrlos ausgeliefert; er flehte um Befreiung und erhielt auch Antwort: «Laß dir an meiner Gnade genügen, denn meine Kraft ist in den Schwachen mächtig», eine ungemein tröstliche Zusicherung. Paulus besaß ein ungewöhnliches, hintergründiges Wissen um das Satanische, eine Kenntnis, wie sie nur ein Mensch haben kann, dem auch seltene mystische Lichterlebnisse zuteil geworden sind. Er lebte in keinem linearen Weltverständnis. Wer seine Satansengel-Erfahrung massiv nennt, mag es tun, doch kommt es im Christentum gerade auf das Reale an. Der Apostel schrieb aus einer Tiefe heraus, weil er in einer lebendigen Christus-Erfahrung gründete.
Paulus spricht einmal «vom Geheimnis der Bosheit»[22], dem eigentlichen Thema der vorliegenden Schrift, die um das Unerklärliche und Unerforschliche kreist. Nach dem Apostel regt es sich deutlich, und er eröffnet denn auch einen unerwarteten Durchblick. Es ist ein Geheimnis, das man nicht erklären kann, sonst wäre es kein Mysterium mehr. Es ist das,

was uns erregt und in Atem hält, mit dem wir es dauernd zu tun haben und dem wir doch nie beikommen, geschweige denn mit ihm fertig werden. Eines aber ist gewiß: das Geheimnis der Bosheit gehört zu den ganz großen Fragen des menschlichen Lebens. In jedem Menschenleben nimmt man das Mysterium des Bösen wahr. Es ist von unheimlicher Dynamik, ist viel abgründiger und gefährlicher, als man gemeinhin annimmt. Das Geheimnis der Bosheit tritt in verschiedenen Formen auf: als Schwermut, als Langeweile, als Süchtigkeit, als Nihilismus usw. und ist mit alldem wohl signalisiert, keineswegs aber bewältigt.

Aus Paulus' Feder stammt auch das bestürzende Wort vom «Satan, der sich in einen Engel des Lichtes verwandeln könne»[23]. Der Teufel ist demnach immer wieder ein anderer, er bleibt sich nie gleich, sondern verwandelt und vervielfacht sich von Augenblick zu Augenblick. Man ist nicht fähig, diese rasche Veränderung auch nur zu verfolgen. Ehe man das Teuflische wahrgenommen hat, steht es schon wieder in einer veränderten Gestalt da. In solchen gefährdeten Situationen befindet sich der Mensch, und solchen Täuschungen ist er fortwährend ausgesetzt. Wie soll man den Teufel in einem Lichtengel erkennen? Derartige Versuchungen lauern gerade dem religiösen Menschen auf. Theresia von Avila hat sich vor diesen Täuschungen gefürchtet. Der Christ muß auf alles gefaßt sein und bedarf der Gabe der «Unterscheidung der Geister», ohne die er zu leicht den falschen Propheten ausgeliefert ist. In der Geschichte des Mystizismus sind dem lichtengelhaften Satan mannigfache Menschen zum Opfer gefallen, weswegen der schwüle Mystizismus im Interesse der wahren Mystik abzulehnen ist. Paulus spricht das letzte Wort zu dieser Sache im Römerbrief aus: «Der Gott des Friedens aber wird den Satan unter euren Füßen zermalmen in Bälde.»[24]

## Der brüllende Löwe

Petrus ist wohl der in den Evangelien am stärksten beleuchtete Jünger. Doch kann in diesem Zusammenhang nicht von seinem Bekennen und seinem Verleugnen gesprochen werden. Sein Versagen wird in den Evangelien, im Gegensatz zu der erbaulichen Heiligenliteratur, mit unerhörter Offenheit dargelegt. Jesus hat ihn auch wegen seines stürmischen Temperamentes zurechtgewiesen: «Weiche von mir, Satan; du bist mir ärgerlich; denn du denkst nicht, was göttlich, sondern was menschlich ist.»[25] Trotzdem wurde ihm das Amt anvertraut: «Weide meine Lämmer.»[26] Das Petrusamt spielt in der Geschichte des Christentums eine gewichtige Rolle. In seinem ersten Brief fordert Petrus seine Leser auf, nüchtern und wachsam zu sein, «denn euer Widersacher, der Teufel, gehet umher wie ein brüllender Löwe und suchet, welchen er verschlinge»[27]. Wie harmlos und nebensächlich ist angesichts dieses Brüllens die Frage, ob der Brief auch wirklich von Petrus geschrieben worden sei oder nicht. In der geforderten Nüchternheit läßt das Bild vom «brüllenden Löwen» den Christen entsetzt auffahren. Geradezu plastisch sieht man den Teufel überall herumschleichen. Er wird als ein Wesen erfaßt, das die Menschen zu verschlingen sucht. Wie viele gedankenlose Leute werden Tag für Tag tatsächlich seine Opfer! Meine Generation hat diese brüllende Stimme gehört; sie ist ihr unter die Haut gegangen. Der umherschleichende Löwe kann auch nur knurren, was für den Menschen nicht weniger gefährlich ist. In Petri Worten werden jedenfalls die Christen auf ihre allseitig bedrohte Situation aufmerksam gemacht. Der Apostel betont die Aktivität Satans. Bleibt der Christ nicht überaus wachsam, ist er verloren, denn Satan ist eine dynamische Kraft, ist nie untätig und nie phlegmatisch. Wahrscheinlich täuscht sich auch der moderne Mensch, indem er sich über die unheimlichen Machenschaften Satans

viel zu wenig Rechenschaft gibt, obwohl er sie durch die Zeitereignisse dauernd wahrnehmen muß. Die schrille Warnung des Petrus will die Christen aus ihren lahmherzigen Gepflogenheiten aufschrecken.
Eine eigenartige, gewöhnlich ganz übersehene Äußerung findet sich ferner im Judasbrief. Er führt ein stilles Dasein im Neuen Testament, obschon er vom Bruder des Jakobus stammt. Der Judasbrief besteht nur aus einem einzigen Kapitel. In ihm stehen die beachtlichen Worte: «Michael aber, der Erzengel, da er mit dem Teufel stritt und mit ihm redete über den Leichnam Mose, wagte er das Urteil der Lästerung nicht zu fällen, sondern sprach: Der Herr strafe dich.»[28] Selbstverständlich ist diese Aussage stark mythologisch gefärbt. Doch läßt sich nicht über Satan reden, ohne mythologische Worte zu Hilfe zu nehmen. Wer das vermeiden will und sich der abstrakten Begriffssprache bedient, gerät vollends ins Unverständliche hinein. Satan und Mythologie hängen zusammen, wenn sie auch nicht dasselbe sind. Judas' Wort erlaubt uns einen Blick hinter den Vorhang. Der Erzengel Michael wagt es nicht, über den Teufel das Urteil der Lästerung auszusprechen. Warum wagt er es nicht? Fürchtet er ihn? Gewiß nicht. Er sah selbst noch im Bösen eine gefallene Majestät. Im Bösen ist ein letzter Überrest von dem vorhanden, was einst Gott geschaffen hatte. Michael achtete diesen Rest nicht gering. Er verkleinert das Böse nicht. Dies ist ein Fingerzeig für die Vorsicht, die man walten lassen muß. Das will nicht heißen, daß Satan auch gut ist. Solche Verwirrungen finden sich gerne in der modernen Literatur, die mit einer geistreichen Romantechnik den Leser anlockt und ihn dann seiner Pein überläßt. Das Neue Testament redet anders. Michael hat eindeutig und endgültig gesagt: «Der Herr strafe dich!»

Des Teufels negatives Abbild ist im Neuen Testament eingeprägt, so daß es immer wieder hindurchscheint. Er nimmt im letzten Buch der Bibel nochmals einen breiten Raum ein. Die Offenbarung Johannes gehört der Apokalyptik an. Sie wird nicht nur in scharfen Gegensatz zur Prophetie gerückt, sondern gewöhnlich auch gering bewertet. Es ist ebenso falsch, die Apokalyptik in Bausch und Bogen zu verwerfen, als sie unbesonnen zu übernehmen. Sie verlangt nach einer Unterscheidung, denn neben tiefsinnigen Gedanken finden sich auch abstruse Aussagen. Die apokalyptische Literatur leitet von der alttestamentlichen Prophetie zur neutestamentlichen Botschaft über. Wo sie außer acht gelassen wird, entsteht ein unverständlicher Hohlraum. Die apokalyptische Literatur hat mit dem Buch Daniel am Alten, und mit der Offenbarung Johannes am Neuen Testament Anteil. Sie ist nicht mit dem Wort «Phantasterei» abzutun. Ihr liegt ein großer Ernst zugrunde. Es ist abwegig, sie als Randerscheinung auf die Seite zu schieben. Jesus stand in ihrer Tradition. Aussagen wie: «Nach der Drangsal jener Tage wird die Sonne sich verfinstern und der Mond wird seinen Schein nicht geben und die Sterne werden vom Himmel fallen»[29], lassen keine Zweifel darüber aufkommen. Die Geringschätzung der Apokalyptik beweist, wie weit die Gelehrsamkeit hinter den elementarsten Daseinsfragen zurückgeblieben ist. Das apokalyptische Weltgefühl ist ein erwachtes, in der Tiefe aufgewühltes Daseinsbewußtsein, weit überlegen dem unbewegten, schleppenden Tramp des bürgerlichen Lebens. Es ist allezeit aktuell, nur die äußere Form verändert sich. Stets droht das Letzte hereinzubrechen, und fortwährend scheint das Licht in die Finsternis. Man mag sich fragen, ob Dürer mit seiner Bilderfolge der Apokalypse den richtigen Ausdruck gegeben hat, jedenfalls war er ein von ihr ganz elementar be-

troffener Mensch, dessen Horizontale von einer Vertikale durchbrochen wurde. Die Apokalyptik vertritt die Haltung der Erwartung. Ihr Gespür für Geschichtskatastrophen wirkte zündend und versetzte die Menschen in eine heftige Erregung, die sich nie mehr legen wird. Esras Wunsch, «und zurückkehre die Welt in das vorzeitliche Schweigen»[30], sagt mehr aus als die redselige «Privattheologie der Exegeten»[31]. In dieser farbigen, sich nach dem Jenseits ausstreckenden Literatur brennt das Feuer lichterloh. Es sind aus Schrecken und Freude hervorgegangene Visionen, die sich in mystische Bilder einkleiden. «Die Himmelfahrt Moses» führt über den Messias aus: «Dann wird sein Regiment über all seiner Kreatur erscheinen, dann wird der Teufel ein Ende haben und die Traurigkeit mit ihm hinweggenommen werden.»[32]
Tiefsinnig ist die Erkenntnis von der Verbindung von Teufel und Traurigkeit, die sich im Menschen tatsächlich verknüpfen, aber noch tiefsinniger ist der Ausblick auf das Ende des Teufels. Wessen Herz sollte bei dieser Botschaft nicht fröhlich zu schlagen beginnen? Jedenfalls leitet die Apokalyptik den Menschen an, sich für diese unerwartete Stunde bereitzuhalten. Die apokalyptische Literatur gehört zu den aufwühlenden Büchern der Weltliteratur; sie schrecken ab und sind zugleich anziehend.
In den Bereich der apokalyptischen Literatur ist auch die das Neue Testament abschließende «Offenbarung Johannes» einzuordnen. Dem heutigen Menschen gibt der Bildband von Frits van der Meers «Apokalypse» mit seinen prachtvollen Abbildungen aus vielen Jahrhunderten eine erste Vorstellung vom ungewöhnlichen Charakter der «Geheimen Offenbarung». Die Ostkirche verhielt sich zunächst zurückhaltend gegenüber dieser Schrift, und dabei hat sie Johannnes auf der Insel Patmos geschrieben, die seither eine heilige Insel ist, auf der ein Mensch seine innere Ruhe findet. Für viele Bibelleser wurde die «Offenbarung Johannes» zum Hauptbuch der

Heiligen Schrift; sie erfuhr denn auch die mannigfachsten und widersprüchlichsten Deutungen. «Darnach sah ich, und siehe, eine Türe war aufgetan im Himmel.»[33] Diese Worte eröffnen einen ungewöhnlichen Aspekt und lassen die große Wende erwarten. Zahlreiche Mißdeutungen haben die Menschen in die Irre geführt, namentlich dann, wenn man mit den Berechnungen des Unberechenbaren begann. Alle Fehldeutungen aber vermögen nicht die kosmische Schau Satans zu verdecken, eine Wahrnehmung, die dem Buch das Format verleiht: In ihm wird tatsächlich eine Türe aufgetan! In der Offenbarung Johannes findet sich die Formulierung, «die Tiefen des Satans»[34] – was das heißen will, hat noch niemand zu deuten vermocht. Das Wort ist von der gleichen Gewalt wie Paulus' persönliche Aussage vom «Geheimnis der Bosheit» – beide Formulierungen weisen senkrecht in die letzten Abgründe hinab. Die kosmische Sicht des Teufels allein wird seiner wirklichen Bedeutung gerecht und rückt das ganze Problem in die richtige Perspektive. Das ganze Thema übersteigt in seiner Größe den menschlichen Horizont. Wenn einmal das Wort vom Stückwerk unserer Erkenntnis angebracht ist, dann bei dem Wort «die Tiefen des Satans». Bei noch so eifrigem Lesen der johanneischen Apokalypse sehen wir alles nur wie durch einen Spiegel in einem dunklen Wort, und erst in der jenseitigen Welt werden wir die überdimensionierten Ausführungen voll verstehen.

In der Apokalypse steht die berühmte Stelle von jenem «Streit, der im Himmel anhob: Michael und seine Engel stritten mit dem Drachen; und der Drache stritt und seine Engel, und siegten nicht, auch ward ihre Stätte nicht mehr gefunden im Himmel. Und es ward ausgeworfen der große Drache, die alte Schlange, die da heißt der Teufel und Satanas, der die ganze Welt verführet, und ward geworfen auf die Erde, und seine Engel wurden auch dahin geworfen.»[35] Aus den angeführten Bibelworten, die Johann Sebastian Bach machtvoll in der Kantate «Es erhub sich ein Streit» vertont hat, sieht man, wie mächtig die Ausführungen des apokalyptischen Henochbuches in das Neue Testament hineinbranden. Darnach ist der Teufel ein abgefallener Engel, der sich gegen Gott erhob – ob aus Stolz oder aus Neid gegen den nach dem Bilde Gottes geschaffenen Menschen muß dahingestellt bleiben – und von den treuen Engeln, angeführt von Michael, aus dem Himmel hinausgeworfen wurde. Das Bild deutet ein metaphysisches, vorgeschichtliches Geschehen an, das in keinem Geschichtswerk Platz hat, weil es sich dem menschlichen Fassungsvermögen entzieht. Gewaltige und mächtige Vorstellungen liegen ihm zugrunde. Sie sind zu bedenken, weil schließlich der Teufel auf die Erde geworfen wurde. Hier treibt er sein unheilvolles Wesen, nirgends anders, und gerade deswegen nennt ihn das Johannes-Evangelium den «Fürsten dieser Welt».

Erst der Engelsturz, den Chagall eindrucksvoll gemalt hat, macht die Paradiesesgeschichte verständlich. Ohne Kenntnis des vorgeschichtlichen Engelsturzes steht man verständnislos vor der Schlange, die Eva verführte. Woher kam sie, und wer war sie? Dies wird im Paradiesesbericht selbst nicht gesagt. Die «Weisheit Salomos» gibt einen Hinweis: «Gott hat den Menschen geschaffen zum ewigen Leben und hat ihn gemacht zum Bilde, daß er gleich sein soll, wie er ist. Aber durch des Teufels Neid ist der Tod in die Welt gekommen.»[36] Der Teufel hat die Menschen zur Sünde verlockt und hat sie zu Fall gebracht; Satan kann sich nicht nur in einen Lichtengel, sondern auch in eine Schlange verwandeln. Unter diesem Gesichtspunkt hat sich die Lehre vom Sündenfall gebildet, und das orthodoxe Lehr-System war nach dem Urteil des kritischen Lessing kein «Stückwerk von Stümpern und Halbphilosophen», sondern trotz seiner Starrheit eine beachtliche Angelegenheit.

Schließlich ist noch das 20. Kapitel der Offenbarung Johannes zu erwähnen, in dem der Verfasser von jenem Engel redet, der «den Drachen, die alte Schlange ergriff, welcher ist der Teufel und Satan, und band ihn tausend Jahre»[37]. Er werde in den Abgrund geworfen, wo er verschlossen und versiegelt bleibe, damit er die Menschen nicht mehr verführen könne bis die tausend Jahre vorbei seien, dann werde er noch einmal eine kleine Zeit losgelassen, und es beginnt der Endkampf zwischen Gog und Magog. Naheliegenderweise haben diese gewaltigen, apokalyptischen Bilder der «Geheimen Offenbarung» die Phantasie der Menschen oft entzündet und in glühende Erwartung versetzt. Die Lehre vom Chiliasmus wurde zwar von den offiziellen Kirchen als Irrtum abgelehnt, obschon sie in der Bibel steht. Der Chiliasmus ist eine Chiffre für das Reich. Bestimmt wurde er von den Wiedertäufern in Münster allzu irdisch verstanden und auch verzerrt, doch deswegen ist der chiliastische Glaube nicht erledigt. Der Millenarismus vertritt ein tief religiöses Anliegen, das zuerst der jahrhundertelang geschmähte und erst heute rehabilitierte Kirchenvater Origenes verstanden hat. Dies läßt hoffen, daß auch dem geläuterten Chiliasmus noch einmal Gerechtigkeit widerfahren wird, sofern man ihn nicht allzu buchstäblich versteht. Die geistige Deutung besteht in der gespannten Erwartung auf das ewige Reich. Auf diese bewegte Geschichte der Hoffnung kann die Christenheit nicht verzichten, will sie sich nicht selbst aufgeben.

Das Neue Testament ist das geistesmächtige lichtvolle Buch der Weltgeschichte, in dem der Widersacher als eine ebenso überragende wie unheimliche Macht vorkommt. Ganz gewiß ist er nicht das Hauptthema der Bibel. Das ist eindeutig Gott und sein Reich. Die Schrift redet jedoch vom Teufel in sturmgepeitschten Worten, wenn auch vieles für das heutige Welt-Verständnis unbegriffen bleibt. Wer sich auf das Neue Testament gründet, vermag den Teufel nicht zu ignorieren. Es gibt in der Bibel weder eine Satanologie noch eine Leugnung des Teufels. Beides ist gleich falsch, nur in der entgegengesetzten Richtung. Satan kann nicht Gegenstand einer Seminarübung oder einer Dissertation sein, das käme einer Verkennung gleich. Das Neue Testament läßt seine Leser nur einige kurze, aber unmißverständliche Lichtblicke in das metaphysische Gebiet tun. Für einen Augenblick nur hebt es den Vorhang und enthüllt dem Menschen eine Meta-Wirklichkeit, deren Unsichtbarkeit sein intellektuelles Begreifen weit übersteigt. Doch ist es bedeutsam, daß dem Christen dieser hintergründige Blick von Zeit zu Zeit zuteil wird. Nicht damit er sich vorwiegend mit dem Teuflischen beschäftige, was sich seelisch schädlich auswirken würde, sondern damit er von der zentralen Sendung Christi ergriffen werde: «Dazu ist erschienen der Sohn Gottes, daß er die Werke des Teufels zerstöre.»[38]

# *Dem Teufel verschrieben*

## Das volkstümliche Teufelsbild

Die Kirchenväter, die dem Urchristentum näherstanden als alle späteren Generationen, haben die Teufelsauffassung des Neuen Testamentes übernommen. Zwar waren die verehrungswürdigen Väter auf dem Gebiet der Teufelsvorstellung wenig originell. Sie gestalteten sie zu einer Lehre, die sie von Generation zu Generation weitergaben, obwohl man von persönlichen Erfahrungen auf diesem Gebiet wenig liest. Es ist bedauerlich, daß die heutigen Christen kaum Kenntnis in der Patristik besitzen. Der Teufel ist in der patristischen Literatur ein abtrünniger Engel, der, seiner Wichtigkeit bewußt, doch über keine selbständige Macht verfügt. Der Christ schützte sich seit je vor den Nachstellungen des Teufels durch das Kreuzeszeichen.

Erst das Mittelalter hat das bekannte Bild des Teufels geprägt: eine abschreckende Gestalt mit Hörnern, Schwanz und Bocksfüßen, die einen unangenehmen Schwefelgeruch um sich verbreitet. Es ist möglich, daß heidnische Götterbilder indirekt Pate gestanden sind. Jedenfalls erscheint diese schwarze Gestalt in unzähligen Variationen, immer aber in ähnlicher Sicht, weshalb man den Teufel auf den ersten Blick erkennt. Jahrhundertelang ist diese Vorstellung haften geblieben. Er braucht nur erwähnt zu werden, und schon steht dieses verabscheuungswürdige Bild jedermann vor Augen.

Man weiß nicht einmal, welcher Künstler dieses häßliche Teufelsbild erstmals geschaffen hat. Es findet sich schon in der romanischen Malerei. Der schwarze Teufel ist ein Produkt der mittelalterlichen Volksphantasie; sie hat es erzeugt und auch gepflegt. Es war immer das gleiche Bild, oft nur gering abgewandelt. Offensichtlich kam es einem Bedürfnis des Volkes entgegen, sich den Teufel so abstoßend wie möglich vorzustellen. Das Volk bedurfte des gräßlichen Bildes, weil es allezeit konkret und anschaulich denkt. Nur ausnahmsweise nahm der Teufel die Gestalt einer nackten Frau an, um einen Mönch zu Fall zu bringen. Mit dem schwarzen, gehörnten Mann verband sich unwillkürlich ein unheimliches Gruseln. Bei seinem Anblick lief den Menschen der kalte Schauer über den Rücken. Niemand liebte das Bild. Alle lehnten es mit heftiger Gebärde ab und kamen doch von ihm nicht los. Unerklärlicherweise wirkte es trotz aller Häßlichkeit faszinierend. Es darf höchstens als unzulängliche Symbolgestalt aufgefaßt werden, doch zeigt sie nur eine einzige Seite notdürftig an.

Hat der Teufel wirklich dieses fratzenhafte Aussehen? Überhaupt nicht, denn wenn der Teufel wirklich so furchterregend und abscheulich aussehen würde, wäre ihm niemand ins Garn gelaufen. Man hätte ihn sofort erkannt und sich entsetzt von ihm abgewendet. Zwar gibt es Leute mit einer pervertierten Vorliebe für das Unschöne, aber Schwefelgestank atmet kaum jemand gerne ein. Der Teufel in der widerlichen Fratzengestalt wäre sein eigenes Abschreckungsmittel gewesen, wirksamer als viele faden Tugendpredigten.

So wenig man Gott und seine Engel darstellen kann, ebenso unmöglich ist es, den Teufel abzubilden. Alle Teufelsbilder entspringen menschlicher Phantasie und haben keinen Anspruch auf Wirklichkeitstreue. Da es sich um transzendente Mächte handelt, ist die Kunst eindeutig überfordert. Im Unterschied zu den Engeldarstellungen, über die es sehr schöne Kunstschöpfungen gibt, wird dies niemand von den Teufelsdarstellungen behaupten. Die Teufelsbilder zeugen gewöhnlich von geringer Phantasiebegabung, sind doch nur wenige Maler selbständige Wege gegangen.

Die Ablehnung der volkstümlichen Teufelsbilder verneint keineswegs die Wirklichkeit des Teufels. Dieser Triumph über den Teufel ist allzu billig errungen und riecht nach «Aufkläricht», um mit Schelling zu sprechen. Die Realität des Teufels bricht mehrfach und unheimlich gerade im Mittelalter hervor, das man weder als finster verlästern noch romantisch verklären darf. Des Satans Wirksamkeit war auch in jenem Zeitraum mit den herrlichen Kathedralen und der romanisch-gotischen Wandmalerei, mit den tiefsinnigen Summen und der liebesinnigen Mystik vorhanden und hat sich unheilvoll ausgewirkt. Wie hätte es auch anders sein können in jenen Jahrhunderten, die noch den metaphysischen Hunger und Durst verspürten.

Die Abwehr brachten oft auch jene häßlichen Figuren zum Ausdruck, die als Wasserspeier an den Kirchen angebracht waren. Zwar blieb der Teufel nicht nur außerhalb der geheiligten Räume der Kirchen; er drang auch ein und bewies damit, daß kein Ort sicher vor ihm ist. Beispielsweise ist am westlichen Ausgangstor des Regensburger Domes innerhalb der Kirche auf der einen Seite der Teufel und auf der andern seine Großmutter, wie das Volk sie nennt, dargestellt. Dies war kein bloßer Spaß mittelalterlicher Handwerkskünstler; sondern darin liegt ein tiefer Sinn verborgen: Satan will die Beter im Dom stören und ihnen beim Verlassen des Gotteshauses auflauern. Nach dem mittelalterlichen Glauben verbirgt sich der Teufel zuweilen auch in den kirchlichen Institutionen, was beweist, wie ernst das Böse in jenem Zeitalter beurteilt wurde.

Mit den Teufelsbildern verband sich die Höllenvorstellung. Dem Alten Testament ist sie fremd; nach ihm fährt der Mensch im Tode in die Grube und wird zu den Vätern versammelt. Noch Martin Buber gab auf die Frage nach dem Ewigkeitsbewußtsein des Menschen die alttestamentliche Antwort: «Von der Ewigkeit Gottes bin ich überzeugt, von der Ewigkeit des Menschen weiß ich nichts.» Deswegen verband sich zur Zeit des Alten Bundes mit dem Tode auch keine Schreckensvorstellung. Im «Koheleth» wird die Frage aufgeworfen: «Wer weiß, ob der Odem der Menschenkinder emporsteigt, der Odem des Tieres eher hinabfährt zur Erde?»[1] Der unbekannte Verfasser des «Predigers» läßt die Frage offen. Der Christ dagegen sieht im Ewigkeitsbewußtsein einen der Unterschiede zwischen Mensch und Tier.
Erst im Spätjudentum erwachte der Unsterblichkeitsglaube, der noch zur Zeit Jesu zwischen den Pharisäern und den Sadduzäern strittig war. Die einen bejahten und die andern verneinten ihn. Jesus selbst vertrat mit Nachdruck die Auferstehung. Als ihm die Sadduzäer mit der abgeschmackten Geschichte von der Frau und ihren sieben Männern eine Falle stellten, antwortete er ihnen: «Irrt ihr nicht deshalb, weil ihr die Schriften nicht kennt noch die Kraft Gottes? Denn wenn sie von den Toten auferstehen, heiraten sie nicht und werden nicht verheiratet, sondern sie sind wie Engel in den Himmeln.»[2] Dies war Christi lichtvolle Antwort, die das Jenseits nicht als ein verlängertes Diesseits versteht. Die jenseitige Welt ist ganz anders, jedenfalls entzieht sie sich allem Vorstellungsvermögen. Jesus sprach in seinen Gleichnissen auch von dem Ort, da «Heulen und Zähneklappern» ist. Er brauchte sogar den Ausdruck «ewige Strafe»[3]. Doch gehört dies zur Bildersprache, deren er sich in den Gleichnissen bediente. Gleichnisse dürfen nicht gepreßt werden; sie legen

doch eine Wahrheit in bildlicher Form dar und sind nicht als eine exakte Schilderung des Jenseits aufzufassen, sonst verkehrt sich der Sinn in Unsinn.
Das ausgehende Mittelalter malte auch die Hölle in zunehmend schrecklicheren Farben aus. Man schien Bescheid zu wissen über den grauenerweckenden Schlund, in den die Menschen mit vor Entsetzen verzerrtem Antlitz eingehen. Ob die Hölle von Gott erbaut war, blieb dahingestellt, da sie weder Grund noch Ende habe. Mannigfach waren die Äußerungen der Theologen über den Ort der unendlichen Qualen. Im Mittelalter nahm man an, die Hölle sei vielgestaltig und es gebe kein Entrinnen mehr aus ihr. Die Hölle sei eine Hölle des Todes, eine Hitze des Feuers, ein Vergessen alles Guten. Ihre Marter und Schmerzen dauerten ewig, und sie sei die Wohnung der allerhöllischsten Drachen. Ein zur Hölle Verdammter könne niemals wieder von Gott in Gnaden angenommen werden, müsse in Gottes Zorn und Ungnade ewig brennen, für immer darin bleiben, ohne Hoffnung. Dante hat im ersten Teil seiner «Göttlichen Komödie» bei der Schilderung des «Inferno» seiner Phantasie freien Spielraum gelassen. Der Florentiner läßt die greulichsten Bilder vor dem Leser erstehen. Wohl ist die «Göttliche Komödie» ein großes Kunstwerk, aber der erste Teil ist von einer geradezu sadistischen Grausamkeit geprägt. Freilich entsprach seine furchtbare Schilderung dem Zeitbedürfnis. Selbst die große Theresia von Jesu meldete in ihrer eigenen Lebensbeschreibung eine entsetzliche Höllenvision, die jedoch ihren übrigen Visionen nicht gleichgesetzt werden darf, zumal sie selbst bemerkte: «Ich glaubte eines Tages in die Hölle versetzt zu sein.»[4] Auch Ignatius von Loyola leitet in der fünften Übung seiner «Geistlichen Übungen» seine Schüler zu einer anschaulichen Betrachtung über die Hölle an, die an «Einbildungskraft jener gewaltigen Feuergluten» nichts zu wünschen übrigläßt[5]. Alle diese Dokumente widerspiegeln den

damaligen Zeitgeist, die Wirkung auf das Seelenleben der Menschen aber war verheerend.

Die Schilderung des Höllendaseins geht auf die Gotik zurück und fehlt völlig in der ostkirchlichen Kunst bis ins sechzehnte Jahrhundert. Sie wurde noch zur Zeit der Gotik nicht kritiklos übernommen, wie aus dem Protest Bernhard von Clairvaux zu ersehen ist: «Was sollen in den Kreuzgängen diese lächerlichen Ungeheuerlichkeiten, diese unreinen Affen, diese wilden Löwen, diese monströsen Zentauren, diese Halbmenschen?»[6] Der geistesmächtige Zisterzienserabt vermochte mit seinem Einwand nicht durchzudringen; die Zeit wollte die Sphäre des Höllischen dargestellt sehen. Dies ist auch eines der seltsamsten Kapitel der Kunstgeschichte. Van der Weyden und Michelangelo malten Weltgerichtsszenen mit wuchtiger Eindrücklichkeit.

Geradezu unheimlich schilderte Hieronymus Bosch (1450–1516) das höllische Dasein. Er ist einer der rätselhaftesten Künstler aller Zeiten, dessen Bilder man nicht erklären sollte, die aber ein Zwiegespräch mit der unteren Seite seiner Zeit zu sein scheinen. Sein Leben ist in ein Dunkel gehüllt. Man weiß nur, daß er in 's-Hertogenbosch gelebt und einer frommen Bruderschaft angehört hat. Die restlose Deutung seiner ungeheuren Bilder ist bis heute nicht gelungen. Niemals sollten sie nur als Kuriositäten bewertet werden, denn dafür ist Boschs Künstlertum zu groß. Frängers Auffassung, Hieronymus Bosch habe der Sekte der Brüder und Schwestern des freien Geistes angehört, ist eine nicht belegbare Hypothese. Der Maler hat keine bizarren Situationen ersonnen, sondern sah die Dinge in doppelsinniger Sicht. Bedeutsam ist, daß Bosch nicht mehr dem üblichen Teufelsbild des Mittelalters huldigte, auch erfaßte er die Hölle nicht als eine rein jenseitige Angelegenheit. Eine tiefgreifende Wende trat bei ihm ein, indem er eine verteufelte, zur Hölle gewordene Welt darstellte, eine Welt ohne Sinn und Ordnung. Die

Menschen seiner Gemälde sind einer dämonischen Triebwelt verfallen, sind Gestalten der Unnatur und begegnen unwirklichen Tieren, die noch niemand gesehen hat. Bosch war in seiner Malerei ein scharfer Beobachter seiner Zeit und erkannte die teuflischen Machenschaften, ohne ihnen selbst zu verfallen. Er wußte auch um das Paradies, nicht nur um die Hölle. Vor allem malte er die im Menschen wohnenden Süchte, die ihn einem höllischen Dasein ausliefern. Ein Zeitgenosse bezeichnete den Unterschied zwischen andern Malern und Bosch dahin: «Diese suchten den Menschen zu malen, wie er außen ist – er allein aber besaß die Kühnheit ihn zu malen, wie er innen ist.»[7] Seine unheimlichen Visionen verraten eine tiefe Weltdeutung, eine Erfassung, wie sie nur ein mystischer Maler aufzuzeigen vermochte. «Wenn man die Visionen des Hieronymus Bosch im Irdischen läßt, woher sie stammen, so ist er unwiderlegbar.»[8]

Auch Pieter Brueghel (1528–1569) stellte eine hiesige Höllenwelt dar, die dem sichtlichen Wahnsinn verfallen ist. Gewisse Bilder wie «Dolle Griet» und «Triumph des Todes» sind kaum zu entschlüsseln. Brueghels Malerei bricht aus dem gleichen Urstrom hervor wie Boschs und ist mit formalen Erläuterungen nicht zu erfassen. Er gibt mit dem Pinsel dem Ausdruck, was sich nicht mehr in Worte kleiden läßt. Von Gott losgelöste Geschöpfe gehen an ihrem eigenen Wirbel zugrunde.

In der Neuzeit wurde das Thema fallengelassen, weil man es dem mittelalterlichen Aberglauben gleichsetzte. Man machte es sich mit der Leugnung der Hölle unerlaubt leicht. Es erschienen Bücher wie «In der Hölle brennt kein Feuer», mit denen man sich einfach dem Zeitgeist anpaßte. Auch Worte wie: «Es gibt zwar eine Hölle, aber es befindet sich niemand darin», sind Scherze und daher nicht ernst zu nehmen. «Die Säkularisation der Hölle» ist eine abwegige Thematik. Man müßte ihr Franz von Baaders Einsicht entgegenstellen: «Wer die Wirklichkeit der höllischen Mächte nicht verstehen und fürchten kann, ist ihnen schon verfallen.»[9]

Ebenso erfordert die Bejahung der Hölle im traditionellen Sinn eine kritische Beurteilung. Ihre Vertreter beriefen sich auf das Neue Testament, beispielweise auf das Gleichnis vom reichen Mann und dem armen Lazarus. Statt sich im Ausmalen der Qualen des reichen Mannes zu gefallen, würde man besser sich um den armen Lazarus kümmern, der noch heute vor der Türe liegt. Auch die offizielle Kirchenlehre vertritt die leiblichen Höllenqualen, doch haben in unserer Zeit ernste Theologen auf die dadurch bedingte Verfinsterung des christlichen Glaubens aufmerksam gemacht. Abgesehen von diesen Hinweisen wissen die Menschen, die die Schlacht von Stalingrad miterlebt und im Vernichtungslager von Auschwitz gelitten haben: «Es war die leibhaftige Hölle, in die wir da hineinversetzt wurden.» Das ist keine Verflüchtigung des Wortes, denn es erklangen dort wirklich «die Glocken der Hölle mit mächtigem Schalle». Es war buchstäblich eine Hölle. Es wäre zu dinglich gedacht, wollte man die Hölle auf einen bestimmten Ort festlegen. Um diesem Mißverständnis zu entgehen, erfuhr auch das Apostolische Glaubensbekenntnis eine neue Übertragung. Statt «hinabgefahren zur Hölle» heißt es nun «hinabgefahren in das Reich der Toten». Mit dieser Änderung waren keine entmythologisierenden Gedanken verbunden, sondern man wollte die allzu menschliche, sich räumlich vorgestellte Ansicht beseitigen. Die Hölle befindet sich unter anderem auch im Inneren des Menschen. Viele tragen in buchstäblichem Sinne eine Hölle mit sich herum, wie sie grauenhafter nicht denkbar ist. «Die Hölle, gnädige Frau, ist das Nichtmehrlieben», sagte Bernanos' Landpfarrer zu der sich verhärtenden Schloßherrin[10].

Die Frage nach der Hölle ist mit der Vorstellung vom Jüngsten Gericht verbunden. Doch ist dabei jede Analogie mit dem irdischen Gerichtsverfahren zu vermeiden, weil alle anthropomorphen Vorstellungen unzureichend sind. «Das Jüngste Gericht» ist ein Bild, das sich der Anschauung entzieht, wennschon der Christ der Bibel entnimmt: «Es ist dem Menschen gesetzt einmal zu sterben, darnach aber das Gericht.»[11] Auf diesen Gerichtsgedanken kann nicht verzichtet werden. Kierkegaard meinte einmal, «wenn man den Schrecken der Ewigkeit wegnimmt, wird die Nachfolge im Grunde zur Phantasterei»[12]. Das Problem besteht darin, den Ernst des Gerichtes beizubehalten, ohne damit den Menschen in eine peinigende Angst hineinzujagen, was allerdings eine neue christliche Sprache erfordert, über die wir jedoch noch nicht verfügen. Einzig Georg Friedrich Händel vermochte im «Messias» die Auferstehung der Toten derart majestätisch in Musik zu setzen, daß man die Posaunen des Jüngsten Gerichtes zu hören glaubt.

Auch die Hölle ist ein Grenzproblem, bei dem sinnvollerweise das Gespräch aufhört. Jedenfalls denkt man falsch, sucht man sich materiell vorzustellen, was geistig gemeint ist. Es geht nicht an, beim Gedanken an die Hölle einfach die Phantasie frei walten zu lassen. Was die Ewigkeit der Höllenstrafen betrifft, entzieht sie sich unserem Denkvermögen. Eine ewige Strafe für eine zeitliche Sünde setzt Unendlichkeit und Endlichkeit in eine unrichtige Beziehung. Man kann sich von Augustins unmenschlicher Prädestinationslehre mit ihrer massa damnata nur entsetzt abwenden, genau wie von Calvins erbarmungsloser Erwählungsauffassung. Wir sollten nicht über Fragen streiten, die unsere Kompetenz überschreiten. Charles Péguy und Nikolai Berdjajew ereiferten sich leidenschaftlich gegen die ewigen Höllenstrafen, und tatsächlich widerspricht diese Vorstellung, mag sie jetzt noch so rechtgläubig sein, dem christlichen Herzen. Das religiöse Gefühl wird sich mit dieser Vorstellung nie abfinden. Eine Theologie, die dem Dogma zuliebe das Herz opfert, kann nicht richtig sein. Von der herrlichen Verkündigung der Wiederbringung aller Dinge, für die ein so luzider Geist wie Origenes eintrat, ist man gehalten, in leisem Ton zu reden, weil eine lautstarke Predigt über dieses Thema zur Gleichgültigkeit anleiten würde. Mystisch ausgedrückt: Was dem Brautgemach der Seele entspricht, sollte man nicht auf dem Marktplatz breitschlagen. Es würden sonst viele bequeme Menschen sagen: Wenn zuletzt doch alle gerettet werden, ist es ja nicht so wichtig, ob ich sündhaft oder verantwortungsbewußt lebe. Der Christ darf dem Urteil Gottes in keiner Weise vorgreifen, muß aber unwandelbar an die Barmherzigkeit Gottes glauben, auf die die bösen und die guten Menschen gleicherweise angewiesen sind.

Die Ausmalung der Höllenstrafen wuchs sich zu einem wahren Alptraum der Christenheit aus. Unzählige Menschen haben vor der möglichen Strafe gezittert und haben namentlich auf dem Sterbebett furchtbare Seelenqualen erlebt. Man wiederholte allzu oft die Worte aus der Offenbarung Johannes, nach denen «der Teufel in den feurigen Schwefelpfuhl geworfen wird und sie werden gequält werden Tag und Nacht von Ewigkeit zu Ewigkeit»[13]. Die Hölle hat viel dazu beigetragen, die Angst in der Welt zu verbreiten, und leider haben zahlreiche Prediger diese Furchtgefühle bewußt gesteigert. Sie versuchten auf der Kanzel sich in der Schilderung der Höllenqualen gegenseitig zu übertreffen – wahrhaftig, ein traurig effekthaschendes Motiv. Viele wollten mit Hilfe der Angst die Menschen in den Himmel hinein treiben, ein unchristliches Vorgehen, das der frohen Botschaft nicht entspricht.

Vergessen, völlig vergessen war das Wort Christi: «In der Welt habt ihr Angst, aber seid getrost, ich habe die Welt überwunden.»[14] Das Problem von Christentum und Angst hat Gewicht. Die Angst darf nicht verkleinert werden, denn selbst Jesus kannte sie im Garten von Gethsemane. Wir Menschen haben immer Angst, sei es vor der Geburt, dem Krieg oder dem Tod. Keineswegs ist sie eines Mannes unwürdig.

Die Tiefenpsychologie ist kaum imstande, das Angstproblem zu lösen, weil sie von bloßen Angstgefühlen redet, die den Menschen anerzogen worden seien. Diese Angst durch eine Analyse aufzulösen dürfte nur unvollkommen gelingen, weil die mit der Angst verbundene Schuld eine nicht wegzudisputierende Realität ist. Angst ist ein tief im Menschen sitzendes Urbewußtsein, das einzig durch einen lebendigen Glauben überwunden wird. Es ist geradezu unverantwortlich, sich an einer Verängstigung der Welt zu beteiligen. Den Christen ist das Gegenteil aufgetragen: sie haben, soweit ihre Kräfte ausreichen und wo immer sie dazu befähigt sind, den Menschen in der Bewältigung ihrer Ängste zu helfen und ihnen mit einem seelsorgerlichen Denken zu begegnen. Vor allem tröstet auch hier das johanneische Wort: «Angst ist nicht in der Liebe, sondern die völlige Liebe treibt die Angst aus; denn die Furcht hat Pein. Wer sich aber ängstigt, der ist nicht völlig in der Liebe.»[15]

Mit diesen lichtvollen Worten ist der Weg des Christen angedeutet. Es gilt, am Gerichtsgedanken festzuhalten, da er neutestamentlichen Ursprungs ist, doch denken wir nicht ängstlich an das Gericht, sondern mit dem Glauben an die alles Verstehen überwölbende Barmherzigkeit Gottes. Allein die Liebe Gottes vermittelt dem Menschen jene nicht zu beschreibende Geborgenheit und läßt ihn mit innerer Fassung an die Stunde denken, da er in die Ewigkeit eingeht.

Dostojewski läßt in «Die Brüder Karamasoff» Staretz Sossima eine mystische Betrachtung über das Thema «Von der Hölle und dem höllischen Feuer» anstellen und führt dabei aus: «Väter und Söhne, ich frage mich: ‹Was ist Hölle?› Und ich denke so für mich: ‹Hölle ist die Reuequal, daß man schon nicht mehr lieben kann.›... Man spricht von einem Höllenfeuer im Sinne eines materiellen Brennens; ich will dieses Geheimnis nicht erforschen und verbleibe in frommer Scheu davor; aber ich denke, daß, wenn es wirklich eine materielle Flamme geben sollte, die Verdammten darüber wahrhaftig froh sein müßten, denn, so meine ich, in der körperlichen Qual würden sie die viel schrecklichere geistige Qual wenigstens auf Augenblick vergessen...»[16] Nun, wenn Staretz Sossima in «frommer Scheu» davor stehen blieb, ist es auch für uns nicht angebracht, ungehemmt weiter vorzudringen und die uns gebotene Grenze zu überschreiten. Aus seelsorgerlicher Verantwortung heraus haben wir stets an die glaubensstarken Worte des Paulus zu erinnern: «Hölle, wo ist dein Sieg?»[17]

## Historia von D. Johann Fausten

Baudelaire fragte sich einmal: «Sich Satan verschreiben, was heißt das?»[18] Der Dichter stellte die Frage, aber er ließ sie im Raum stehen. Aus was für Gründen er sie nicht beantwortet, ist unbekannt. Das Problem aber bleibt aktuell: Was bedeutet es, daß ein Mensch seine unsterbliche Seele bei klarem Verstand dem Teufel übergibt? Kommt dies überhaupt vor? Handelt es sich um eine fiktive Frage? Im Spätmittelalter offenbar nicht.

Aus der damaligen Zeit gibt es eine anschauliche Erzählung über den Pakt mit dem Teufel. Das Buch heißt: «Historia von D. Johann Fausten, dem weitbeschreyten Zauberer und Schwarzkünstler». Der Verfasser des Volksbuches ist unbekannt, vermutlich war es ein Geistlicher. Im Vorwort heißt es, der Autor habe aus den hinterlassenen Schriften des Dr. Faustus alles zusammengetragen, was er über ihn in Erfahrung bringen konnte.

Es ist nicht nötig, an dieser Stelle die Geschichte von Dr. Johann Faustus eingehend zu erzählen. Man kann sie in der bekannten Sammlung «Die deutschen Volksbücher» nachlesen. In ihr wird anschaulich geschildert, wie Dr. Faustus von Gott abfiel, mit dem Teufel den bekannten Pakt schloß, dank dem er über zahlreiche Zauberkünste verfügte und wie er zuletzt jämmerlich vom Teufel zugrunde gerichtet wurde. Der Verfasser schließt seine Erzählung mit den Worten: «Also endet sich die ganze wahrhaftige Historia und Zauberei Doctor Fausti, daraus jeder Christ zu lernen, sonderlich aber, die eines hoffärtigen, stolzen, fürwitzigen und trotzigen Sinnes und Kopfs sind, Gott zu fürchten, Zauberei, Beschwörung und andere Teufelswerke zu fliehen, so Gott ernstlich verboten hat, und den Teufel nit zu Gast zu laden noch ihm Raum zugebe, wie D. Faustus gethan hat; dann uns hie ein erschrecklich Exempel seiner Verschreibung und Ends für gebildet ist. Sondern solcher Händel müßig zu gehen, und Gott allein zu lieben, vor Augen zu haben und anzubeten, zu dienen und zu lieben, von ganzem Herzen und ganzer Seelen und von allen Kräften, und dagegen dem Teufel und allem seinem Anhang abzusagen, und mit Christo endlich ewig selig zu werden. Amen, Amen, das wünsche ich einem jeden von Grunde meines Herzens. Amen.»[19]

Der Inhalt des Volksbuches über Dr. Faustus ist nicht frei erfunden, sondern geht auf eine historische Persönlichkeit zurück, die um Fünfzehnhundert gelebt hat. Die Historizität der Faustgestalt steht hier nicht zur Diskussion – das ist eine Frage für sich –, zumal er keine beachtenswerte Persönlichkeit war. Er scheint halb Quacksalber, halb Renommist gewesen zu sein, der sich mit einem geheimnisvollen Getue umgab. Er veranlaßte die Entstehung der Fausterzählung, die von einem Menschen handelt, der das getan hat, was Baudelaire als Frage aufwarf: «Sich Satan verschreiben, was heißt das?»

Die Faustgestalt der Sage ist bedeutend interessanter als die geschichtliche Persönlichkeit. Der unbekannte Verfasser des Buches malte darin buchstäblich den Teufel an die Wand. Dies sollte man bekanntlich nicht tun; die Wirkung des Bu-

ches war denn auch fragwürdig. Zwar heißt es im Vorwort, der Verfasser habe es «zum abschreckenden Exempel und treuherziger Warnung» geschrieben. Tatsächlich erreichte er das Gegenteil, denn das Buch weckte in den damaligen Menschen eine Neugierde nach obskuren Erlebnissen. Man las unheimliche Geschichten, erfuhr, wie man den Teufel beschwört und wie man mit Mephistopheles diskutiert. Der Autor hat die Leser lüstern gemacht, sich mit Mephistopheles einzulassen, ihn zu sehen, es mit ihm zu probieren, und am Ende wurden sie von ihm überwältigt. In der Faustsage wirft der Mensch sein Kreaturgefühl gegenüber Gott ab und befreit sich vom christlichen Glauben. Sie faßt in einer Gestalt zusammen, was sich damals in der abendländischen Geschichte im ganzen zu vollziehen begann: die Loslösung vom Christentum, die seither ununterbrochen weitergeschritten ist.
Aus diesem Grunde fand das Faustproblem auch weithin einen starken Widerhall. Die größte Verbreitung erhielt die Faustsage durch Goethe, der sie zu einer weltberühmten Dichtung gestaltete, an der er fast während seines ganzen Lebens arbeitete und die er erst im hohen Alter vollendete. Goethes «Faust» wurde für viele Deutsche im vergangenen Jahrhundert zu einer zweiten Bibel; sie verbanden unbedenklich die rastlos-unselige Gestalt mit dem deutschen Wesen, was ein unglückliches Amalgan erzeugte. Gewiß lebte in Goethe selbst ein faustischer Drang, doch vermochte er ihn in seiner Dichtung zu objektivieren, überwand in seinem Leben alles prometheische Wesen und arbeitete sich zu einem abgeklärten Humanismus hindurch. Der Kult des faustischen Ideals führt den Menschen nur in die Irre. Wie ist Mephisto zu bewerten? Er ist nicht das Radikal-Böse, das Goethe ablehnte, doch sagt Mephisto im Prolog der Dichtung von sich: «Wie meine Muhme, die berühmte Schlange.»[20] Faust schließt den Pakt mit dem Verführer, woraus sich alle weite-

ren Folgen ergeben. Mephistos Selbstbezeichnung, «ich bin ein Teil von jener Kraft, die stets das Böse will und stets das Gute schafft», formuliert etwas Unmögliches, dem gar keine Wirklichkeit entspricht[21]. Nach Gundolf ist er «das wachsame und lauernde Nein dieses strebenden und wirkenden Ja»[22]. Faust beschimpft einmal Mephisto mit Recht: «Du Spottgeburt von Dreck und Feuer», denn dieser Betrüger triumphiert immer, wenn Menschen Unrechtes tun. Für Goethe verkörpert Mephisto eindeutig das Negative, nicht aber das Satanische. In seiner Faustdichtung findet sich keine Leugnung, wohl aber eine Abschwächung des Teufels.

Der Pakt mit dem Teufel findet sich auch in Thomas Manns Werk «Doktor Faustus». Er verflocht die Laufbahn des Musikers Leverkühn mit Nietzsches Schicksal, «dessen Namen wohlweislich im ganzen Buch nicht erscheint und doch könnte man es nach des Verfassers eigenen Worten geradezu einen Nietzsche-Roman nennen»[23]. Thomas Mann wollte darin zugleich seine eigene Epoche verkleidet beschreiben, besonders das Schicksal Deutschlands, das er mit seiner gekonnten Schreibweise zu einer virtuos gehandhabten Parodie gestaltete. Der Teufel ist als «hintergründiger Held des Buches gestaltlos anwesend»[24], doch wird seine Ruchlosigkeit dem Leser nicht klar. Das Thema ist von einem solchen Ernst, daß Thomas Manns Stilmittel der Ironie dem Stoff nicht gerecht werden konnte und dies trotz des Schriftstellers Arbeitsamkeit. Wegen der völligen Säkularisierung des Teufels blieb dem Buch eine stärkere Wirkung versagt; es trug nach dem Zweiten Weltkrieg nicht zur Klärung der verworrenen Menschen bei. Thomas Mann selbst wandte sich hernach wieder dem ihm mehr entsprechenden leichtfüßigen Buch «Bekenntnisse des Hochstaplers Felix Krull» zu, das sein letztes Werk war.

Im vorliegenden Zusammenhang steht der Pakt mit dem Teufel im Vordergrund. Dabei geht es zunächst gar nicht um die Frage, ob es diesen auch gebe. Bedeutsam ist allein, daß es damals allen Ernstes geglaubt wurde. Im ausgehenden Mittelalter geriet die Welt mehr und mehr unter die Macht des Teufels, was einer grauenhaften Verfinsterung des Daseins gleichkam. Auch die Natur wurde verteufelt, indem man überall Dämonen am Werke sah. Wie anders stand Albertus Magnus im Hochmittelalter zur Natur! Voll ehrfürchtigen Staunens wollte er ihre Wunderwerke erforschen. Er beobachtete, fragte und notierte sich auf seinen ausgedehnten Wanderungen, was immer ihm möglich war. Im Herbst des Mittelalters glaubte man überall, in Wald und Flur, in Seen und Flüssen, böse Geister zu spüren, die den Menschen auflauerten und sie zu verderben suchten. Eine freie, natürliche Freude an der Schöpfung Gottes gab es nicht mehr. Nirgends war man mehr seines Lebens sicher. Der Teufel durchdrang alles, warf überallhin seine dunklen Schatten. Nicht nur zitterte das einfache Volk, auch die Gebildeten standen ganz im Banne des Teufels, denn er war zu einer allgegenwärtigen Gestalt geworden. Dies ist eine erste Antwort auf Baudelaires Frage – die zweite folgt sogleich.

## Die gefesselte Hexe

Der Pakt mit dem Teufel nahm im Hexenglauben eine furchtbare Form an. Unübersehbar war die Wirkung. In ihm erfuhr der Teufelsglaube seine schlimmsten Auswüchse. Die unheilvolle Wucherung aber ist kein Argument gegen die Teufelsexistenz, weil der Gottesglaube in der Geschichte ebenso mißbraucht wurde. «Gott will es, Gott will es!» riefen die Kreuzfahrer aus, taten Schandbares, und dabei wollte es Gott gar nicht, sonst wäre das ganze Unternehmen nicht so kläglich gescheitert. Der Mißbrauch einer Sache hebt den Gebrauch nicht auf. Verschiedene Autoren haben sich dem

Thema des Hexenglaubens gewidmet. Meistens geschah es mit antikirchlichem Affekt, indem man dem Christentum eine seiner größten Untaten vor Augen rückte, während umgekehrt apologetische Schriftsteller das Thema herunterspielten oder gar verschwiegen. Das Hexenthema ist jedoch zu grauenhaft, um es zu einer polemischen Frage zu machen. Der Historiker ist zur Wahrheit verpflichtet, ob sie nun dem historischen Christentum zum Ruhm oder zur Schande gereicht, darf ihn nicht irritieren. Er ist es dem unbeschreiblichen Leiden der Opfer schuldig, ohne jeden Abstrich die geschichtliche Wirklichkeit mit der größtmöglichen Aufrichtigkeit zu schildern.
Nach der spätmittelalterlichen Auffassung, die weit in die beginnende Neuzeit hineinreichte, schlossen die Hexen mit dem Teufel ein Bündnis. Dieses verband sie zu einer Buhlschaft mit ihm, wobei der Teufel als Incubi (als verkleideter Mann) einer Frau oder als Sucubi (als verkleidete Frau) einem Manne beiwohnt. Durch dieses Bündnis erlangten die Hexen vom Teufel die Fähigkeit, ganz unbemerkt auf einem Besen durch die Luft zum Hexensabbat auf den Bocksberg zu fliegen, wo sie sich zuweilen zu Tausenden versammelten. Dort fanden schamlose Unsittlichkeiten statt, Dinge, wie sie sich nur eine völlig pervertierte Phantasie ausdenken kann. Nach dem tollen, ausgelassenen Treiben empfingen die Hexen vom Teufel die Kraft, den Menschen Schaden zuzufügen. Sie konnten Hagelwetter herbeiziehen, vermochten mit dem bösen Blick die Menschen krank, impotent und unfruchtbar zu machen usw. Dieser Aberglaube verdichtete sich zu einer konkreten Bestimmtheit. Die Hexe wurde schließlich zu einem festen Begriff, der ins Allgemeinbewußtsein überging. Jules Michelet hat «die Hexe» schon im vergangenen Jahrhundert fixiert. Auch Heilige blieben von der Identifizierung nicht verschont: Jeanne d'Arc wurde von einem bischöflichen Gericht, das unter englischem Druck stand, als

Hexe verurteilt und verbrannt! Das endgültige Bild hat Ernst Barlach ohne jede Pathetik und deswegen um so ergreifender in seiner Plastik «Die gefesselte Hexe» geschaffen.
Im Alten Testament ist die Wahrsagerei und Zauberei verboten, ja mit der Todesstrafe bedroht[25]. Später mißbrauchte man unverantwortlich diese Bibelstelle. Zunächst lehnte man zwar in der Alten Kirche den Hexenglauben ab, und noch im Jahre 785 bezeichnete die Paderborner Kirchenversammlung den Glauben an die Hexerei als häretisch. Im 14. Jahrhundert änderte sich dies unmerklich, und zunehmend verdüsterte sich die Christenheit geradezu verhängnisvoll.
Zwei deutsche Dominikaner erwirkten vom unselbständigen Papst Innozenz VIII. die Bulle «Summus desiderantes affectibus» vom 5. Dezember 1484[26]. Innozenz VIII. war von schwächlichem Charakter, gab sich am liebsten mit politischen Problemen ab und interessierte sich nicht näher für das Hexenproblem. Trotzdem ließ er sich zu einer verhängnisvollen Tat überreden: er unterzeichnete die berüchtigte Bulle. Mit ihr wurde er «der moralische und faktische Urheber der deutschen Hexenprozesse», denn mit seinem Schriftstück löste er die Epidemie aus[27]. Wenn auch der Papst keine dogmatische Entscheidung über das Hexenwesen abgeben wollte, so legalisierte er mit der Bulle doch die Hexenverfolgung und belastete damit zugleich für immer sein Pontifikat. Er kann von der Verantwortung nicht freigesprochen werden, weil er sich durch seine Unterschrift zu etwas hergab, was furchtbare Auswirkungen hervorrief.
Der Papst übertrug die Hexenprozesse dem Dominikanerorden, da diesem schon das Inquisitionswesen anvertraut war. Wir wissen nicht allzuviel über die beiden Dominikanerpater H. Institoris und J. Sprenger, vermutlich aber waren sie schwere Pathologen. Es ist unfaßlich, daß sie dem gleichen Orden angehörten wie vor ihnen die lichtvollen Gestalten Dominikus, Albertus Magnus, Thomas von Aquin, Meister

Eckhart, Tauler und Seuse. Die beiden Patres verfaßten den vielgenannten Malleus Maleficarum, zu deutsch den «Hexenhammer», ein Buch, das heutzutage nur noch von wenigen Menschen gelesen wird. Zur «Entlastung» der beiden Autoren könnte man vorbringen, daß sie keine originalen Schriftsteller waren, sondern nur zusammenfaßten, was sich aus der kirchlichen Tradition zugunsten des Hexenglaubens verwenden ließ. Sie zitierten eifrig die Bibel, die Kirchenväter und die Scholastiker, zwar meistens unkorrekt, indem sie sie für die eigenen Zwecke mißbrauchten. Die beiden Verfasser täuschten sich fortwährend selbst mit ihrer rabulistischen Argumentation, meinten etwas zu beweisen und klärten dabei nicht die kleinste Frage. Es ist in der ganzen Aufmachung ein spätscholastisches Werk und ist trotz seiner Blutrünstigkeit langweilig zu lesen. Institoris und Sprenger kodifizierten einfach, was in der päpstlichen Bulle stand, die sie dem Buch voranstellten und ihm damit ein kirchliches Ansehen verschafften, wogegen niemand etwas zu sagen wagte. Man darf sich nicht begnügen, den «Hexenhammer» als ein sadistisches Machwerk schlimmster Ausgeburt zu brandmarken, legt es doch dar, was man im Spätmittelalter unter dem Wort «sich Satan verschreiben» verstand. Die beiden Worte «Erbarmen» und «Mit-Leiden» kommen darin gar nicht vor, weil sie außerhalb des unchristlichen Horizontes liegen. Geradezu fatal an der ganzen grausamen Sache war, daß sie den Namen Christi damit verbanden. Nie war die Christenheit ferner vom Evangelium als bei der Abfassung des «Hexenhammers»; nicht ein Strahl der Frohen Botschaft ist in dieses finstere Buch eingedrungen.

Im «Hexenhammer» manifestiert sich der Teufelsglaube in einem ungehemmten Vernichtungswillen der Hexen. Darum ist er eines der furchtbarsten Bücher, von dem man nur wünschte, es wäre nie geschrieben worden. In ihm enthüllt sich der Teufelsglaube als ein Moloch, der in seiner Gefräßigkeit unzählige Menschen verschlang. Er war ein Nachschlagewerk für kirchliche Juristen und regelte genau das Vorgehen bei den Hexenprozessen. Es begann mit einer Denunziation, die geheimgehalten wurde. Ankläger und Richter waren ein und dieselbe Person. Ein Berufungsverfahren gab es nicht. Die Inquisitoren erhielten Kopfgelder nach der Zahl der Verurteilten und waren daher am negativen Ausgang der Prozesse interessiert. Das finanzielle Moment spielte eine bedeutsame Rolle. Der Prozeß an sich war grotesk, zumal der Richter dauernd gegen den Teufel anzukämpfen hatte, selbst aber niemals der Hexerei angeklagt werden konnte.

Es ist nötig, konkret den Ablauf eines solchen Hexenprozesses darzulegen. Eine der Hexerei verdächtigte Frau wurde der Inquisition angezeigt. Sie mochte gar nichts getan haben, vielleicht war ihr nur ein Mensch ungünstig gesinnt, der sie denunzierte. Dies konnte ihr eigener Mann sein, der sie los sein wollte, oder auch ein neidischer Nachbar. Der armen Frau wurden zahlreiche Fragen gestellt, wirre Dinge zugemutet, in denen sie sich gar bald verhaspelte. Selbstverständlich stellte sie mit gutem Gewissen alle verdächtige Hexenkunde in Abrede, was ihr jedoch nichts nützte. Die Richter wollten ihre Schuld, nicht ihre Unschuld hören. Alle Beteuerungen, alle Gebete, alle flehenden Blicke zum Himmel halfen ihr nichts. Erfolgte kein freiwilliges Geständnis, brachte man «die peinliche Frage» vor, das heißt, man schleppte die Frau in die Folterkammer und zeigte ihr zuerst die Marterwerkzeuge. Es gab deren viele: Daumenstöcke, Beinschrauben, Rutenstreiche, Brennen mit Schwefelhölzern, Aufzug mit dem Stein usw. Hierauf entkleidete man die Frau und übergab sie den meistens betrunkenen Folterknechten. Die Marter vollzog man in unterirdischen, notdürftig beleuchteten Räumen und dauerte gewöhnlich eine halbe bis eine ganze Stunde, eine Folterung, der die Inquisitoren mit gespanntem Blick zuschauten. Unter solchen Qualen gestanden die meisten Angeklagten ihr Bündnis mit dem Teufel und gaben noch weitere Teilnehmer an, deren Namen man wissen wollte. Was haben die armen Opfer an seelischen und körperlichen Schmerzen ausgestanden! Es ist nicht auszudenken. Ernst Barlach hat in der erwähnten «gefesselten Hexe» die inneren Qualen noch stärker betont als die körperlichen Schmerzen. Mit dieser leidvollen Frauenfigur erhob der Künstler eine der stärksten Anklagen. Wie haben diese armen Geschöpfe in ihrem christlichen Glauben auf ein Eingreifen Gottes gehofft, der ihre Unschuld bezeugt! Statt dessen blieb der Himmel stumm. Keine göttliche Hilfe rettete sie vor dem unmenschlichen Vorgehen. Die grausame Quälerei nahm ihren Fortgang bis zum bitteren Ende. Man warf den geschundenen, an Seele und Leib völlig zerbrochenen Menschen in den Kerker zurück, damit er dort auf die Vollstrekkung des Todesurteils warte. Dieses mußte dann, auf Antrag der kirchlichen Behörde, der weltliche Arm vollziehen, indem er die überführten angeblichen Hexen verbrannte. Die Zahl der hingerichteten Hexen blieb eine Dunkelziffer – Hunderttausende sind es gewesen. Man fragt sich entsetzt, wie es möglich war, daß Christen einander das antun konnten, was in den Hexenprozessen tatsächlich geschehen ist. Es ist ganz unmöglich, dies ausführlicher zu beschreiben; geschähe es trotzdem, würden alle Schilderungen ohnehin weit hinter der Wirklichkeit zurückbleiben.

Das Buch von Aldous Huxley, «Die Teufel von Loudun», vermittelt eine Vorstellung vom Hexenwahn und seinen verbrecherischen Auswirkungen. Die mit Vorsicht zu lesende Arbeit schildert auf Grund von Quellenmaterial den französischen Hexenprozeß des 17. Jahrhunderts, in dem sich Hysterie mit persönlicher Feindschaft zu unmenschlichen Verirrungen steigerten und in der Kleinstadt Loudun ein Sensationsbedürfnis auf niedrigstem Niveau befriedigte, obschon nach dem Kirchenrecht der Exorzismus unter Ausschluß der

Öffentlichkeit stattzufinden habe. Das erschütternde Buch ist eine unheimliche Illustration zu Pascals Warnung vor der verhängisvollen Zusammenarbeit von «Aberglauben und böses Gelüsten»[28].

Es verriete konfessionelle Voreingenommenheit, wollte man den Hexenglauben nur der katholischen Kirche anlasten. Auch der Protestantismus übernahm ihn kritiklos und übergab den «Hexenhammer» unverändert dem Druck. Während man viele katholische Ansichten abbaute, nur weil sie katholisch waren, rüttelte man keineswegs an der Hexerei! Luther ließ den Hexenglauben unangetastet stehen, und im calvinistischen Genf verbrannte man mehr Hexen denn je zuvor. Die reformierten Theologen betrieben die Hexenjagd mit nicht geringerem Eifer. Das Licht des Evangeliums leuchtete nicht in diesen finsteren Bereich. Warum nicht? Wohl nur deshalb, weil die Frohbotschaft sehr rasch wieder in die reine Lehre umgebogen wurde, über die die Theologen das Wächteramt ausübten und keine Einwände duldeten. Da sowohl Katholizismus als Protestantismus dem Hexenglauben huldigten, scheidet die konfessionelle Betrachtung aus. In der «Geschichte des Hexenprozesses» von Soldan-Heppe wird der Hexenglaube «als legitimes Kind der Kirche» bezeichnet[29]. Dem Urteil ist nicht beizupflichten. Mir scheint der Hexenglaube weit eher ein außerehelicher, mit dem Aberglauben gezeugter Sohn der Kirche zu sein. Doch ist es einseitig, nur dieses Kapitel aus der Kirchengeschichte herauszugreifen und anzuprangern, wie es zuweilen atheistische Marxisten tun, die ihre Gegner nicht weniger grausam liquidieren, ohne dabei die geringsten Gewissensbisse zu empfinden. Ganz unverständlich bleibt, daß Christen an diese Teufelsbündnisse wirklich geglaubt haben. Weil sie davon überzeugt waren, fiel ihnen gar nicht ein, sich über die Massenmorde aufzuhalten. Man greift sich an den Kopf und fragt: Was ist in ihnen nur vorgegangen? Wie konnte aus der Religion der Liebe eine solche Schreckensherrschaft entstehen? Es ist unverantwortlich, die Inquisition als weniger schlimm zu bezeichnen als ihren Ruf. Sie war schrecklich, wie sie schrecklicher nicht hätte sein können.

Der Hexenglaube schließt mannigfache Probleme in sich. Dieses vielschichtige Thema kann nicht aus einem Motiv abgeleitet werden, zumal an ihm alle Stände beteiligt waren: Geistliche und Laien, Reiche und Arme, Männer und Frauen, ja sogar Kinder.

Gewiß war der Aberglaube stark mit dem Hexenthema verknüpft. Im zweiten Teil des «Hexenhammers» werden die abgeschmacktesten, abergläubischen Geschichten ausgebreitet; es fällt dem heutigen Leser schwer, anzunehmen, daß die beiden Verfasser daran geglaubt haben. Der Aberglaube ist ein giftiges Unkraut, das sich in allen Glaubensformen gerne einnistet. Die Kirchen müßten viel bewußter gegen den Aberglauben ankämpfen. Es ist eine falsche Toleranz, ihn stillschweigend zu dulden, weil er einem Bedürfnis des Volkes entgegenkommt. Die Menschen von damals waren viel zu leichtgläubig; es fehlte ihnen das kritische Organ, das prüft, was Wahrheit und was Wahn ist. Deswegen breitete sich der Hexenglaube wie eine Epidemie in Europa aus. Solche Massenerkrankungen traten immer wieder auf, selbst im aufgeklärten 20. Jahrhundert geschahen die grauenhaften Judenverfolgungen, die eine unheimliche Parallele zur Hexenjagd sind. Die Massenvernichtungen spotten jeder Beschreibung. Offenbar ist kein fortschrittliches Zeitbewußtsein dagegen gefeit, weswegen auch alles Kopfschütteln über «das finstere Mittelalter» nicht am Platz ist.

Die kirchlichen Juristen bemächtigten sich der Hexenfrage und verbrämten sie theologisch. Die Verquickung von Theologie und Recht verschaffte dem «Hexenhammer» ein unangreifbares Ansehen. Er stützte sich auf kirchliche Autoritäten, die ihm erlaubten, sich sogar der Folter zu bedienen.

Nicht die leiseste Ahnung dämmerten den Hexenverfolgern davon auf, daß zwischen Evangelium und Recht derselbe Unterschied besteht wie zwischen Evangelium und Moral. Aus ihrer theologisch unterbauten Rechtsauffassung entstand ein Labyrinth, aus dem man jahrhundertelang keinen Ausweg fand. Der Inquisitionsgerichtshof verträgt nur den Kommentar vom Prediger Salomo: «Weiter sah ich unter der Sonne Stätten des Gerichts, da war ein gottlos Wesen»[30].
Bei näherer Untersuchung müßte man sich fragen, ob der Hexenglaube überhaupt ein religiöses Phänomen war. Ist es nicht vielmehr ein nur schlecht verhülltes sexuelles Problem? Die sexuelle Deutung drängt sich immer wieder auf, je länger man sich mit dem Hexenprozeß beschäftigt. Die Ausführungen über Incubi und Sucubi nötigen geradezu zu dieser Auslegung. Fortwährend wird in der Unzucht und ihren Abarten herumgewühlt, und zwar erregte gerade diese Beschäftigung das allerstärkste Interesse der Inquisitoren. Die Sexualität gehört zum Menschsein, zum Kern seiner Persönlichkeit. Doch fand der Mensch nicht leicht die richtige Einstellung zu ihr, allzu oft schwankte er zwischen Libertinage und Verklemmung. Damals wollte man die Berechtigung der Erotik nicht zugeben und versuchte, sie mit allen Mitteln zu verdrängen. Das unterdrückte erotische Verlangen flüchtete sich in die Phantasie, in der es sich um so ungehemmter austoben durfte. Der Phantasie sind keine Grenzen gesetzt, und deswegen leistet sie sich auch die tollsten Auswüchse. Mit der Untersuchung über das Geschlechtsleben der Hexen mit dem Teufel konnte man unbedenklich Unkeuschheit betreiben, angeblich ohne zu sündigen. Dabei wirkt die pervertierte Sexualität immer vergiftend, was man von einer normalen Sexualität nicht sagen kann. Die gewaltsame Verdrängung des Eros rächte sich furchtbar in den Hexenprozessen. Die Sexualität kehrte in verunstalteter Form zurück, weil man doch nicht darauf verzichten konnte. Man fand den Weg zur

gottgewollten Natürlichkeit nicht, deswegen wirkten sich die unbewältigten Probleme so verhängnisvoll aus.
Mit der verfemten Sexualität verknotete sich eine offensichtliche Frauenfeindschaft, die, den Inquisitoren direkt vom Teufel eingeflüstert, sich in der Hexenjagd austobte. Die Frau galt als notwendiges Mittel zum Zweck der Fortpflanzung des Menschengeschlechtes. Die Männer dachten über das Wesen der Frau nicht nach, und von theologischer Seite warnte man vor der Frau als einer Versucherin. Der «Hexenhammer» gefiel sich besonders in einem tobenden Haß gegen «das schwache Geschlecht». Ihm war «das Weib nur ein unvollkommenes Tier», das immer täuscht[31]. Es sei von «Natur schlecht»[32], alle Reiche der Erde würden durch Frauen zerstört und «noch jetzt leide die Welt unter der Bosheit der Weiber»[33]. Die Ausführungen verraten ein schändliches Verhältnis zur Frau, eine Verachtung, die den beiden Verfassern schon im Gedanken an die eigene Mutter nicht hätte in die Feder fließen dürfen. Daß Gott Mann und Frau geschaffen hat, war gänzlich vergessen. Da die Inquisitoren sich von der Frau angezogen fühlten, sie jedoch nicht lieben durften, schlug die Liebe in Haß um und erging sich in einer verrückten Verteufelung der Frau, eine Verleumdungskampagne, die, gleich wie der Antisemitismus, Sünde ist. In der Hexenjagd wurde die Frau an das Kreuz gebunden, wo sie als schwere Anklage hing.
Schließlich ist noch die sadistische Neigung vieler Menschen zu nennen, die sich in den Hexenprozessen in krasser Form austobte. Dafür ist die Verwendung der Folter ein eindeutiger Beweis, denn ohne sie wären die Hexenprozesse nie das geworden, was sie tatsächlich waren: ein hemmungsloses Ausleben der Grausamkeit. Die unverständliche Freude am Quälen ist vielen Menschen eigen, und darum kann man nicht mit Rousseau sagen: «Der Mensch ist von Natur aus gut und wird nur durch die Gesellschaft verdorben.» Gera-

dezu quälend ist die sadistische Neigung bei den Hexenprozessen, wenn man da liest, daß man beispielsweise schon vor Beginn der Tortur die Schamhaare der Frau mit einer Fackel wegsengte. Die Folterung war so grausam, daß die armen Opfer vor Schmerzen in Ohnmacht fielen.

All die genannten Motive vermengten sich im Hexenglauben, durchkreuzten sich und bildeten einen unentwirrbaren Knäuel. Gewiß waren verdrängte Sexualität, Frauenfeindschaft und Sadismus stark an den Hexenprozessen beteiligt, aber die Nennung all dieser Komponenten verbleibt in der psychologischen Sphäre. So bedeutsam diese Teilaspekte sind, diese Sicht des ungeheuerlichen Geschehens reicht nicht aus. Auch hier bedarf es einer metaphysischen Betrachtung, die eindeutig erklärt: In der Hexenepidemie ereignete sich ein furchtbarer Einbruch der satanischen Mächte in das menschliche Dasein. Der Teufel und seine Knechte waren in den Inquisitoren – nicht in den Hexen – sichtbar an der Arbeit. Es war, als ob Satan erneut aus seinem Gefängnis entlassen worden wäre, um die Völker wiederum zu verführen, wie es in der Bibel heißt. Nur Teufel können unschuldige Menschen auf diese Weise vernichten. Aber auch die metaphysische Deutung vermag die Hexenprozesse nicht zu erklären, doch vermittelt sie dem Menschen die richtige Blickrichtung, die ihn zur höchsten Wachsamkeit anleitet. Die Verfolgungen und Pogrome aller Zeiten sind eine Auswirkung des Satans; wer sich an ihnen beteiligt, steht in seinem Dienste.

Der Hexenglaube war eine schwere Erkrankung der abendländischen Seele, ein psychischer Bazillus, den abzuwehren unmöglich schien. Deswegen gibt es hier nichts anzuklagen und nichts zu rechtfertigen. Das eine ist so falsch wie das andere. Die Hexenverfolgungen verbieten es für alle Zeiten, von der «Banalität des Bösen» zu reden. Das Böse ist nie banal, sondern immer schrecklich und satanisch. Nur die Sprache der Tränen kann die Hexenkrankheit annähernd richtig schildern. Ich bin nicht imstande, das mich erdrückende Problem zu bewältigen. Allzu bemühend ist für mich die Tatsache, daß auch beide Kirchen nie ein Wort der Reue für ihre Taten fanden. Es geht nicht darum, längst vergangene Ereignisse, die niemand mehr ändern kann, hervorzuzerren, aber es ist auch nicht erlaubt, schwere Fehlentscheidungen der Vergangenheit zu verschweigen. Wäre nicht eine Buße für die übergroße Schuld angebracht, wenn man auch die Verirrung der Hexenprozesse nie sühnen kann? Ein offenes Eingeständnis der furchtbaren Verblendung wäre wenigstens ein Zeichen, daß man heute die unentschuldbare Schreckenszeit als ein mit dem Evangelium unvereinbares Tun bewertet.

## Einer, der die Wahrheit sagt

Die unbeschreiblichen Verwüstungen, die der Hexenwahn jahrhundertelang im christlichen Europa angerichtet hat, dürfen nicht heruntergespielt werden. Die Christenheit lud eine schwere Schuld auf sich. Trotz der Belastung darf man nicht übersehen, daß aus den beiden Konfessionen Männer hervorgegangen sind, die nachhaltig gegen den Hexenwahn gekämpft haben. Es wäre falsch, nur auf die Verirrung zu blicken, weil man dann im Negativen steckenbleibt. Die Pflicht gebietet uns, unbedingt auch von jenen zu reden, die sich dem Massenwahn unerschrocken entgegenstellten und bis zum äußersten gegen die eingefleischten Vorurteile kämpften. Sie tragen das helle Licht in das dunkle Kapitel der Hexenverfolgung. Die Geschichtsschreibung ist oft trostlos, zugleich aber ist die Geschichtsbetrachtung nicht zum Verzweifeln. Wenn auch niemand das historische Geschehen zu ergründen vermag, gibt es doch in ihm stets wieder unerwartete Wendungen, die das Herz des Forschers erfreuen. Es erheischte starken Mut, dem Hexenglauben entgegenzutreten, weil die Leugnung der Hexerei schon als ein erstes Zeichen der Ketzerei galt. Wer die Existenz der Hexen anzweifelte, brachte sich selbst in Verdacht. Deswegen war es beinahe unmöglich, der Hexenverfolgung den Kampf anzusagen, jedenfalls mußte man äußerst behutsam vorgehen, um nicht selbst ins Räderwerk zu geraten. Wohl deshalb bedurfte es so vieler und langandauernder Anstrengungen, bis die Seuche überwunden war. In diesem Zusammenhang können nicht alle tapferen Wahrheitskämpfer aufgezählt werden. Nur wenige Namen seien stellvertretend für viele genannt, alle zusammen aber sind eine Ermutigung für jene, die auch in der modernen Zeit ihre Knie nicht vor Baal zu beugen gewillt sind.

Der erste Streiter gegen den Hexenwahn war der flämische Arzt Johannes Weier (1515–1588), der in einer lateinischen Schrift vom Blendwerk der Dämonen sprach. Er bezeichnete die Hexen als Geisteskranke und prangerte ihre Verfolger als niederträchtige Leute an. «Der Teufel wirkt nicht so sehr in den Hexen als vielmehr in den Richtern, die ohne Vernunft und ohne Erbarmen Unschuldige verurteilen», sagte er und stellte damit den wahren Sachverhalt dar, gegen den nichts einzuwenden ist. Die kleine Schrift fand leider nur geringe Beachtung.

Einer der bedeutendsten Kämpfer gegen die Hexenverfolgung war der Jesuitenpater Friedrich von Spee (1591–1635). Er lebt in der Nachwelt als vielseitiger Schriftsteller weiter, obschon er mit vierundvierzig Jahren in Trier an der Pest starb, die er sich bei der Pflege von erkrankten Soldaten holte. Spee wurde einmal von einem Wegelagerer überfallen und übel zugerichtet. Die erste Hilfe leistete ihm der abgesetzte protestantische Prädikant Tyle, weswegen Spee nie einem beschränkten Konfessionalismus verfiel. Aus Spees Feder stammt «Das goldene Tugendbuch», dessen Frömmigkeitsgehalt sich auf Glaube, Hoffnung und Liebe gründete, ein Werk, das nach ihm «zum brauchen und nicht nur zum lesen bestimmt ist»[34]. Seine lyrische Gedichtsammlung «Trutznachtigall» rühmte noch Josef von Eichendorff mit begeisterten Worten. Friedrich von Spee hat unstreitig das Lob Gottes in deutscher Sprache gesungen, und nur die barocke Ausschmückung dämpft die Freude an seinen Gedichten. Aus seinen gemütstiefen Liedern spricht der echte Dichter. Sein geradezu stürmisches Adventslied «O Heiland, reiß die Himmel auf» wird in beiden Kirchen gesungen. Das «Tugendbuch» und auch die «Trutznachtigall» erschienen erst nach Spees Tod.

Spee leistete als Theologe und als Poet Anerkennenswertes. Überragend aber war er in seiner Seelsorgertätigkeit, worin er ein besonderes Charisma besaß. Erfüllt von einer wahren Nächstenliebe, empfand er ein lebhaftes Mitgefühl für die Nöte der kleinen Leute. Der Orden bestimmte Spee zum Beichtvater der zum Tode verurteilten Hexen. Er nahm ihnen vor der Hinrichtung die letzte Beichte ab und begleitete sie dann auf ihrem Weg zum Scheiterhaufen. Sie hatten nichts mehr zu verlieren und wußten auch, welchem Schicksal sie entgegengingen. Die Beichte war noch die einzige Gelegenheit, sich auszusprechen, und Spee erweckte das Vertrauen der armen Frauen. Die Opfer spürten seine Christlichkeit, widerriefen alle ihnen durch die Folter abgepreßten Geständnisse und beteuerten angesichts der Ewigkeit ihre Unschuld. Spee nahm es auf seinen Eid, «daß ich jedenfalls bis jetzt noch keine verurteilte Hexe zum Scheiterhaufen geleitet habe, von der ich unter Berücksichtigung aller Gesichtspunkte aus Überzeugung hätte sagen können, sie sei wirklich schuldig gewesen»[35]. Er sah sich einer unvorstellbaren Situation gegenüber: «Die Schuldlosen wurden für schuldig erklärt!»[36] Spee vermochte bei allem guten Willen ihre furchtbare Lage nicht zu ändern. Es war seine Pflicht, als Beichtvater die Unglücklichen auf ihrem letzten Gang zu begleiten, ihnen seelsorgerlich beizustehen, und doch brachte

er kaum tröstliche Worte über die Lippen. Er selbst war grenzenlos verzweifelt, wenn er zusehen mußte, wie unschuldige Frauen durch die Flammen starben. Er empfand sein Amt als eine ungeheuerliche, seelisch kaum zu ertragende Belastung. Etwas Furchtbares, etwas schlechthin nicht zu Verarbeitendes sah er vor seinen Augen sich abspielen: Die Christenheit mordete ihre eigenen Kinder! Ein Abgrund von menschlicher Verirrung und unbeschreiblichem Elend tat sich vor ihm auf. Über Nacht bekam der erst dreißigjährige Spee graue Haare. «Gott weiß es, wie oft ich das unter tiefen Seufzern in durchwachten Nächten überdacht habe und mir doch kein Mittel einfallen wollte, der Wucht der öffentlichen Meinung Einhalt zu gebieten, bis die Menschen unvoreingenommen und von Leidenschaften ungetrübt die Sache gründlicher überdenken könnten.»[37] Spee hatte mit seiner Pastoraltätigkeit eine seelische Qual zu bestehen, wie sie in unserer Generation auch dem unvergeßlichen Abbé Stock beschieden war, der, als deutscher Seelsorger im besetzten Paris, die französischen Widerstandskämpfer zur Hinrichtung begleitete und ihnen seelsorgerlichen Beistand leistete. In der Ohnmacht des Guten gegenüber den finsteren Mächten bestand die Tragödie Spees, bei der man in eine Traurigkeit versinkt und glaubt, nie mehr fröhlich sein zu können.
Obschon sich Spee in eine aussichtslos bedrückende Situation versetzt sah, ergab er sich nicht fatalistisch in sein Amt. Er begann die Menschen in den schmutzigen Kerkern zu besuchen, wohnte den Prozessen bei und besprach sich hernach mit den Richtern, die allerdings kein Verständnis für seine Fragen zeigten. Entsetzt rief Spee aus: «In was für Zeiten sind wir geraten?»[38] Eine Frage, die auch die Frage unserer Generation ist. Dann setzte er sich hin und schrieb ein Buch über das schwer zu bewältigende Hexenproblem, weil er sich nicht zu denen gesellen wollte, «die der Prophet ‹stumme Hunde› heißt, die nicht zu bellen wissen». Er mußte sich sei-

ne namenlose Qual von der Seele schreiben. Nach dem erwähnten Überfall auf ihn befand er sich im Benediktinerkloster von Corvey zur Erholung, wo er sein Werk vollendete. Er dachte zunächst nicht an eine Veröffentlichung, doch überlegte er: «Soviel die Fürsten auch noch verbrennen mögen, sie werden es doch nicht ausbrennen, sofern sie nicht alles verbrennen. Sie verwüsten ihre Länder mehr, als jemals ein Krieg es tun könnte, und richten doch nicht das allergeringste damit aus. Es ist, um blutige Tränen darüber zu vergießen!»[39]
Der Titel des lateinisch geschriebenen Buches lautet: «Cautio Criminalis», der in der deutschen Ausgabe mit «Rechtliches Bedenken wegen der Hexenprozesse» übersetzt wurde. In unserer Zeit hat das Werk eine verdienstvolle Neuübertragung durch Joachim-Friedrich Ritter erfahren. Spee gab sein Buch aus Sicherheitsgründen anonym heraus und unterzeichnete es nur: «Von einem ungenannten römischen Theologen». Es gelangte durch einen «frommen Diebstahl» an die Öffentlichkeit, indem es wahrscheinlich ein Benediktinerpater dem protestantischen Buchdrucker Peter Lucius in Rinteln zuspielte. Trotz der kleinen Auflage schlug es wie eine Bombe ein und löste eine ungeahnte Wirkung aus. Das erstaunliche Buch zeugt von Mut, Tapferkeit und Unbestechlichkeit. Man liest es noch heutzutage mit innerer Freude und fühlt sich nach der Lektüre wie nach einem Reinigungsbad: die trüben Nebelschwaden des Wahns sind verflogen, und man atmet wieder frische Luft. Spee erweist sich als ein geistiger Exorzist großen Stils, kein Lob ist zu groß für dieses kämpferische Buch. Inmitten des Dreißigjährigen Krieges brach dieses Werk der Menschlichkeit eine Bahn. Um nicht selbst in den Verdacht der Hexerei zu kommen, mußte Spee vorsichtig operieren, indem er zunächst die Existenz von Hexen nicht in Frage stellte, obwohl er nicht an deren Wirklichkeit glaubte. Fest davon überzeugt, daß man den ange-

klagten Hexen schweres Unrecht zufügte, trat der selbständig denkende Mann unerschrocken gegen die unverantwortliche Hexenjagd ein. Der Verfasser erwies sich als guter Kenner der einschlägigen Literatur und setzte den Juristen ebenso hart zu wie den Theologen, von denen er sich nicht scheute zu sagen, «es gibt ja etliche Dummköpfe in diesem Stand»[40]. Spee berief sich oft auf seinen Vorgänger, den Jesuitenpater Tanner, den er als hervorragend bezeichnete. Der Autor der «Cautio Criminalis» argumentierte überaus scharfsinnig; er kämpfte gegen die Auffassung der Hexerei als einem Sonderverbrechen, bei dem das übliche Rechtsverfahren außer Kraft zu setzen sei. Nach ihm philosophieren die Verfasser des «Hexenhammers» recht kindisch über Dinge, von denen sie nichts verstehen. Während Konrad von Marburg, der unwürdige Beichtvater Elisabeths von Thüringen, meinte, es sei besser, hundert unschuldige Menschen als Ketzer zu verbrennen als einen einzigen schuldigen Ketzer entweichen zu lassen, kehrte Spee diesen Grundsatz ins Gegenteil um: «Es ist besser, dreißig und noch mehr Schuldige laufen zu lassen, als auch nur einen Unschuldigen zu bestrafen.»[41] Spee machte für die Hexenjagd Dummheit, Unwissenheit, Aberglauben und Neid verantwortlich. Er klagte auch über den Verfolgungseifer der Geistlichen und über den Mißbrauch der Bibel, die nach dem Buchstaben und nicht nach dem Geist ausgelegt werde. Zu den Folterungen schrieb er: «Kein deutscher Edelmann würde es ertragen können, daß man seinen Jagdhund so zerfleischte. Wer soll es da ertragen, daß ein Mensch so vielmals gepeinigt wird?»[42] Spee empörte sich über die Tortur, fand sie ungeheuerlich, weil sie übermäßig furchtbare Schmerzen verursachte. Mit Menschen darf man nicht «Kurzweil treiben, und Köpfe sind keine Spielbälle, mit denen man so ohne weiteres zum Vergnügen leichtfertig um sich werfen darf», schrieb er[43]. Die Inquisitoren trinken sich «satt am Blute der Armen»[44], sagte er, und dabei ging es ihm nicht um juristische Fragen, sondern vielmehr um eine echte Seelsorge. Er berief sich auf die Schrift, namentlich auf das Gleichnis vom Unkraut im Acker, das man stehenlassen soll bis zur Ernte, und auch auf «die gesunde Vernunft». Ihm imponierten keine Autoritäten, sondern er betonte: «Ich will meine Sache lieber mit Vernunftgründen als mit Geschichtchen verfechten.»[45] Kühn schrieb er: «Es ist nicht alles falsch, was nicht der öffentlichen Meinung entspricht»[46], womit er sich scharf gegen die gedankenlose Mitläuferei wandte. Doch das tiefste Motiv seiner Schrift war die Nächstenliebe zu den armen Opfern, die man grausam folterte und dann in den Flammentod schickte: «Die Nächstenliebe verzehrt mich und brennt wie Feuer in meinem Herzen.»[47] Schließlich spielte auch ein nationales Gefühl eine Rolle. Spee schämte sich für Deutschland, und ein Schauder packte ihn über die unerhörte Blindheit der Deutschen: «Sehet da Deutschland, o vieler Hexen Mutter; ist es ein Wunder, wenn sie sich vor Kummer die Augen ausgeweint hat, so daß sie nichts mehr zu sehen vermag? O Blindheit unseres Volkes!»[48]

Das berühmte Buch ist nicht vollendet. Spee hat es abgebrochen, obwohl er versichert, noch mehr sagen zu wollen. Es ist ein großartiges Buch voller Warnungen. Sein Verfasser ersucht die Beichtväter, «es aufmerksam zu lesen und seinen Inhalt immer wieder in Zwiesprache mit Gott zu überdenken»[49]. Leibnitz' Urteil, es sei das männlichste Buch, das je der Feder eines Kämpfers für Wahrheit und Recht gegen Lüge und Unrecht entflossen ist, hat heute noch Gültigkeit. Trotz seiner Anonymität wurde der Name des Verfassers bald bekannt. Ein Mitbruder denunzierte Spee beim General des Jesuitenordens, worauf man ihm den Austritt aus der Gesellschaft Jesu nahelegte! Spee konnte nachweisen, daß das Buch ohne sein Wissen veröffentlicht worden war. Der Ordensgeneral war ihm wohlwollend gesinnt; er spürte die mitleidende Seele Spees und ließ ihn unbehelligt. Die «Cautio

Criminalis» erlebte mehrere Auflagen. Die Not der Zeit rief geradezu nach diesem Buch. Echter Schmerz hat das Werk diktiert, und die eigene Seelenqual ließ Spee den richtigen Ton finden, wie man über die dem Scheiterhaufen ausgelieferten Hexen schreiben muß: weinend und nicht bloß entrüstet. Blutige Tränen hat er vergossen; ausdrücklich hat er das Augustinus-Wort zitiert: «Bäche von Tränen». Spee war gewiß ein Dichter, aber er war vor allem ein ritterlicher Mensch im Priesterkleid. Er gehört in die Kette der Zeugen Gottes; er war mutig genug, für die Wahrheit einzutreten, und hat wie ein alttestamentlicher Prophet unerschrocken den deutschen Fürsten und Beamten leidenschaftlich ins Gewissen geredet.

Spee war eine Zierde des Jesuitenordens. Er nötigt uns, über die Gesellschaft Jesu gründlich nachzudenken. Der Jesuitenorden mußte viele abfällige Urteile, berechtigte Vorwürfe und auch zahlreiche arge Verleumdungen über sich ergehen lassen. Es wäre ungerecht, nicht auch seine rühmenswerten Ordensangehörigen zu nennen, deren es viele gab. Zu ihnen zählt Friedrich von Spee, diese große Gestalt des Glaubens, die das christliche Erbarmen in seiner Person verkörperte. Er gehört als ein überragender Anwalt der verfemten Hexen zu den exemplarischen Christen aller Zeiten.

Im Prinzip selbst und nicht nur der menschlichen Praxis den tödlichen Streich versetzt zu haben, kommt unstreitig Balthasar Bekker zu, dem bedeutenden Theologen Hollands. Bekker wurde 1634 im holländischen Friesland geboren. Er übte das Prädikantenamt der reformierten Kirche mit Eifer aus und war besonders wegen seiner Predigten sehr beliebt. Gerade dies aber erweckte den Neid seiner Kollegen, eine Mißgunst, unter der er bis zu seinem Lebensende litt.

Bekker war kein gewöhnlicher Pfarrer. Er gab sich auch während seiner Gemeindearbeit einem intensiven Studium hin und nahm die damals aufkommende Philosophie Descartes' in sich auf. Der Pfarrer wurde Cartesianer und vermochte zu jener Zeit die zwiespältige Wirkung von Descartes' Philosophie nicht zu überblicken. In seiner jugendlichen Begeisterung entging ihm die schwere Erschütterung der Überlieferung durch Descartes' Prinzip des Zweifels, weil er für die Trennung von Theologie und Philosophie eintrat, die nach ihm zwei völlig verschiedene Gebiete sind. Ohne die neue Denkweise von Descartes ist jedoch Bekkers Lebenswerk unvorstellbar. Der niederländische Prädikant dachte logisch und zündete mit seinem hellen Verstand in die dunklen Winkel des Aberglaubens hinein. Der tapfere Mann war kein Rationalist, aber er war auf dem Wege, einer zu werden. Dabei war ihm die Vernunft nicht das oberste Prinzip – das blieb für den reformierten Pfarrer durchaus die Bibel –, doch entschied bei den Unklarheiten des Schriftwortes durchaus die Ratio. Bekker führte seinen Kampf mit der Bibel und der Vernunft. Er nannte das Hauptwerk seines Lebens die «Bezauberte Welt» (1691), ein Werk, das dem Hexenglauben den Krieg erklärte. Wenn der heutige Mensch dieses Buch in die Hand nimmt, wird er zunächst leise enttäuscht sein. Er muß viele Wiederholungen in Kauf nehmen, zumal Bekkers Buch in der Form einer gelehrten Abhandlung und gar nicht in zündendem Ton geschrieben ist. Der Untertitel verrät sein Anliegen: «Gründliche Untersuchung des allgemeinen Aberglaubens, betreffend die Art und das Vermögen, Gewalt und Wirkung des Satans und der bösen Geister über den Menschen». Schon dieser Satz zeigt, daß es sich um keine sensationell geschriebene Schrift handelt. Bekker hat das Werk in vier Bücher eingeteilt und beschäftigt sich im ersten Buch mit den Meinungen und Gebräuchen der heidnischen Völker über Gott und Geister. Im zweiten Buch wird untersucht, ob bei dieser Frage die Vernunft oder die Schrift zum Führer zu wählen und was unter Geist und Körper zu verstehen sei. Erst im dritten Buch prüft er, ob Menschen mit dem Teufel in einem Bündnis stehen können und durch seine Beihilfe Wunder zu tun imstande sind. Das letzte Buch untersucht eine Menge angeblicher Zaubergeschichten, nimmt also den Erfahrungsbeweis auf. Bekker gibt dem Leser den Ratschlag, sich «der ungeistlichen Altweiberfabeln»[50] zu entschlagen und sich an die Hauptsumme aller Lehre zu halten: «Fürchte Gott und halte seine Gebote.»[51]

Als Theologe wußte Bekker, daß die Bibel eine Teufelsvorstellung kennt. Er bestritt dies keineswegs, setzte sich aber mit der Bibel rational auseinander. Die Versuchung Jesu in der Wüste durch den Teufel bestand nach ihm in quälenden Gedanken. Bekker anerkannte kein Reich des Teufels. Er fand, die Menschen lesen den Teufelsglauben nicht in der Bibel, sondern er wird ihnen durch eine falsche Erziehung beigebracht. Die Christen bilden sich einen Teufel ein und sehen nicht den Feind, den sie in sich selber tragen. Nach Bekker ist die Teufelsherrschaft nicht mit dem echten Christentum vereinbar. Er fragte ganz scharf: Wo bleibt der neue Bund Gottes, wenn der Teufel noch immer eine solch große Menge Menschen in seiner Gewalt hat, die ihn anbeten und die zu seinen Diensten stehen, auf dem Besen zu ihm auf den Bocksberg reiten und mit ihm schändliche Buhlschaft treiben? Aus dieser Frage geht hervor, daß Bekkers Kampf nicht aus Ungläubigkeit geschieht. Wie hätte er sonst in der calvinistischen Kirche Hollands sein Amt mit dieser Freudigkeit ausüben können? Er bestritt den Teufelsglauben vielmehr aus einem starken Gottesglauben, wohl wissend, daß der Aberglaube der Frömmigkeit schadet. Der Verfasser der «Bezauberten Welt» war ein ganz theozentrisch eingestellter Mensch. Gott ist der alleinige Regent der Welt. Nimmt man einen Teufel an, mit dem er die Herrschaft gleichsam teilen muß, dann ist man beim Manichäismus angelangt, ein Einfluß, der immer wieder innerhalb der Christenheit festzustellen ist. Nach Bekker ist der Teufel höchstens ein armer Kerl,

der nicht viel kann. Bei Bekker begann das Lachen über den «tummen Teufel», das in der am Horizont heraufziehenden Aufklärung immer stärker wurde.
Wie so oft in der Geistesgeschichte bewirkte ein an sich trokkenes Buch – das ist Bekkers Werk im Vergleich zu Spees Mahnschrift – die größte Revolution. Es verursachte ein geistiges Erdbeben. Die Leute rissen sich förmlich darum, wie um das Brot in Zeiten der Hungersnot. Das Buch wurde rasch in andere Sprachen übersetzt und rief einer Flut von Schriften pro und contra. Es wäre falsch anzunehmen, dies habe dem Autor viel Freude bereitet, denn ihm wuchsen daraus nur Unannehmlichkeiten.
Von seiten seiner Kirche wurde ihm dafür, man kann es nicht anders sagen, der Ketzerprozeß gemacht. Kaum war das Buch erschienen, mußte Bekker sich vor dem Konsistorium verantworten. Er erklärte, daß er mit seinem Werk keine Unruhe in die Kirche hineintragen wollte, sondern im Gegenteil bestrebt gewesen sei, tiefverwurzelte Vorurteile zu beseitigen. Die Erklärung befriedigte die Synode nicht. Es erhob sich darüber in der geistlichen Versammlung ein derart verwirrendes Geschrei, daß niemand mehr sein eigenes Wort verstand. Das Buch wurde von den versammelten Synodalen verflucht. Ein Geschichtsschreiber der Aufklärungszeit spottete denn auch, es haben diesen reformierten Theologen «zu spanischen Inquisitoren weiter nichts gefehlt als einige Dominikanerkutten»[52]. Bekkers Beteuerung, er habe mit seinem Buch nur die Ehre Gottes retten und den aus der Zeit des Papsttums noch übriggebliebenen Aberglauben ausrotten wollen, half ihm nichts. Man verlangte von ihm, sein Buch zu widerrufen, eine Zumutung, die er entschieden von sich wies. Da Bekker zu keinem Eingeständnis bereit war, suspendierte man den tapferen Mann von seinem Amte. Selbst diese Verfügung vermochte den Zorn der geistlichen Herren nicht zu stillen. Es war ihnen noch zu wenig, daß der Mann in sei-

ner Existenz getroffen war. Hartnäckig setzten sie es durch, Bekker auch vom Abendmahl auszuschließen, was damals der härtesten Buße entsprach, über die die reformierte Kirche verfügte. Bekker hatte die innere Kraft, dies alles zu ertragen, zumal die weltliche Behörde ihn schützte, indem sie ihm sein Gehalt weiter auszahlte und von einem Verbot des Buches absah, so sehr die reformierte Kirche darauf drängte. Der standhafte Autor ließ sich auch nicht irremachen, als er krank und kränker wurde. Er blieb seiner Überzeugung treu bis in den Tod, der 1698 erfolgte. Seine Gegner behaupteten, er sei aus Verzweiflung gestorben, eine schändliche Verleumdung, die durch den Bericht seines Sohnes über «Bekkers Sterbebett» Lügen gestraft wurde. Bekker war eine grundlautere Natur, und was die Vornehmheit seines Charakters betrifft, stand er turmhoch über seinen Gegnern. Dieser Mann hat für seine Überzeugung gelitten, was man, weiß Gott, nicht von allzu vielen Prädikanten sagen kann.
Der Titel seines Hauptwerkes stellte ein Programm dar und wirkte wie ein Fanfarenstoß. Bekker hatte ihn überaus geschickt gewählt. Bis dahin wurden die Hexen zur größeren Ehre Gottes von den Christen verbrannt. Unbegreiflicherweise waren sie von der Berechtigung ihres teuflischen Tuns fest überzeugt. Sie befanden sich in einem verzauberten Irrgarten, aus dem sie den Ausweg nicht mehr fanden. Es gibt kaum eine bessere Diagnostizierung der damaligen Christenheit: Verzauberung durch einen Wahn!
Durch die Beschäftigung mit dem Buch Daniel, namentlich durch die Stelle, wo die chaldäischen Zauberer den Traum des Königs nicht zu deuten imstande waren, fühlte Bekker sich dazu angeregt, die Macht des Teufels zu untersuchen, um festzustellen, ob sie wirklich so groß sei, wie man allgemein annahm. Bei dieser Untersuchung schrumpfte der Teufel vor seinen Augen zu einem ohnmächtigen Geschöpf zusammen. Bekker kam es darauf an, die Welt aus ihrer Ver-

dunkelung zu befreien und sie von den theologischen Fesseln zu lösen. Diese in bester Absicht unternommene Arbeit leistete einen enormen Beitrag zur Entzauberung der Welt, die zwar nötig war, aber schließlich zu einem umgekehrten Extrem führte: zur Versklavung durch eine überhitzte Technik. Dies hat Bekker unmöglich ahnen können, weil es außerhalb seiner Sehweite lag.

Überblickt man die Phänomene von Teufelsbild, Höllenvorstellung, sich dem Teufel verschreiben und die Hexenverfolgungen, ist es schwer, darüber auch nur annähernd ein richtiges Wort zu finden. Alle Aussagen wirken hilflos und ungenügend, besonders noch, wenn man über die Verfolgung der Andersdenkenden in der heutigen Zeit reflektiert und zum Schluß kommt, daß sich alles wiederholt und sich lediglich die Formen ändern. Ein geistiger Durchbruch hat sich nur in einzelnen Menschen ereignet. Abgesehen von den technischen Errungenschaften gibt es keinen Fortschritt in der Geschichte. Der Entwicklungsgedanke in der Menschheitsgeschichte erfuhr durch die beiden Weltkriege einen starken Rückschlag, wenn man nicht von einer endgültigen Widerlegung reden will.

Spee und Bekker wurden nicht erwähnt, um die dunklen Hexenprozesse zu übermalen. Das wäre eine unstatthafte Verwendung ihrer Namen. Obschon der eine Katholik und der andere Protestant war, darf man sie Brüder im Geiste nennen, zumal sie beide gegen die erstarrten Vorurteile kämpften, die die Menschen umklammern und aus denen sie sich nur selten zu befreien vermögen.

Zwar sind die beiden Männer sehr verschieden voneinander. Der Jesuitenpater argumentierte vorwiegend aus seinem seelsorgerlichen Glauben heraus, aufgrund der schrecklichen Erlebnisse, denen er beiwohnen mußte. Der reformierte Prädikant führte besonders die Vernunft ins Feld, die auch bei Spee nicht fehlte. Beiden gemeinsam ist ihr innerer Auftrag, dem sie unbeirrbar und überaus tapfer nachgekommen sind. Nach ihrem Dafürhalten glauben die Christen mehr an den Teufel als an Gott, indem ihr Denken allzu stark um Satan kreist und Gott auf die Seite schiebt. Im Herbst des Mittelalters begann der Teufelsglaube das christliche Gottesverhältnis zu überschatten. Natürlich nicht bei allen Gläubigen. Der Versuchung des Aberglaubens erlagen viele damalige Christen, was ein Beweis für die Gewalt des Bösen ist. Die Menschen verloren die Orientierung und wurden ungewollt zu einer Beute des Teufels.

Spee und Bekker waren der Meinung, der als Hexe angeklagte Mensch werde systematisch verteufelt. Die gebotene Nächstenliebe ist tatsächlich den Hexenverfolgern abhanden gekommen. Die Christenheit ist unmenschlich geworden. Wo aber das Menschliche nicht mehr in Ordnung ist, kann auch das Christliche nicht stimmen. Beide Männer gaben auf die stumme Anklage der gefesselten Hexe die einzig dem Evangelium entsprechende Antwort.

Die konfessionell getrennten, im Glauben vereinten Kämpfer sind eine unwiderlegbare Bestätigung dafür, daß auch in den dunkelsten Jahrhunderten immer wieder das Licht zu leuchten begann. Man müßte an der Christenheit verzweifeln, würden nicht stets mutige Menschen aufstehen und für die Wahrheit kämpfen. Spee und Bekker dokumentierten eindrücklich die zeitlose Wahrheit des einzelnen, der gegen eine verblendete Mehrheit steht. Je länger man sich mit ihnen beschäftigt, um so mehr fühlt man sich ermutigt, in den düsteren Stunden des Lebens auszuharren. Von diesen Wahrheitszeugen gehen Kräfte und Impulse aus, selber unentwegt für die Wahrheit einzustehen, mag dies noch so viele Leiden und Verkennungen eintragen. Als letztes Wort sei das Seneca-Zitat angeführt, das Spee seiner Arbeit voransetzte: «Ich will dir zeigen, was den großen Herren mangelt, und was denen fehlt, die alles besitzen: Einer, der die Wahrheit sagt.»[53]

## *Und wenn die Welt voll Teufel wär'*

### Die Anekdote vom Tintenfaß

Aus dem Leben Martin Luthers gibt es eine bekannte Anekdote, nach der er einst als Junker Jürg verkleidet, auf der Wartburg weilte und an der Übersetzung des Neuen Testamentes arbeitete. Luther kam mit seiner Übertragung nur langsam vorwärts, obschon er über eine gewaltige Sprachkraft verfügte. Als ihm bei einem Vers die Übersetzung nicht gelingen wollte, wurde er ungeduldig und gab in seiner temperamentvollen Art dem Teufel die Schuld, er wolle in eigener Person verhindern, daß Gottes Wort dem einfachen Volk verständlich werde. Der Reformator nahm in grimmigem Zorn das Tintenfaß und warf es dem aus der Ecke höhnenden Satan an den Kopf. Die Tinte verspritzte an der Wand, wo noch heute ein verblaßter Flecken zu sehen ist.

Die wissenschaftliche Luther-Forschung hat dieses Geschehen in das Reich der Legende verwiesen und hat behauptet, der Tintenfleck stamme nicht von ihm, und früher habe man auch einen solchen auf der Koburg gezeigt. Offenbar hat sich die Wissenschaft an der Massivität von Luthers Teufelsglauben gestoßen. Sie wollte diese Anekdote nicht wahrhaben, ähnlich wie sie auch den Thesenanschlag an der Schloßkirche zu Wittenberg bezweifelte und seine tapferen Worte auf dem Reichstag zu Worms abschwächte. Die Anekdote vom Tintenfaß war aber schon ins Volk gedrungen, wo sie sich ungeachtet des gelehrten Einwandes erhalten hat. Es ist eine Frage für sich, wie es um die Geschichtlichkeit des Vorkommnisses bestellt ist, bei den meisten Legenden ist diese Frage nicht einwandfrei auszumachen. Selbst wenn die Sache mit dem Tintenfaß nicht geschehen wäre, hätte sie jedenfalls so geschehen können, denn jedermann würde dies Luther zutrauen. Sollte es eine erdichtete Anekdote sein, dann hat die Legende Luther in seinem Kampf gegen den Teufel überaus plastisch erfaßt. Das Volk hat in dieser legendären Überlieferung seinen Reformator größer, kräftiger und urtümlicher begriffen als die Forschung, die zwar viele Verdienste hat, sie aber vorwiegend für den eigenen Hausgebrauch verwendet. Luthers impulsiver Ausbruch gehört zu den anschaulichsten Manifestationen des Kampfes mit den metaphysischen Mächten, die der Protestantismus aufzuweisen hat. Statt diese eher seltene, aber großartige Symbolhandlung aus der Geschichte zu streichen, gilt es, wieder den Mut und die Kraft aufzubringen, sich zum zeitlosen Sinn der Luther-Anekdote zu bekennen.

Eine gewisse «Bestätigung» erhielt die Erzählung vom Tintenklecks auf der Wartburg durch Luthers Verhalten auf dem Reichstag in Worms. Man warnte ihn, es könnte ihm das gleiche Schicksal wie Hus in Konstanz widerfahren. Luther schrieb über diese Befürchtung: «Denn der Teufel weiß fast wohl, daß ichs aus keinem Zag getan habe. Er sahe mein Herz wohl, da ich zu Worms einkam, daß wenn ich hätte gewußt, daß so viel Teufel auf mich gehalten hätten, als Ziegel auf den Dächern sind, wäre ich dennoch mitten unter sie gesprungen mit Freuden.»[1]

## Die Legitimation Luthers

Von Luther gibt es verschiedene Porträts, angefangen vom jungen Mönch, der sich im Ringen um Gott verzehrt, bis zum Altersbild, da der schwere Körper auf dem Totenbett

liegt. Es ist nicht leicht, in den mannigfachen Bildnissen den gleichen Menschen zu erkennen.
Noch größer ist die Schwierigkeit bei der geistigen Wertung von Luthers Persönlichkeit. Zwar wurde vieles von Gelehrten für Gelehrte geschrieben, meist mit größerer Akribie, doch selten mit dem zündenden Geist Luthers. Die Sekundärliteratur ist bei aller guten Absicht vorwiegend in einem Gehäuse entstanden und will auch bewußt darin bleiben, obschon dadurch keine Ausstrahlung von ihr ausgeht. Man muß jedoch zwischen Luther und dem Luthertum unterscheiden, ebenso zwischen dem jungen und dem alten Luther, damit kein undifferenziertes Bild entsteht. Vor allem müßte man an die Mahnung des Kirchenhistorikers Lohse denken: «Luther steht gewiß nicht unter Denkmalschutz.»[2]
Um Luther nahezukommen, muß er aus dem konfessionellen Raum herausgenommen werden, weil dort ein Gehen an Ort herrscht. Die Reformation unkonfessionell erfassen ist schwer, da gerade sie an der Entstehung des Konfessionalismus wesentlich mitbeteiligt war. Allerdings nicht willentlich, denn ihr ursprüngliches Ziel war die Verkündigung des Evangeliums, und das Ergebnis war die Spaltung der Christenheit – darin liegt das Drama Luthers. Betrachtet man Luther konfessionell, wirkt er stets hemmend – wer sich aber davon befreit, bleibt nicht im Unfruchtbaren stecken. Deswegen ist es schwer, über Luther zu reden: die Protestanten haben die nötige Reinheit des Instinktes verloren, und die Katholiken haben erst in der allerletzten Zeit ein gerechteres Verständnis aufgebracht. Die einen haben aus ihm einen «Abgott» gemacht, sozusagen ein Ruhekissen geschaffen, von dem man sich nicht erheben will; für die andern bleibt er, trotz veränderter Einschätzung, der bis zum heutigen Tag unter dem Bannstrahl stehende Ketzer, den Rom nicht zurückzunehmen bereit ist. Darüber braucht man sich nicht aufzuhalten, wenn man an Grillparzers Worte denkt: «Und

sag ichs nur: die Fähigsten, die Kühnsten – die Ketzer sind's, ich weiß nicht, wie es kommt.»[3] Die Zunft der Theologen wird kaum einen Ausweg aus dieser Sackgasse finden, trotzdem ist es unangebracht, sie deswegen gleich mit Luther als «Sautheologen» zu beschimpfen[4]. Bei ihm selbst überschneiden sich wirkliche Gotteserfahrungen mit rein theologischen Aussagen; hinzufügen müßte man noch seine polemische Veranlagung und auch sein unbeherrschtes Temperament, Dinge, die den Leser oft verwirrten. Leider fehlt der Lutherforschung der Mut zum Neuanfang – die oft unlebendige Gelehrsamkeit hindert sie daran. Doch sollten die ihrer Verantwortung bewußten Christen über die «Angst vor Luther» hinauskommen, wie Kurt Ihlenfeld sein ansprechendes Buch betitelte. Auch Ricarda Huchs Buch «Luthers Glaube» ist eine wertvolle Leistung; sie hebt darin erstmals Luthers Kampf gegen die Moral im Namen des Glaubens hervor. Reinhold Schneider wußte durchaus um die Schwierigkeiten, Luther zu verstehen: «Es wird wohl nie gelingen, von Luther zu sagen, was gesagt werden sollte; die Erscheinung spottet jeder Kompetenz und Psychologie und der Theologie erst recht: das ist eben Luthers geheimnisvolle geschichtliche Legitimation.»[5] Erst wenn Luther aus dem unfruchtbar gewordenen Kontroversstreit herausgehoben wird, leuchtet seine religiöse Kraft auf, die vor allem in seinem tieferen Schriftverständnis besteht.

Kierkegaard fing mit einer vorurteilslosen Beschäftigung mit Luther an. Der Däne bildete ein notwendiges Korrektiv zu den evangelischen Landeskirchen, auf das niemals verzichtet werden darf. Er war zunächst von einer ehrlichen Begeisterung für den Reformator erfüllt: «O Luther ist doch der Meister für uns!», rief er aus. Dann stiegen ihm mit der Zeit Bedenken auf, Fragen, die nicht mit seiner Ablehnung der bürgerlich-gemütlichen Christentumsauffassung zusammenhingen. Nach Kierkegaard war die Reformation eine Modifikation und keine Rückkehr zum Urchristlichen, also ein Beginn ohne Fortsetzung. «Luther zieht einseitig Paulus vor und benützt weniger die Evangelien»[6], bemerkte er und fügte kopfschüttelnd hinzu, ein «Reformator, der das Joch abschütteln will – ist eine bedenkliche Sache»[7]. Luther ist der Gefahr nicht entgangen, «ein politischer Held» zu werden, der den Papst stürzen wollte. Der Einzeldenker verstand den Protestantismus als Korrektiv, nicht als Regulativ, weil sonst «eine große Verwirrung» entsteht[8]. Wilhelm Kütemeyer ist in seinem Buch «Kierkegaard, der Einzelne und die Kirche» der Einstellung des Dänen zum Protestantismus nachgegangen und hat bedeutsame Erkenntnisse zutage gefördert[9]. Auch Tersteegen und der ältere Blumhardt äußerten besorgte Gedanken über die steckengebliebene Reformation.

Luther war äußerst kompliziert, tief religiös, genial, unausgeglichenen Gefühlsschwankungen unterworfen und dann doch wieder von erstaunlicher Festigkeit. Seine widerspruchsvolle Natur zeigt die Gegensätze, die er auszuhalten imstande war, und erklärt zugleich, daß er auf gewisse Menschen ebenso anziehend wie auf andere abstoßend wirkte. Die Frömmigkeit des Reformators ist wichtiger als seine einseitige Theologie. Neben seinen dunklen Seiten, wozu sein zügelloser Haß gegen das Papsttum und seine schändliche Polemik gegen die Juden zu rechnen sind, finden sich überaus helle Lichtpunkte. Luther huldigte einem unüberbietbaren Grobianismus, und dicht daneben machte er zartempfundene Aussagen über das Magnifikat. Es hilft niemandem, seine gegensätzlichen Aussagen milde auszugleichen, man muß sie in ihrer ganzen Härte sehen. Luther widerfuhr ein elementares Schrift-Erlebnis von erlösender Gewalt; er besaß einen glaubensstarken Mut und eine mitreißende Kraft. Doch war er auch rechthaberisch bis zur Halsstarrigkeit und gegen alle Andersdenkenden unduldsam. Im Abendmahlsstreit mit Zwingli auf dem Marburger Schloß vertrat er in der Sache die tieferen Ansichten – in der schroffen Zurückweisung der ihm entgegengestreckten Hand des Gesprächspartners aber zeigte er wenig christliche Bruderliebe. Luther hat das Wort «Glaube» wieder neu durchbuchstabiert, so daß das Wort fortan ganz groß geschrieben blieb. Hätte er doch ein Gleiches getan mit der Liebe, wäre die Reformation gelungen, denn die Liebe ist größer als der Glaube und sie schließt jede Polemik aus.

Auch Luther steht in einem bestimmten geschichtlichen Zusammenhang. Es ist unmöglich, jetzt das ganze Zeitgemälde in seiner Farbigkeit zu schildern, wie es unbedingt nötig wäre. Nur ein Teilaspekt kann herausgegriffen werden, aber im Teil ist doch auch wiederum das Ganze im verkleinerten Maßstab verborgen. Die erwähnte Anekdote vom Tintenfaß zeigt zunächst Luthers Verwurzelung im spätmittelalterlichen Geistesleben, obwohl er den Bruch mit der Tradition vollzogen hat, dessen Tragweite er kaum überschaute. Die Streitfrage ist unlösbar, ob Luther mehr dem Mittelalter oder mehr der Neuzeit zuzuordnen sei. Jedenfalls werden die aufklärerischen Reformations-Darstellungen seinem inneren Glaubensringen nicht gerecht. Doch geht es gar nicht um eine historische Zuteilung, sondern um seine geistige Heimat. Luther besaß noch ein an Gott gebundenes, nicht nur ein autonomes Gewissen. Die Loslösung von der angestammten Kirche war nicht gewollt, sondern vollzog sich durch Sachzwänge. Der eifrige Mönch hing eng zusammen mit seinem Zeitalter und dessen religiösen Fragestellungen. Deswegen ist er dem heutigen Gebildeten nicht mehr ohne weiteres verständlich, haben sich doch die Probleme stark gewandelt. Die Rede vom «katholischen Luther» ist nicht einfach von der Hand zu weisen[10]. Man bekommt von Luther ein einseitiges Bild, sieht man immer nur den ihm bedeutsamen Rechtfertigungsglauben. Auch die ausschließliche Betonung der Kreuzestheologie umfaßt nicht den ganzen Luther, sondern vergißt seine anfängliche Beziehung zur Mystik[11]. Er gab in seinen jüngeren Jahren das mystische Büchlein «Vom vollkommenen Leben» mit einer Vorrede heraus und führte in seiner Römerbriefvorlesung aus, daß Tauler das «Erleiden und Ertragen Gottes vortrefflich in deutscher Sprache ans Licht gehoben habe»[12]. Leider hörte er nie etwas von dem zu Unrecht verurteilten, großartigen Meister Eckhart. Luther hat später die mystischen Einsichten nicht weiter gepflegt, hat sie aber auch nie verleugnet. Der heiß erkämpfte Glauben durchdrang das ganze Dasein des Reformators und verlieh seinem Leben einen Schwung, ja, erhob ihn sogar eine Zeitlang zur Verkörperung der deutschen Nation.

## Das Jahrhundert ist satanisch

Luther ist allein aus seinem ungemein lebendigen Glauben zu verstehen. Er war ein unablässiger Gottsucher, Augustinus vergleichbar. «Dieses Lebens Stand wird nicht verbracht, indem man Gott hat, sondern indem man ihn sucht. Immer muß man ihn suchen und wieder suchen, immer von neuem suchen.»[13] Nach Luther ist es ein großes Ding, zu Gott zu kommen. Der Weg zum Allmächtigen führt durch Zorn und Strafe, durch Dornen und Spieße. Der Reformator sprach mit einer seltenen Vollmacht vom Glauben. Die Kraft des Glaubens lebte in ihm; ohne ihn hätte er gar nicht existieren können. Fortwährend ist der Glaube gegenwärtig; er ist von seiner beständigen Verbundenheit mit Christus nicht ablösbar. Gott und Christus waren für ihn austauschbare Worte; er vertrat einen ausgesprochen christozentrischen Gottesglauben.

Die Kehrseite von Luthers unerschütterlichem Gottesglauben war ein massiver Teufelsglaube, der «von Anfang der Welt Gottes Affe sein wollte»[14]. Satan ist der bedrohliche Gegenspieler des Herrn Jesus Christus. Luther sprach oft von diesem Teufelsglauben, am unmittelbarsten in seinen Tischreden, die zwar nicht von ihm selbst aufgezeichnet worden sind, in denen er sich jedoch keinen Zwang auferlegte. Im übrigen finden sich die urtümlichen Aussagen über den Teufel nicht nur in den Tischreden[15]. Schon der junge Mönch glaubte in seinem Kloster in Erfurt nächtlicherweise den Teufel rumoren zu hören, und ebenso erging es ihm auf der Wartburg. Später riet er einem von Poltergeistern geplagten Pfarrer: «Lieber Bruder, sei stark im Herrn und sei Deines Glaubens an Christum gewiß, weiche diesem Mörder, dem Teufel, nicht, leide und dulde sein äußerlich Spiel und Lärmen, auch den geringen zeitlichen Schaden, daß er Dir die Töpfe und hölzerne Schüsseln zerbricht.»[16] Ebenso war Luther überzeugt, daß «der Satan Wechselbälge und Kilekröpfe anstelle der rechten Kinder unterlegt, damit die Leute geplagt werden»[17]. Der Teufel kann auch mit den Leuten Kinder zeugen: «Also ists auch mit den Nixen im Wasser, der die Menschen zu ihm hinein zeucht, als Jungfrauen und Mägde, mit welchen er darnach zuhält und Teufelskinder zeuget.»[18] Es ist der gleiche Aberglaube wie der im «Hexenhammer». Man fragt sich erschreckt, ob der Wittenberger Reformator auch noch einen Scheiterhaufen angezündet hat, um eine Hexe zu verbrennen? Dies hat Luther nie getan, was ihn deutlich von den Inquisitionsmännern unterscheidet. Nach ihm kommt jedoch vom Teufel alles Ungemach in der Welt: «Keine Krankheit kömmt von Gott, als der gut ist und Jedermann alles Gutes tut, sondern ist vom Teufel, der alles Unglück stiftet und anrichtet und sich in alle Spiel und Künste menget, verursacht Pestilenz, Fieber usw. Kömpt er unter die Juristen, so macht er Unglück, Uneinigkeit, aus Recht Unrecht und aus Unrecht Recht.»[19]

Daraus geht hervor, wie lebendig der spätmittelalterliche Teufelsglauben in Luther vorhanden war und wie unkritisch er ihn aus der Volkstradition übernommen hat. Man mag sich bei diesem massiven Teufelsglauben nur fragen, ob er von diesen Zeugungen von Wechselbälgen und Teufelskindern auch etwas in der Bibel gelesen hat. Warum hat er sein lichtvolles Schriftverständnis nicht auf den spätmittelalterlichen Aberglauben ausgedehnt? Wäre bei der Schriftbefragung nicht sein zeitgebundener Hexenglauben zusammengebrochen? Warum hat Luther so viele kirchliche Gebräuche verworfen, die Hexen aber mit keinem Wort angetastet? Diese Frage kann niemand beantworten, aber sie zwingt uns geradezu, das Prinzip der Reformation auch auf die Reformation selbst anzuwenden und sie nicht nur in einem Lutherjahr unverbindlich zu feiern.

Da Luther sich diese Frage nicht vorlegte, wurde sein virulenter Teufelsglaube öfters höchst angriffig. Er ist bei ihm keine bloß theologische Lehre, sondern nimmt ganz existentiellen Charakter an. Der Teufel ist nach ihm durchaus fähig, selbst gelehrte Leute zu täuschen[20], und erscheint zuweilen mit einer Mönchskappe, damit man ihn nicht sogleich erkennt[21]. Wegen dieses Teufelsglaubens bewertete Luther vorschnell alle seine Gegner als willige Werkzeuge des Teufels. Er billigte ihnen keine lauteren Absichten zu und gewährte ihnen auch nicht, in aller Redlichkeit über diese oder jene Frage anders zu denken. Nein, sie sind alle, samt und sonders, Teufelskinder. Er schloß den Papst mit ein, obschon dieser Gedanke jedes Maß überschritt und sein Verhältnis zur katholischen Kirche unheilbar zerstören mußte. Er bezichtigte bedenkenlos edle Männer wie Sebastian Franck «des Teufels eigen und liebstes Maul»[22], und Thomas Müntzer, «wer den Müntzer gesehen hat, der mag sagen, er habe den Teufel leibhaftig gesehen in seinem höchsten Grimm»[23]. Auch Zwinglis «Bücher sind zu meiden als des höchsten Satans Gift»[24]. Luther glaubte nicht gegen Personen zu kämpfen, sondern gegen den Teufel selbst, der sich dieser Menschen bediente. Betrachtet man seine Gegner nur als Satansdiener, wird die Auseinandersetzung unerlaubt leicht, ein Vorwurf, von dem man Luther nicht freisprechen kann. Zu jedem echten Gespräch gehört eine gegenseitige Lauterkeit und viel Verständnis.

Luther sah nicht nur einzelne Menschen, sondern auch ganze Bewegungen als Werkzeuge des Teufels, so den Bauernkrieg, zu dem er die unchristliche Parole ausgab: «Schlagt sie tot wie tolle Hunde!» Es war für ihn eine ausgemachte Sache, daß die verzweifelte Erhebung der Bauern «ein Teufelswerkzeug» war[25]. Gegenüber Luthers Haltung im Bauernkrieg ist sowohl die anklagende als auch die apologetische Beurteilung nicht am Platze. Geschichte wird nicht geschrieben, um Noten zu verteilen, sondern um den Atem des irdisch-überirdischen Geschehens zu vernehmen. An dieser Stelle sind ebenso die von marxistischer Seite über Luther geschriebenen Ausführungen zurückzuweisen. Sie stammen aus der engstirnigen, von Haß durchtränkten Klassenkampftheorie und ermangeln des Verständnisses für religiöse Werte. Der Reformator befand sich im Bauernkrieg in einer Zwangslage: Er konnte dem gerechten Anliegen der unterdrückten Bauern seine Zustimmung nicht versagen, und ebensowenig vermochte er untätig das Evangelium in einem blutigen Aufruhr untergehen sehen. Zuletzt kann man von seiner Wahrnehmung der dämonischen Massenbewegung nur erschreckt verstummen: «Ich habe es mit eigenen Augen gesehen: in einem Menschen wohnen schier hunderttausend Teufel.»[26] Luthers Schweigen zur Rache der Fürsten an den Bauern ist nicht zu rechtfertigen, dagegen kann man ihm kaum widersprechen, daß bei Massenversammlungen «Satan den Vorsitz» führt.

Während langer Zeit meinte man, Luthers Teufelsglaube sei eine kaum beachtenswerte Randerscheinung. Noch Karl Holl unterschätzte ihn, er, dem man die vermeintliche Luther-Renaissance nach dem Ersten Weltkrieg zuschrieb, von der aber in den Gemeinden kaum etwas zu spüren war. Beinahe schien es, als müßte man sich schämen, daß der Reformator diese Eierschalen des spätmittelalterlichen Aberglaubens nicht abgestreift habe. Man erklärte sich seine Teufelsaussagen aus der Zugehörigkeit zu seiner Zeit, eine Auffassung, die dem Reformator nicht gerecht wird, da er persönliche Teufelserfahrungen hatte: «Er hat mich wohl oftmals schon beim Kopf gehabt, aber er hat mich dennoch müssen gehen lassen.»[27] Er gestand sogar: «Er ist sehr zornig, ich verstehe und fühle es, schläfet viel mehr bei mir denn meine Käthe.»[28] Luther dachte über das Teufelsthema sehr ernst: «Der Teufel ist nicht ein geringer, schlechter, sondern ein gewaltiger, großer, heftiger und geschwinder Feind, der weder Tag noch Nacht ruhet oder feiert, läßt sich mit äußerlichen und leiblichen Waffen nicht verjagen.»[29] Luther war dementsprechend stets kämpferisch und stets sprungbereit, gegen den Teufel anzugehen. Er erkannte die Gefahr und dachte nicht daran, kleinlaut die Waffen zu strecken. Zu diesem Ergebnis kam selbst die neuere Forschung: «Luthers Reden vom Teufel gehört aufs engste und untrennbar mit dem Zentrum seiner Theologie zusammen.»[30] Nicht nur mit seiner Theologie, müßte man ergänzen, sondern auch mit seinem existentiellen Glaubens-Leben. Dafür sind seine Lieder ein für seine Frömmigkeit aufschlußreicher Beweis. Leider hat man sie in den modernen Kirchengesangbüchern teilweise abgeschwächt, und ebenso hat man seine Bibelübersetzung von Auflage zu Auflage verwässert. Luther sang in einem Weihnachtslied: «Laßt zürnen Teufel und die Höll, Gottes Sohn ist worden eur Gesell.» Er scheute sich nicht, seinen Teufelsglauben beständig und offen zu bekennen. Wer Luthers Überzeugung von der Existenz des Teufels als unwesentlich erklärt, verfälscht das Luther-Bild.

Dank dem christlich geschärften Blick hatte Luther eine Einsicht in des Teufels wirkliches Wesen wie wenige Menschen vor und nach ihm. Der Teufel hatte für ihn einen nicht zu übertreffenden Wirklichkeitsgrad. Er erlebte ihn stets als schwere Anfechtungen, die nichts zu tun hatten mit seiner Gemütsveranlagung. Von Zeit zu Zeit hatte er depressive Phasen der Anfechtung durchzustehen, von denen eine ihm besonders stark zusetzte: Er argwöhnte, ob er denn allein die Wahrheit vertrete gegenüber den Anschauungen so vieler Jahrhunderte – fürwahr, ein ernstzunehmender Zweifel.

Mehrfach erlebte Luther den Teufel als die Gestalt, die mit ihm zu diskutieren wünschte[31]. Danach habe Satan ihm so hart zugesetzt, daß er nicht gewußt habe, ob er tot oder lebendig sei. «Mit mir ists also: Wenn ich des Nachts erwache, so kömpt der Teufel bald und disputiret mit mir und machet mir allerlei seltsame Gedanken, bis so lange ich mich ermüntere und sage: Küsse mich aufs Gefäß! Gott ist nicht zornig, wie du sagest!»[32] Luther sah in der Diskussionssucht keinen Weg zur Wahrheitsfindung. Dies kann unter Umständen der Dialog sein, nicht aber die Sucht, dauernd zu disputieren, denn sie ist eine moderne Seelenkrankheit, in Luthers Augen eine Teufelsanfechtung.

Er warnte eindringlich vor dem leichtfertigen Gebrauch des Wortes «Teufel», wie das im Volk damals und auch heute geschieht. «Man soll den Teufel nicht zu Gaste laden, er kömpt sonst wohl ungebeten; ja, es ist Alles voller Teufel umb uns, und wir, die wir täglich beten und wachen, haben zu schaffen gnug wider ihn!»[33] Luther hatte das Gefühl, vielen Teufelsanfechtungen ausgesetzt zu sein und beinahe täglich mit ihm in den Haaren zu liegen. Konkreter kann man wohl nicht mehr vom Teufel reden, als er es getan hat.

Luther brachte auch des Menschen Geldliebe mit dem Teufel in Zusammenhang. «Im Bergwerk vexiret und betreuget der Teufel die Leute, macht ihnen ein Gespenst und Geplärr fur den Augen, daß sie nicht anders wähnen, als sähen sie ein großen Haufen Erzes und gediegen Silber, da es doch nichts ist.»[34] Bei diesen Worten wird klar, daß Luther nicht einfach einem Köhlerglauben zum Opfer gefallen ist, sondern die getarnte Teufelsversuchung durchschaute. Viele Menschen werden vom Geld völlig geblendet und verfallen wegen ihrer Mammonsliebe dem Teufel.

Nach Luther gibt es nicht nur einen, sondern viele Teufel. Er sprach in Mehrzahl und unterschied «Landteufel, Hof- und Fürstenteufel»[35]. Er spitzte diese Einsicht zu, indem er sagte, «jeder Mensch habe seinen eigenen Teufel, der ihm Tag und Nacht nachschleiche»[36]. Mit dieser tiefen Einsicht wird die diabolische Macht, gegen die der Mensch zu kämpfen hat, in sein Inneres verlegt. Näher kann der Teufel gar nicht mehr sein. Er steht eng verbunden mit der menschlichen Persönlichkeit. Diese unheimlichste Erkenntnis Luthers verbietet es, seinen Glauben an den Teufel einfach einen Aberglauben zu nennen.

Man würde den Reformator mißverstehen, wollte man glauben, seine Teufelssicht sei individuell verschieden und nehme bei jedem Menschen eine andere Färbung an. Er erfaßte den Teufel als eine Macht, die auch im öffentlichen Leben mit aller Gewalt wirksam ist. Er sah den Teufel auch im Kriege und namentlich in den neu eingeführten Kriegsgeräten. «Büchsen und das Geschütz ist ein grausam, schädlich Instrument, zersprengt Mauren und Felse, und führt die Leute in die Luft. Ich glaube, daß des Teufels in der Hölle eigen Werk sei, der es erfunden hat.»[37] Christlicher Scharfblick, nicht Pazifismus, führte ihn dazu, in der Artillerie eine Teufelswaffe zu sehen. Was hätte der Reformator wohl zu den Atom- und Neutronenbomben gesagt? Ziemlich sicher hätte er sie als des Teufels ureigenste Erfindungen bezeichnet und damit die Kriegsindustrie entlarvt.

Der Teufel sitzt in der Kirche, meinte Luther längst vor seinem Zusammenstoß mit der Kirche. Er nannte sie einen

«Jahrmarkt»[38], empfand schon zur Zeit seiner Römerbriefvorlesung die Lage «in der Kirche trostlos»[39] und hielt sich «über das Schnarchen der Ordensleute und Priester auf»[40]. Er habe in seiner Jugend eine Historie gehört, nach der «einer so köstlich und ernstlich gepredigt, daß die ganze Kirche weinen mußte; am Ende hat er gesagt: Wollt ihr wissen, wer ich bin? Ich bin der Teufel, und hab euch drum so ernstlich gepredigt, auf daß ich euch desto billiger und härter verklagen könne am jüngsten Gericht.»[41] Was die Kirche betrifft, ist der Teufel wirklich sehr schlau vorgegangen, geübt in einer gekonnten Täuschung. Vor Luther hat niemand den Teufel so ungewöhnlich durchschaut.

Luthers Verbindungslinie zwischen Teufel und Kirchenentartung ist keineswegs übertrieben. Wie nach dem Neuen Testament es Zeit ist, «daß das Gericht anfange beim Hause Gottes»[42] und nicht etwa bei den Parteien oder Banken, so ist auch die Kirche, dieses Bollwerk Gottes auf Erden, am stärksten vom Teufel bedroht. Wer den Teufel noch nie im Kirchenraum wahrgenommen hat, der weiß nichts von seinem hinterlistigen Ränkespiel und ist ein ahnungsloser Geselle.

Danach bestimmte der Teufel auch den Ablauf der Kirchengeschichte. Luther sah sie weder unter dem Gesichtspunkt des Senfkorngleichnisses noch als reine Verfallsgeschichte. An sich dachte Luther über die Geschichte pessimistisch, und wer müßte dies nicht tun, wenn er ihr Wellenspiel vorurteilslos verfolgt. Der Geschichtsprozeß, auch der kirchliche Geschichtsprozeß, verhüllt Gott und offenbart ihn nur selten. Nach Luther ist die Kirchengeschichte besonders ein Kampf zwischen Gott und Teufel: «Aus diesem allen sehen wir, und wo wir wollten, könnten wir wohl verstehen die Historien von Anfang der Kirchen, daß es allerzeit so zugangen ist, wenn Gottes Wort etwa ist aufgangen, und sein Häuflein zusammen gelesen, so ist der Teufel des Lichts gewahr geworden, und hat aus allen Winkeln dawider geblasen, gewehet und gestürmet, mit starken, großen Winden, solch göttlich Licht auszulöschen.»[43] Obschon Luther kein Historiker war, muß man ihm zubilligen, daß er die seelische Belastung der Kirchengeschichte erfaßt und die wirr durcheinandergehenden Fäden gesehen hat: Beständig überschneiden sich Wahrheit und Lüge, und ihre oft unentwirrbaren Strömungen stellen den Historiker immer wieder vor bedrückende Rätsel.

Bei Luther verwickelt sich die Kirchengeschichte noch stärker durch die Verquickung von Papsttum und Antichrist. An sich ist dieser Gedanke nicht originell, da Luther ihn aus der spätmittelalterlichen Polemik übernommen hat[44]. Beim ersten Auftauchen des Gedankens vom Papst als Antichristen war Luther zutiefst erschrocken, jedenfalls wagte er ihn kaum auszusprechen. Diese Gleichung läßt sich natürlich in keiner Weise aufrechterhalten, und kein ernsthafter evangelischer Christ wird ihn heute vertreten. Luthers Antichristvorstellung ist nur aus seiner endgeschichtlichen Erwartung zu verstehen. Der Reformator lebte, was im protestantischen Volk viel zu wenig berücksichtigt wird, ganz in der Erwartung des nahen Weltendes, durchaus ähnlich dem Urchristentum: «Und fürwahr, es schicket sich alles fein dazu, daß der jüngste Tag bald hereinbrechen wird.»[45] Aus diesem Lebensgefühl heraus läßt sich einzig seine immer wieder durchbrechende Düsternis erklären, die nur von seinem starken Glauben in Schach gehalten wurde.

Luther sah sein Jahrhundert vom Teufel beherrscht, und es schien ihm, die Welt sei eine Stätte des Teufels und von Satan förmlich besessen. «Das Zeitalter ist satanisch», schrieb er bestürzt im Brief vom 5. Dezember 1544, was mehr aussagt, als wenn einer von finsteren Zeiten redet. Die alarmierende Diagnose steht ganz im Gegensatz zu Huttens optimistischem Ausruf: «Die Geister erwachen, es ist eine Lust zu leben!» Luther sah den teuflischen Charakter seines von Gegensätzen zerrissenen Jahrhunderts schärfer als der humanistisch gesinnte Ritter. Denkt man an die überall auflodernden Brände der Religionskriege, hat Luther die Dinge wohl richtiger gesehen. Reformation und Gegenreformation stürzten die Christenheit in ein diabolisches Durcheinander. «Des Teufels Wirken ist jetzt offenkundig», sagte er, und man glaubt seine mächtige innere Erregung zu spüren, wenn er vom grimmig satanischen Jahrhundert sprach. Seine unheimliche Zeiterfassung versetzte ihn in höchste Spannung. Die Reformations-Jubiläen der späteren Jahrhunderte mit ihren lobpreisenden Worten besitzen dagegen nur museale Bedeutung. Luthers Aufschrei: «Das Zeitalter ist satanisch», gilt wahrhaftig nicht nur für sein Jahrhundert, denn immer geschah Entsetzliches, eine Feststellung, die nichts mit Pessimismus zu tun hat, sondern eher das Resultat einer realistischen Geschichtserfassung ist. Die Bibel sagt darüber: «Da reute es Gott, daß er die Menschen gemacht hatte auf Erden.»[46] Wahrhaftig, Geschichte bedeutet immer Abgrund; der Mensch versinkt jämmerlich in ihrem Schlund, und nur wenige Lichtblicke erfreuen ihn: eine Sonate von Mozart, ein Bild von Cézanne, Liebende, die sich zum ersten Male küssen.

Luthers konkrete Aussagen über den Teufel zu mißbilligen, ist unannehmbar, kämpfte er doch ein Leben lang gegen den Widersacher. Vordergründig gesehen, hat Luther in Wittenberg eine neue Theologie zur Diskussion gestellt, die ihm und seinen Anhängern wichtig war, in Wirklichkeit aber befand er sich in einem Krieg mit dem Teufel, einem Krieg auf Leben oder Tod. Er klagte, daß «die Menschen so allzu sicher daherleben, beide groß und klein, Gelehrte und Ungelehrte so tun, als ob der Teufel gestorben wäre und es ihn gar nicht mehr gäbe»[47]. Er brandmarkte die irrige Meinung vom gestorbenen Teufel und zertrümmerte die vielen Scheingründe, mit denen so viele ihr fatales Treiben zu entschuldigen suchten. Demnach ist die Negierung des Teufelsglaubens keine moderne Errungenschaft, denn schon damals war sie, wenn auch in anderer Form, vorhanden und war die Weltanschauung der gedankenlosen Masse – daran haben offenbar die Jahrhunderte gar nichts geändert. Ignoriert einer den Teufel, läuft er ihm schnurstracks in den Rachen. Es gibt keinen gestorbenen Teufel! Er ist im Gegenteil allezeit überaus virulent. Luther hat als erster ganz scharf vor ihm gewarnt und hat damit der Christenheit einen einzigartigen Dienst geleistet. Er hat sie aus ihrem dumpfen Schlummerdasein aufgeschreckt. Der Reformator war zu dieser Aufgabe befähigt, weil er die Evangelien wiederentdeckt hatte. Wo aber das Göttliche sich kundgibt, da fehlt auch dessen Gegenspieler nicht. Es wäre geradezu sonderbar, läge bei Luther diese leidenschaftliche Teufelsgegnerschaft nicht vor. Sie ist durch seine Verbundenheit mit dem Neuen Testament bedingt. Dieser Zusammenhang erklärt Luthers unentwegten Kampf gegen den Teufel.

## Das Lied vom Glaubenstrotz

Luther übernahm zunächst die Teufelsvorstellung des Spätmittelalters, akzentuierte sie durch seine scharfsinnige Sicht und fügte schließlich noch ein ganz bedeutsames Element hinzu. Um dieser dritten Einsicht willen beginnt bei ihm ein neuer Abschnitt in der Teufelsauffassung. Eine große, kühne Wendung, die man bei keinem seiner Zeitgenossen findet, war eingetreten: das echt Christliche war durchgebrochen, und es ertönte ein bis dahin kaum vernommener Klang. Die neue, die zugleich die älteste Auffassung ist, hält seinem spätmittelalterlichen Teufelsglauben nicht nur die Waage, sie ist ihm auch entschieden überlegen. Der bedeutsame Beitrag zu diesem Thema liegt in Luthers Neuformung des Hiobprologes, weswegen er ein eigenes Kapitel verdient.

Bei aller scharfen Teufelssicht steigerte Luther den Satan nie zu einem Gegengott empor. Gottes Macht und Teufelsmacht dürfen nicht auf die gleiche Stufe gestellt werden; von einem ewigen Dualismus kann nicht die Rede sein. Gott läßt dem Teufel begrenzten Raum; er ist vom Allmächtigen abhängig. «Die Gewalt, so er übet, ist ihm nicht befohlen; sondern unser Herr Gott wehret ihm nicht, siehet durch die Finger, läßt ihn machen und rumoren, doch länger und weiter nicht, denn er will; denn er hat ihm ein Ziel gesteckt, darüber er nicht schreiten darf noch kann.»[48] Es besteht zwischen Gott und dem Teufel keine geheime Verständigung, sondern Krieg, und zwar Krieg bis aufs Messer. Freilich ist der Krieg zum voraus entschieden. Der Christ hat an ihm Anteil, allein durch seinen Glauben und nicht durch seine Vernunft. Es geht nicht um ein intellektuelles Gespräch, sondern um ein reales, den ganzen Einsatz des Menschen erforderndes Tun. Doch weiß Luther, «mit unserer Macht ist nichts getan». Für ihn ist einzig der gekreuzigte und auferstandene Christus der Sieger über den Teufel. Im Namen Christi setzt er sich hart mit der Teufelsgewalt auseinander. Wer Luthers Teufelskampf ohne den Beistand Christi darstellt, verfehlt gerade das Zentrale daran. Verbunden mit Christus kennt Luther verschiedene Mittel gegen den Teufel.

Luther setzt Gebet und Fasten an die erste Stelle. Nach ihm ist «das Fasten eine der stärksten Waffen für Christenmenschen»[49], eine Überzeugung, die im neuzeitlichen Protestantismus völlig verloren gegangen und erst von Blumhardt wieder entdeckt worden ist. Der Reformator stimmte einem Wort der alten Väter zu: «Es gibt keine Arbeit so schwer wie das Gebet zu Gott.»[50] Er sprach hierin aus Erfahrung, denn er war ein großer Beter. Mit Gebet und Fasten wappnet sich der Christ gegen alle Anfechtungen des Teufels. Mit diesen Waffen allein zieht er in den Kampf.

Vor allem kannte Luther keine Teufelsfurcht. Die Angst vor

dem Teufel war für den spätmittelalterlichen Menschen charakteristisch; er zitterte darob wie Espenlaub und wußte sich nicht zu helfen. Das verbreitete Furchtgefühl gebar all die abergläubischen Vorstellungen, die die Christen in den verhängnisvollen Hexenwahn hineinjagten und aus dem es kein Entrinnen gab. Luther zerriß mit einer grandiosen Gebärde des Glaubens die ganze lähmende und quälende Teufelsangst. Statt zu zittern und zu zagen, trat er voll Glaubensmut dem Teufel entgegen, nicht etwa aus eigener Kraft, sondern im Vertrauen auf Christus. Bis ins Innerste war er überzeugt, die stärkere Macht auf seiner Seite zu haben. Unerhört unerschrocken begegnete er dem «alt' bösen Feind» und zeigte nicht die geringste Furcht. Das ist das Neue und Entscheidende in seinem Verhalten gegenüber den Mächten. Nur Furchtlosigkeit ist dem Teufel überlegen.
Ferner kannte Luther noch ein anderes Mittel in seinem Kampf gegen den Teufel: die Heiterkeit! Er sagte einmal: «Alle Traurigkeit, Seuchen oder Schwermut kömpt vom Satan. In solchem Fall der Traurigkeit oder Krankheit schließe ich und halts gewiß dafür, es sei des Teufels Werk und Getrieb. Denn Gott betrübt nicht, schrecket nicht.»[51] Immer wieder sprach Luther von dieser bedeutsamen Erfahrung. «Fröhlichkeit kömpt von Gott, Traurigkeit aber kömmet vom Teufel.»[52] Er setzte bewußt die Freude dem Teufel entgegen und erkannte auch die heilsame Kraft des Singens. Luther war kein trübsinniger Gast auf Erden, sondern wußte um Freude und Heiterkeit, um Gesang und Fröhlichkeit. «Der Teufel ist ein trauriger Geist und macht traurige Leute, darum kann er Fröhlichkeit nicht leiden. Daher kömpts auch, daß er von der Musica aufs Weiteste fleuget; bleibt nicht, wenn man singet, sonderlich geistliche Lieder.»[53] Luther pries die Musik als ein «herrlich und göttlich Geschenk», weil sie Anfechtungen vertreibt und das Gemüt erhellt. Dank Luthers Freude am Gesang erlebte die Musik als einzige

Kunst innerhalb des Protestantismus eine wundervolle Blütezeit. Von Schütz, Bach, Händel usw. gehen gläubige Freudeströme aus und überspülen alle konfessionellen Grenzen.
Außer der fröhlichen Furchtlosigkeit wandte Luther noch eine letzte Waffe gegen den Teufel an: Die Verachtung. Statt Verachtung könnte man auch Trotz sagen, spielt er doch in Luthers Seelenleben eine eigentümliche Rolle. Mehrfach handelte Luther aus einem mutigen Trotz, der seine Stärke und seine Schwäche war. Der Trotz verband sich bei ihm mit dem Glauben zu einer Einheit, und wenn man seinen Glaubenstrotz beachtet, steht man unmittelbar vor Luthers Geheimnis, von dem eben nicht gesagt werden kann, was gesagt werden sollte. Die Trotz-Verachtung spielte auch in seinem Kampf gegen den Teufel eine entscheidende Rolle. «Der Satan kann zwar mit Verachtung vertrieben und überwunden werden, aber im Glauben und Gottesfurcht, nicht durch Vermessenheit und Dummkühnheit.»[54] Luther stellte dem Teufel seinen Glaubenstrotz entgegen, vor dem Satan flieht. Der Reformator kannte kein Zurückweichen und keine Verzagtheit, sondern kämpfte wie kaum einer vor ihm gegen den Teufel. Entschlossen stürmte er ihm entgegen. Es handelt sich bei ihm um die Aufnahme dieses Kampfes und nicht um eine Fortsetzung seiner theologischen Streitigkeiten. Wird der Christ vom Teufel angegriffen, wird er nur gewinnen, wenn er sich mit Glauben und Vertrauen wappnet. Luther meinte, man müsse Mut, und zwar viel Mut, täglich müsse man Mut fassen, um den Teufel kühn verachten zu können. Verachtung des Teufels und ein wacher Glaube seien die besten Mittel gegen alle satanischen Anfechtungen, die echte Mixtura für die Austreibung der Teufelsangst und nicht etwa Aufklärung oder gar Spott, die nicht viel nützen.
Geradezu prachtvoll hat Luther die kämpferische Haltung in seinem bekannten Trutzlied «Ein feste Burg ist unser Gott» formuliert. Dieses Lied singt von seinem tiefsten Glauben,

der fest steht und nicht wankt, Kraft und Stärke sind in ihm enthalten, womit ein Mensch im Leben bestehen kann. Unmißverständlich und offen sang er «vom alt' bösen Feind», der es in der jetzigen Zeit so haßerfüllt meint. Unter dem «alt' bösen Feind» ist eindeutig der Teufel gemeint, nicht etwa seine katholischen Gegner. Das wäre ein fatales Mißverständnis, das der Größe der Dichtung unwürdig ist. Gerade im härtesten Teufelskampf gehört jede konfessionelle Verengung gesprengt. Eine andere christliche Kirche kann und darf niemals unter dem Gesichtspunkt «der alt' böse Feind» gesehen werden. Es ist immer nur der Teufel allein, der den Christen zu schaffen macht, der Satan, der listig und machtvoll zugleich ist. Das sind Luthers ureigenste, kraftvolle Töne. Dem gewaltigsten und schlauesten Fürsten dieser Welt, dem Teufel, galt sein Ringen. Der Christ braucht seine Machenschaften nicht zu fürchten, weil er ihn mit einer unerschütterlichen Glaubensgewißheit besiegt. Mit Überzeugung sang Luther:

«Und wenn die Welt voll Teufel wär'
und wollt uns gar verschlingen,
so fürchten wir uns nicht so sehr,
es soll uns doch gelingen.
Der Fürst dieser Welt,
wie saur er sich stellt,
tut er uns doch nicht;
das macht: er ist gericht;
ein Wörtlein kann ihn fällen.»

In diesem kraftvollen Gesang lebt die echte, ursprüngliche Reformation, und um dieses Liedes willen muß man Luther die grobschlächtige Polemik verzeihen, die uns mehr irritiert als interessiert. Es kommt auf dieses Lied an, das die Christen miteinander verbindet, weil es den gemeinsamen Feind signalisiert. Seine Worte sind keine poetischen Bilder, sondern vielmehr Realitäten, und gerade diese verleihen dem Trutzlied die unverwüstliche Kraft. Gleich schon die erste Zeile der Strophe umschreibt den tatsächlichen Zustand, in dem sich der Christ befindet: «Und wenn die Welt voll Teufel wär'.» Sie ist es wirklich, eine Tatsache, die im satanischen Jahrhundert nicht bezweifelt werden kann. Dies hat weder mit Schwarzseherei etwas zu tun noch mit der schwächlichen Haltung, Angst einzujagen. Nein, es ist der realistische Blick, der die Situation so sieht, wie sie wirklich ist: «voller Teufel». Die Weltlage war zu allen Zeiten schlimm, und zwar so schlimm, daß sie uns zu verschlingen droht. Trotzdem ist der Christ von einer inneren Siegesgewißheit erfüllt, ungeachtet des «Fürsten dieser Welt». Warum? Ja, warum fürchtet er sich nicht? Ist er ein starker Mann, weil er über eine große Kriegsmacht verfügt? Gewiß nicht. Fest und unerschütterlich steht er da, weil Gott den Teufel längst gerichtet hat und der Sieg entschieden ist. Gott braucht nur ein Wort zu sprechen, und es ist mit dem Teufel für immer aus. Mit dieser Glaubenshaltung kündet sich nicht nur eine kleine Kursänderung im Teufelsglauben an, nein, mit ihr ist eine grundsätzlich neue Sicht gewonnen. Bei Luther ist diese mutige Verachtung des Teufels durchgebrochen, die dem echt christlichen Lebensgefühl entspricht. Damit ist er weit über alles Bisherige hinausgegangen; etwas Neues ist angebrochen. Wir verzichten gerne auf die ganze reformatorische Theologie und überlassen bereitwillig alle die zahlreichen Kontroversfragen den Schriftgelehrten, wenn wir nur Luthers Bibelübersetzung und dieses eine Lied behalten dürfen. In ihm hat der christliche Teufelswiderstand seine endgültige Formulierung gefunden – man kann gar nicht gegründeter und siegesgewisser sein. Hier ist alle Unsicherheit und alles Zagen überwunden, und die einzige, felsenfeste Zuversicht bricht hervor. Froh und dankbar müssen wir bleiben, daß in diesem herrlichen

Lied an die Stelle der lähmenden Teufelsfurcht der kraftvolle Glauben getreten ist. Der spätgotische Gesang «Und wenn die Welt voll Teufel wär'» darf nie mehr verklingen. Er bleibt für alle Christen verbindlich, welcher Konfession sie auch angehören mögen. Gott steht auf ihrer Seite. Im schweren Kampf gegen die finsteren Gewalten dieser Welt singen sie voll Zuversicht:

«Ein feste Burg ist unser Gott,
ein gute Wehr und Waffen.
Er hilft uns frei aus aller Not,
die uns jetzt hat betroffen.
Der alt böse Feind,
mit Ernst er's jetzt meint;
groß Macht und viel List
sein grausam Rüstung ist;
auf Erd ist nicht seinsgleichen.»

## *Heilige kämpfen mit dem Widersacher*

Was sagen die Heiligen zum Teufelsthema? Sind diese vorbildlichen Menschen überhaupt im vorliegenden Zusammenhang zu erwähnen? Die Frage aufwerfen heißt, sie auch bejahen.

Die Heiligen sind für den modernen Menschen zu unbekannten Gestalten geworden. Kein Wunder, man zeichnete von ihnen das unzureichende Bild frommer, tugendhafter, langweiliger und salbungsvoller Personen. Wegen dieser unzulänglichen Darstellungen verlagerte sich das moderne Interesse auf Filmstars und Spitzensportler. Damit der unheilvolle Prozeß des geistigen Absinkens nicht immer weiterrollt, muß man absehen von dem, was geschieht, und nach dem umschauen, was geschehen sollte. Man muß das Leben der Heiligen ihrer Größe gemäß neu darstellen, zumal sie einen hervorragenden Rang einnehmen. Es gab sie, es gibt sie selbst in der Gegenwart, und es wird sie immer geben.

Zwar meint heute jedermann zu wissen, was ein Heiliger ist, in Wirklichkeit aber weiß es niemand. Heiligkeit wird kaum sichtbar, höchstens läßt sie sich fühlen oder erraten. Bei den Heiligen verschmelzen Leben und Werk zu einer Einheit. Vor allem sind sie fähig, ihre Gottverbundenheit zu realisieren, was so vielen Menschen bei aller ehrlichen Bemühung versagt bleibt. Auf die Verwirklichung kommt es jedoch an. Die Heiligen verkörpern den neuen Menschen und postulieren ihn nicht bloß. Es ist schwierig, über sie in unserer Begriffssprache nur annähernd richtig zu schreiben, denn stets bleibt man hinter dem zurück, was man schreiben sollte.

Wer darf dies wagen, ohne mit seiner Darstellung Schiffbruch zu leiden?
Heilige sind keine Ausnahmechristen, keine Edelmenschen und keine Startheologen; sie sind ganz einfach Menschen, die mit Christi Aufforderung: «Tut Buße, denn das Reich ist nahe herbeigekommen», Ernst gemacht haben. Sie befinden sich immer auf der Straße der Heimkehr und haben längere oder kürzere Zeit im Lichte Gottes gestanden. Während die Kirchengeschichte vielfach der Profangeschichte verzweifelt ähnlich ist, ist in den lichtvollen Heiligen die Kraft Christi wirksam, indem sich an ihnen Jesu Worte bewahrheiten: «Sie trieben im Namen Christi Teufel aus und redeten mit neuen Zungen.»[1] Sie haben das Teufelsthema nicht gesucht, aber sie hatten mit ihm reichlich zu streiten.
Die Heiligen befanden sich in einer unmittelbaren Gott-Nähe, und gerade deswegen wurden sie ungewollt in die Kämpfe mit dem Widersacher verwickelt. In vielen Heiligenleben spielten sich unerhörte Auseinandersetzungen mit dem Teufel ab, reale Kämpfe, die allen theoretischen Erörterungen über das Böse weit überlegen sind. Die Heiligen haben in einem Buch über den Teufel ein gewichtiges Urteil abzugeben, sind sie doch Satan hautnah und unmittelbar begegnet. Läßt sich das überhaupt schildern? Es können höchstens mit einem Silberstift ganz zart einige Detailszenen aus dem Leben der Heiligen nachgezeichnet werden.

## Antonius von Ägypten

Antonius von Ägypten war der erste Einsiedler; er wird der Vater des Mönchtums genannt. Schon zu seinen Lebzeiten war er außerordentlich berühmt, bald nach seinem Tode schrieb der Kirchenvater Athanasius eine dem Thema adäqheuate, kenntnisreich Biographie über ihn, die große Verbreitung fand. Athanasius selbst zählte zu den mutigen Bekennergestalten und kannte Antonius persönlich, deshalb leuchtet die Vita wie eine geheimnisvolle Ikone. Das Mittelalter dachte noch ehrfürchtig von dieser bedeutsamen Schrift, während man in der Neuzeit unverständig von einem verdummenden Buch sprach.

Der junge Antonius wurde durch die Lesung der Erzählung vom reichen Jüngling in der Kirche aus seinem gedankenlosen Dasein aufgeschreckt. Er besaß noch die jugendliche Willenskraft, das ihm vorschwebende Ideal in die Tat umzusetzen. Antonius versorgte seine unmündige Schwester, verkaufte sein Besitztum und begab sich hierauf in die Einsamkeit.

Er ließ sich zunächst in einem halbverfallenen Kastell am Rande der Wüste nieder. Bald kam er mit dem Teufel in Konflikt, der ihn von seiner Askese abspenstig machen wollte, indem er ihm die Schönheit seines früheren Besitzes vor Augen führte. Ein «gewaltiger Sturm von Gedanken» regte sich in Antonius, und schließlich entbrannte ein «Zweikampf zwischen ihm und dem Teufel»[2]. Satan erschien ihm nachts in der Gestalt eines schönen Weibes. Athanasius schilderte diese erregende Szene nicht näher, sondern vermerkte nur ausdrücklich: «Antonius ging siegreich aus dem Kampf hervor.» Der Anachoret entschloß sich zu einer strengeren Lebensweise und ließ sich im Innern eines altägyptischen Grabes nieder. Hier widerfuhren ihm neue Anfechtungen von unerhörtem Ausmaß. Eine ganze «Schar von Dämonen drang auf ihn ein und schlug ihn so heftig, daß er sprachlos vor Qualen auf dem Boden lag»[3]. Antonius versicherte, Schmerzen empfunden zu haben, wie sie Menschen nicht verursachen können. Athanasius fährt in seiner spannenden Schilderung weiter, Antonius habe wegen der Schläge nicht mehr stehen können, habe aber, obwohl er am Boden lag, unerschrocken gebetet: «Ich fürchte eure Schläge nicht.»[4] Die Dämonen verursachten einen solchen Lärm, daß der ganze Ort zu erbeben schien. Nach Athanasius verwandelten sich die Dämonen völlig unerklärlich «in wilde Tiere, in Löwen, Bären, Leoparden, Stiere und Nattern, in Aspisschlangen, Skorpione und Wölfe... Die Schlange ringelte sich, aber sie kam nicht, der Wolf stürmte los, blieb aber wie festgebannt.»[5] Mit voller Wucht drang die teuflische Schar auf Antonius ein, der wie gepeitscht am Boden lag, seufzte und flehend zum geöffneten Dach emporblickte. Da «kam ein Lichtstrahl auf ihn herab, und Antonius fragte: ‹Wo warst du? Warum bist du nicht zu Anfang gekommen, um meine Qualen zu beendigen?› Und eine Stimme antwortete ihm: ‹Antonius, ich war hier, aber ich wartete, um dein Kämpfen zu sehen. Da du den Streit bestanden hast, ohne zu unterliegen, werde ich dir immer hilfreich sein.›»[6]

Wenn der heutige Mensch diese visionäre Schilderung liest, redet er sofort von Halluzinationen oder Sehstörungen. Damit aber trägt er einen modernen Erklärungsversuch in ein altchristliches Erleben hinein, was eine fragwürdige Methode ist. Angebrachter ist es, sich an den Schöpfer des mystisch-realistischen «Isenheimer Altars» in Colmar zu wenden, an den Maler Matthias Grünewald, der die unfaßliche Versuchung des Antonius intuitiv erfaßt und sie mit seiner expressiven Kunst eindrücklich als eine Begebenheit dargestellt hat, die die durchschnittliche Vorstellungskraft weit übersteigt, uns aber das tiefere Verständnis dafür beibringt. Grünewalds Isenheimer Altar wurde der Generation nach dem Ersten Weltkrieg zu einem starken, unvergeßlichen Erlebnis, das half, den damaligen Wirrwarr seelisch zu verarbeiten. Warum betrachtet man heute Grünewald vorwiegend ästhetisch, und warum werden nur wenige von seinen Gemälden existentiell getroffen? Wer sich in Antonius' Kampf mit den Dämonen versenkt, dem geht eine Ahnung von dessen Meta-Wirklichkeit auf, der gegenüber alle heutigen Erklärungs-

versuche abfallen. Sie reichen ohnehin kaum an die Dämonen-Thematik heran, während Grünewald den Eremiten wirklich am Boden liegend gesehen und die Hilfe von oben verstanden hat.
Hierauf verließ Antonius seine Behausung und begab sich in die Wüste, die für die damaligen Menschen eine furchterregende Landschaft war. Unerschrocken und ohne Angst drang der Anachoret vor, eingeweiht in die tieferen Geheimnisse. Er war von ausgeglichener Gemütsart und vermochte gelegentliche Besucher zu trösten und aufzurichten. Bald fand er auch Nachahmer, Menschen, die gleich ihm aus der damaligen Massenkirche in die Einsamkeit der Wüste flohen. Antonius' Umgebung bevölkerte sich mit Einsiedlern, denen er Hilfe und Stärkung war. In der Wüste steigerten sich die Dämonenkämpfe heftiger denn je. Da sich Antonius ihnen tapfer entgegenstellte, wurden ihm seltene Einsichten geschenkt. Die Dämonen sind «listig und bereit, sich in alle möglichen Gestalten zu verändern und zu verwandeln. Oft stellen sie sich, als sängen sie unsichtbar Psalmen und gebrauchen die Worte der Schrift... Manchmal stellen sie sich auch in Mönchsgestalt dar und geben sich den Anschein, als ob sie wie Fromme redeten.»[7]
Antonius ließ sich jedoch nicht täuschen, wohl wissend, daß die Dämonen durch geschlossene Pforten eindringen und sich im ganzen Umkreis der Luft aufhalten. Der Heilige besaß ein visionäres Wissen um die Dämonen, das nur Unerfahrenheit dem Aberglauben gleichsetzen kann. Wie hellsichtig ist seine Erkenntnis: «Man muß also Gott allein fürchten, die Dämonen aber verachten und sich durchaus nicht vor ihnen ängstigen.»[8] Wiederholt bewertete Antonius das Angstgefühl als Beweis für die Gegenwart des Feindes. Trotzdem ist er von der Verachtung der Dämonen erfüllt. Dann folgt die aus schwerer Anfechtung gewonnene bedeutsame Einsicht: «Wenn also der Teufel sogar selbst zugibt, daß er nichts ver-

mag, müssen wir ihn und seine Dämonen gänzlich verachten… Laßt uns in der Seele nicht an Furcht denken, wir wollen auch nicht trauern, als ob wir zugrunde gingen; wir wollen vielmehr Mut fassen und uns immer freuen, daß wir gerettet werden. Wir wollen in unserem Inneren erwägen, daß der Herr mit uns ist, der sie verscheuchte und niederwarf. Wir wollen überlegen und immer beherzigen, daß die Feinde uns nichts tun werden, da der Herr mit uns ist. Denn wenn sie erscheinen, verhalten sie sich selbst so gegen uns, wie sie uns antreffen, und nach den Gedanken, die sie in uns finden, gestalten sie auch ihre Trugbilder…»[9] Diese Erkenntnis ist von zentraler Bedeutung: Die Dämonen sind Spiegelbilder unseres eigenen Innern. Sie besitzen keine selbständige Essenz. Deswegen setzte sich der Heilige ganz entschieden für die Verachtung der Dämonen ein und für das unerschütterliche Vertrauen auf den Herrn. Antonius' Ausführungen über den Trugbilder-Charakter der Dämonen stoßen zur letzten, nicht mehr zu überbietenden Wahrheit vor: «Aber man braucht ihre Erscheinungen nicht zu fürchten; denn sie sind nichts, und rasch verschwinden sie, wenn man sich schirmt durch den Glauben und das Zeichen des Kreuzes.»[10] Diese ungewöhnlichen Worte enthüllen grandios die letzte Wahrheit über die Teufel: die Dämonen sind und sind zugleich nicht! Diese entscheidende Erkenntnis kann nur in einem ungeheuren Widerspruch formuliert werden. Wir haben Mühe, ihn uns anzueignen, während dies Grünewald vermochte. Antonius leugnet weder die Dämonen, noch vergeht er vor Angst vor ihnen, denn er weiß, daß sie aus uns heraus aufsteigen und uns ein Sein vorgaukeln, das sie nicht haben. Wer die aus turbulenten Dämonen-Kämpfen hervorgegangene Einsicht verschweigt, schildert einen entdämonisierten, gezähmten und seiner christlichen Wildheit beraubten Antonius. Wir schwächen nicht ab, im Gegenteil, wir möchten über das metaphysische Thema gerne noch mehr wissen,

doch gibt sich Antonius nicht dazu her, das unheimliche Dämonenthema zu einem bloß interessanten Diskussionsgegenstand zu verharmlosen.
Antonius wurde von seinen Zeitgenossen der Große genannt; «es lebt ja der Große noch», sagten sie. Nicht viele Gestalten erhielten in der Christenheit diese Bezeichnung – Antonius kam sie zu. Er war wirklich ein Großer, denn er verfügte über eine Sicht von der nichtexistenten Existenz der Dämonen, die jenseits des weltlichen Wissens liegt; es war eine meta-historische Auffassung. Antonius war einer der geistesmächtigsten Christen, war voll kämpferischer Gesinnung und hat eine Dämonenerfahrung an den Tag gelegt, die aus der Vergessenheit heraufgeholt werden muß.

## Benedikt von Nursia

Auch über Benedikt von Nursia gibt es eine ausführliche Vita, und zwar aus der Feder Gregors des Großen. Es ist in der heutigen Zeit Mode geworden, ihren Wert gering einzuschätzen, weil man offenbar den Unterschied zwischen einer Legende und einer Biographie nicht mehr kennt. Gregor kannte zwar Benedikt selbst nicht mehr, wohl aber einige seiner Schüler, von denen er etliche Begebenheiten erfuhr, die er im zweiten Buch seiner «Dialoge» zu einer Heiligenschilderung verarbeitete. Sie entspricht in psychologischer Hinsicht nicht den Ansprüchen moderner Wissenschaft, wohl aber ist sie noch auf dem Goldgrund altkirchlicher Hagiographie geschrieben. Wer sie hochmütig auf die Seite schiebt und ein benediktinisches Kloster nur auf die Regel und nicht auch auf die Stiftergestalt aufbauen will, vertritt ein Benediktinertum ohne Benedikt, was einer tauben Nuß gleichkommt. Der Verfasser der Vita war doch kein bloßer Literat, sondern ein vorbildlicher Papst, der das Schifflein Petri durch

schwerste Stürme hindurchsteuerte und deshalb volles Vertrauen verdient.
Benedikt errichtete den Bau seines Klosters auf dem Monte Cassino, wo einst ein Apollotempel stand. Da erschien ihm «der Urfeind in einer ganz schrecklichen Gestalt und wütete gegen ihn mit feuersprühenden Augen»[11]. In dieser keineswegs vereinzelten Bemerkung braucht Benedikt die Bezeichnung «der Urfeind» – das ist Benedikts großes Wort. Nicht lodernde Sinnlichkeit und gleißnerisches Geld sind Urfeinde, sondern der Teufel selbst, der sich des Fleisches und des Mammons als Mittel bedient. Der Begriff «Urfeind» ist eine Erstformulierung Benedikts und verrät einen scharfen Blick für die Dinge, eine Bezeichnung, die leider in der Benedikt-Literatur wenig beachtet wird.
Während des Baues der Klosterwohnungen vermochten die Brüder einen schweren Stein nicht von der Stelle zu bewegen. Obwohl sie alle Kräfte anspannten und andere Brüder um Hilfe riefen, waren sie nicht imstande, den Stein zu bewegen. Er blieb wie festgemauert liegen. Schließlich rief man Benedikt herbei, der sofort erkannte, daß der Urfeind selbst sich auf den Stein gesetzt hatte und man ihn deshalb zu heben nicht fähig war. Benedikt betete und sprach den Segen, worauf sich der Stein so leicht bewegen ließ, als hätte er kein Gewicht[12]. Wer ein solches Ereignis mit «Wundersucht» abtun will, verrät nur, daß er eine altkirchliche Legende nicht zu lesen versteht.
Keineswegs ist dies die einzige Begegnung Benedikts mit dem Urfeind. Denkt man an den Mordversuch der entarteten ersten Klostergemeinschaft an Benedikt, an das unwürdige Verhalten des Priesters Florentius gegen die Schüler des Mönchsvaters, das den Abt zum Weggang von Subiaco bewegte, stets war es der Teufel, der im Spiele war. Benedikts Leben war innerlich viel bewegter, als es gewöhnlich geschildert wird, und je tiefer man in sein Dasein eindringt, um so

mehr stößt man auf Vorgänge, die unerklärlich sind und aller rationalen Deutung spotten. Auf Gregors Schilderung verzichten heißt, das geistige Bild Benedikts preisgeben und seine Gestalt im Nebel verschwinden lassen.
Dies ist nur ein kleiner Ausschnitt aus Benedikts Dasein; in solchen Szenen aber muß man ihn beobachten, wenn man sich Rechenschaft geben will, wie konkret er mit dem Widersacher im Kampfe stand. Die Ausführungen erzählen von Wundern, was Fachleute bewogen hat, Gregors Vita abzuwerten. Zu Unrecht. In der Welt der Heiligen ereignen sich Wunder – wer sie für unmöglich hält, ist ungeeignet, sich auch nur den Heiligen zu nähern. Niemand wird den nüchternen Benedikt abergläubisch nennen, und doch war er von der Existenz des Urfeindes überzeugt, sogar davon, daß der Teufel den Aufbau eines Klosters verhindern will. Benedikt kämpfte mit geistlichen Waffen gegen ihn und blieb Sieger. Der bestandene Kämpfer war ein ausgeglichener Mensch geworden, der um Maß und Mitte Bescheid wußte. In den benediktinischen Schulen bot man eine klare Wegleitung und entließ die Zöglinge nicht orientierungslos in die Welt hinaus. Sowohl Vita als Regel, die in Wechselbeziehung zu setzen sind, haben die benediktinische Spiritualität begründet, die einen hervorragenden Beitrag zum Aufbau der abendländischen Christlichkeit geleistet hat, der die Jahrhunderte überdauerte.

## Bruder Klaus

Bruder Klaus war der eidgenössische Heilige, den die Zeitgenossen im 15. Jahrhundert den «lebenden Heiligen» nannten, weil er während zwanzig Jahren ohne Nahrung lebte. Der Einsiedler war mit der Mystik verbunden, wurde ungewollt zum Seelsorger großen Stils und zum Retter der Schweiz vor dem drohenden Bürgerkrieg. Fünfzig Jahre lebte er mit seiner Familie in der Welt, die letzten zwanzig Jahre seines Daseins brachte er Gott dar, der ihn zu einer Gestalt von innerer Schönheit werden ließ.

Dieser von früher Jugend an dem Göttlichen zugewandte Mann wurde vom Teufel bedrängt. Einer seiner Jugendfreunde erzählt, «daß ihm Bruder Klaus oft gesagt habe, wie ihm der Teufel täglich viel zu leid täte, ihn aber Unsere Liebe Frau immer tröste»[13]. Auch sein eigener Sohn bezeugt, er sei einmal mit seinem Vater auf die Bergmatt im Melchtal gegangen, wo sein Vater die Alpenwiesen von den Dornen säubern wollte. «Da sei der Teufel gekommen und habe seinen Vater durch ein großes Dorngestrüpp einen Rain hinab geworfen, wohl dreißig Schritt weit, solchermaßen, daß er die Besinnung verlor und nichts mehr von sich wußte, und als er dazu gekommen, richtete er seinen Vater auf und trug ihn also besinnungslos in den Gaden zum Feuer, und als er daselbst nach langer Zeit wieder zu sich gekommen, war er sehr geduldig, obgleich er sich übel zugerichtet befand, und sagte nicht anderes, als daß er sprach: ‹Nun, wohlan, in Gottes Namen; wie hat mich der Teufel aber so recht übel behandelt, doch so will es vielleicht Gott zugelassen haben.›»[14] Mochte der Teufelsangriff noch so schmerzlich gewesen sein, Bruder Klaus deutete ihn dahin, Gott habe es dem Teufel erlaubt, und haderte deswegen nicht, als wäre ihm ein Unrecht geschehen. Ist er einfach ausgeglitten am steilen Abhang? Dies hieße klüger sein wollen als Bruder Klaus, der doch beim Friedensabkommen in Stans eine viel höhere Staatsraison an den Tag gelegt hat als alle Tagsatzungsabgeordnete zusammen.

Die Angriffe des Teufels ereigneten sich nicht nur, während Bruder Klaus daheim bei seiner Familie war. Auch in der Einsamkeit kämpfte der Waldbruder mehrfach mit dem Teufel: «Der böse Feind plagte den Gottesfreund unermüdlich durch Beleidigungen und Verleumdungen. Oft drang er mit solchem stürmischen Angriff auf das Häuschen ein, daß dem Gebäude der sofortige Einsturz drohte. Zuweilen betrat er auch in schrecklicher Gestalt das Gemach, ergriff ihn bei den Haaren und zog ihn trotz seines Widerstandes zur Tür hinaus. Da er aber sah, daß dieser durch solche unnütze Beleidungen nicht im geringsten erschüttert wurde, begann er schlauer vorzugehen und nahm die, so viel er es konnte, elegante Gestalt eines reichgekleideten Edelmannes auf hohem Rosse an und versuchte ihn mit folgenden Überredungsworten: Es sei für ihn völlig unnütz, außerhalb der menschlichen Gesellschaft ein so einsames und viel zu strenge begonnenes Leben zu führen, denn dadurch könne er nicht in die Herrlichkeiten des Paradieses gelangen; wenn er mit ganzer Sehnsucht darnach verlange, so sei es nützer, sich den Sitten der übrigen Menschen anzupassen. – Er aber erkannte die Listen des Unflates und befreite sich mit Beistand des allmächtigen Gottes und der unbefleckten Gebärerin sofort von jeder Gefahr.»[15] Die äußerst wertvolle Überlieferung zeigt, daß der Teufel offen und getarnt gegen Bruder Klaus vorgegangen ist, er aber dem Unflat, wie er Satan auf gut eidgenössische Art nannte, in keiner Weise zum Opfer fiel. Die zwanzig Jahre nach Bruder Klausens Tod geschriebene Schillingsche Chronik enthält ein anschauliches Bild vom Versucher, wie er neben der Ranft-Klause steht. In Wort und Bild wird Bruder Klaus von seinen Zeitgenossen als Kämpfer gegen den Teufel erfaßt, so auch heute noch von Hugo Imfeld, dessen tiefempfundene Plastik Bruder Klaus mit dem vor dem Rosenkranz zurückweichenden Teufel darstellt.

In den heutigen Biographien über Bruder Klaus dagegen wird der Kampf des Heiligen mit dem Widersacher kaum erwähnt. Vertuscht man ihn, weil man nicht als rückständiger Mensch verlacht werden möchte? Das wäre keine tapfere Haltung. Was hat Bruder Klaus selbst gedacht, als er seine Matte von den Dornen befreien wollte? Er hat das Geschehen nicht als bloßes Unglück bewertet. Hat ihn wirklich der Teufel in Person gepackt und den Abhang hinuntergeworfen? Wie war es ihm zumute, als er aus seiner Bewußtlosigkeit erwachte? Woran erkannte er den im Edelmann verborgenen Teufel? Alle diese Fragen bleiben heute unbeachtet, und trotzdem bilden sie den Hintergrund dieser einmaligen Gestalt. Wer die überlieferten Urkunden liest, kann die zweite Wirklichkeit von Bruder Klausens Leben unmöglich übersehen: Niklaus von Flüe erlebte höchst reale Teufelsangriffe und empfand dabei nicht die geringsten Ängste. «Wenn ich die Demut habe und den Glauben, so kann es nicht fehlen», war seine Losung[16]. Wahrscheinlich war nur ein Heiliger, der schwere Anfechtungen bestanden hatte, befähigt, eine derartige Atmosphäre von Kampf und Sieg um sich zu verbreiten. Niklaus von Flüe ist unheimlicher und hintergründiger, gewaltiger und tiefsinniger, als die meisten Besucher des Ranft ahnen. Darin liegt wohl einer der Gründe, warum man heute leise verlegen wird, denkt man an Bruder Klaus, und dabei ratlos und stillschweigend einen Umweg um den Heiligen macht. Der moderne Mensch hat kaum damit begonnen, Bruder Klausens Leben neu durchzubuchstabieren; wenn er erst einmal damit anfängt, merkt er bald, daß er davon nur die ersten Worte begriffen hat vom innerschweizerischen Analphabeten, der unendlich viel größer ist als wir zeitungshungrigen Menschen des 20. Jahrhunderts.

## Der Pfarrer von Ars

Keineswegs hatten nur Einsiedler und Mönche mit dem Teufel zu kämpfen. Von der heiligen Hedwig und der heiligen Elisabeth wird berichtet, der Teufel habe sie noch auf dem Sterbebett geängstigt. Theresia von Avila fürchtete sich lange, in ihren Visionen vom Teufel getäuscht zu werden, bis sie zur inneren Gewißheit gelangte, daß sie von Gott kamen. Gegen alle Gestalten könnte man einwenden, sie seien vom Geist der alten und mittelalterlichen Kirche geprägt, die sich noch nicht von den mythologischen Vorstellungen befreit habe. Heilige der Neuzeit würden anders denken. Dem ist jedoch nicht so. Die kleine Thérèse fühlte durchaus den Teufel um ihr Krankenbett schleichen.

Anschaulich ist das Beispiel des neuzeitlichen Heiligen Pfarrer von Ars, der mit dem Teufel handgemein wurde. Vianney ist eines der großen Rätsel der Kirchengeschichte des 19. Jahrhunderts, nicht nur für die elegante Welt, die an ihm vorbeistürmte, sondern auch für jene Christen die ihm innerlich begegnet sind. Eine Lösung dieses Rebus würde ihn nur neutralisieren. Wir verharren in der merkwürdigen Anziehung eines intellektuell nicht sehr begabten, etwas linkischen Pfarrers, der eine Gnadengabe besaß, die über alle Priester seiner Zeit weit hinausragte. Der Pfarrer von Ars verfügte über kein großes Schulwissen; mehr aus Gründen des Priestermangels als seiner Studien wegen wurde er zum Amt zugelassen. In seiner Pfarrtätigkeit im verwahrlosten Ars bewährte er sich freilich wie wenig andere Männer in ihrem geistlichen Beruf. Es gelang ihm durch seinen persönlichen, asketischen Ernst seine religiös völlig indifferente Gemeinde Ars wirklich zur Umkehr zu bewegen, und zwar in ihrer Gesamtheit. Zugleich wurde er auch der berühmteste Beichtvater seines Jahrhunderts, der in aller Einfalt die Herzensschau besaß. Jedes Jahr strömten Tausende von Menschen zum Ärger der ungläubig gewordenen Franzosen zum unscheinbaren Priester und begehrten bei diesem Heiligen zu beichten. Es kann in diesem Zusammenhang nicht ausführlich von diesem einmaligen Pfarrer von Ars gesprochen werden, wie es nötig wäre, sondern es soll nur ein einziges Kapitel seiner einfachen und doch nicht ausschöpfbaren Lebensgeschichte aufgeschlagen werden. Die Verarbeitung dieses einen

Kapitels bereitet schon genug Mühe, und es ist eine Frage, ob wir damit zu Ende kommen.
Der Pfarrer von Ars wurde inmitten seiner eifrigen Seelsorge und der vorbildlichen Betreuung seines Dorfes vom Teufel heimgesucht. Man würde dies heutzutage wohl kaum mehr so nennen, doch wird diese altmodische Sicht allein dem Geschehen gerecht. Es war im buchstäblichen Sinn eine harte Heimsuchung. Vianney schreckte während der Nacht plötzlich aus seinem kurzem Schlaf auf. Zunächst dachte er gar nicht an den Teufel, sondern meinte, ein nächtlicher Lausbube habe ihm einen Streich gespielt. Als aber während der Nacht das seltsame Geräusch immer ärger wurde, kam er ab von seiner ersten, durchaus natürlichen Deutung. Er zog gutgesinnte Leute aus dem Dorf ins Vertrauen und bat sie um Hilfe. Der Bürgermeister selbst kam seiner Bitte nach, bewaffnete sich mit einem Gewehr und verbrachte die folgenden Nächte im Pfarrhaus. Genau wie Vianney hörte auch er das Gepolter, aber es war ihm ganz unmöglich, mit seinem Gewehr den Störefried zu erschießen.
Dann kam dem einfältigen Pfarrer der Gedanke, es könnte der Teufel im Spiele sein. Mit dieser Einsicht sah er sich plötzlich den unsichtbaren Mächten gegenübergestellt. Das nächtliche Treiben nahm ungewöhnliche Formen an: die Möbel wurden umhergeschoben, Vorhänge zerrissen, Ratten sprangen über das Gesicht des Pfarrers und unerklärliche Gewalten warfen ihn aus dem Bett. Es war unheimlich im Pfarrhause; man traute seinen eigenen Sinnen nicht mehr. In jeder Biographie über den Pfarrer von Ars liest man, was der Heilige unter diesen Nachstellungen des Teufels zu leiden hatte. Es war wahrhaftig keine Kleinigkeit, nach strenger Tagesarbeit um den so notwendigen Schlaf gebracht zu werden. Für Vianney war es keine Frage, daß es der Teufel war. Er wurde an dieser Deutung auch nicht irre, wenn er feststellen mußte, daß sich die über das Gesicht huschende Ratte

nicht fangen ließ und die Vorhänge am nächsten Morgen wieder tadellos am Fenster hingen. Er verstand, daß es sich um teuflische Angriffe handelte, die man nicht mit einem Gewehr abschlagen kann, weil sie geistiger Art waren. Vianney hat darüber mit doppelbödigem Humor gesagt: «Grappin – so nannte er den Teufel – und ich sind sozusagen Kameraden geworden.» In Wirklichkeit bestand diese seltsame Kameradschaft in Anfechtungen, die er fast vierzig Jahre lang aushalten mußte. Sie hörten erst ein Jahr vor seinem Tode auf – was das heißt, kann wohl niemand ermessen.

Der moderne Mensch ist sofort bereit, Vianneys Erleben dem Gebiet des Okkultismus zuzuordnen. Doch damit verbaut er sich zum voraus das Verständnis für die aus dem Rahmen fallenden Vorgänge. Der Pfarrer von Ars hat die Teufelsbesuche geradezu großartig aufgenommen. Er machte die Sache nicht unnötig dem ganzen Dorf bekannt, sondern sprach nur gelegentlich mit ihm nahestehenden Menschen darüber. Auch zitterte er nicht, wenn der nächtliche Lärm begann; er blieb ruhig, setzte am Tage das aufreibende Beichthören unerschrocken fort. Er deutete die nächtlichen Störungen dahin, daß der Teufel den von seiner Seelenarbeit erschöpften Pfarrer um den notwendigen, kurzen Schlaf bringen und ihn damit kampfunfähig machen wolle. Vianney war sich ganz klar über den Zusammenhang von Rettung der Seelen und Teufelsbedrohung. Der Teufel haßte ihn und suchte ihm zu schaden, gerade weil er versuchte, die Seelen zu retten. Vianney entriß dem Teufel allzu viele Menschen. Diese Deutung der teuflischen Heimsuchungen spornte Vianney an, sich mit doppeltem Eifer für seinen Auftrag einzusetzen. Er kümmerte sich nicht um den Spott der aufgeklärten Zeitgenossen, die über ihn, den beschränkten Pfarrer von Ars, lachten, weil er noch im fortschrittsgläubigen 19. Jahrhundert dem Teufelsglauben huldigte. Diese Leute wußten nur von greifbaren Dingen zu erzählen und hatten von den Vorgängen in der unsichtbaren Welt schlechterdings keine Ahnung. Wie sollten sie auch ein solches Geschehen verstehen und beurteilen können, da sie dem Geschwätz, den Geschäften, den Vergnügen nachjagten? Wer sich näher mit Vianney einläßt, der begegnet einer Existenz, die ihm plötzlich viel stärker zusetzt als vieles, was damals und heute die Menschen herumwirbelt. Er wird einer unerwarteten Tiefe begegnen, die alles äußere Geschehen weit überragt.

## Johann Christoph Blumhardt

In dieser Reihe von Kämpfern gegen den Widersacher muß auch eine Gestalt aus der evangelischen Kirche genannt werden: Johann Christoph Blumhardt. Nach Theodor Häckers Zeugnis war Blumhardt «fast ein Heiliger»[17], und wir dürfen das Wort «fast» ruhig streichen. Blumhardt war ein Heiliger, wenn man auch im evangelischen Raum keine Kanonisation kennt und es nicht Sitte ist, vom heiligen Blumhardt, vom heiligen John Wesley, von der heiligen Mathilde Wrede usw. zu reden. Obschon man diese Bezeichnungen nicht kennt, waren sie trotzdem Heilige, deren Namen im Buch des Lebens eingetragen sind, wie noch viele, viele andere unbekannte Christen. Blumhardt war neben Kierkegaard die größte Lichtgestalt im evangelischen Raum des 19. Jahrhunderts, jedenfalls überragten beide den respektablen Schleiermacher, der zwar zu den Verächtern der Religion reden wollte, aber mit seinen «Reden an die Gebildeten unter ihren Verächtern» das Ziel im voraus verfehlte. Der schlichte Pfarrer von Möttlingen stellte sein Licht nicht unter den Scheffel, leuchtete er doch wirklich in das Dunkel seiner Zeit hinein. Freilich hegte der offizielle Protestantismus einen stillen Vorbehalt. Bultmann erklärte später offen, «die Blumhardtschen Geschichten sind mir ein Greuel», und bezeugte mit dieser

Aussage die weite Entfernung des theologischen Intellektualismus von echten religiösen Erfahrungen. Die Fachsprache der Theologen findet nur schwer den Zugang zum Erleben des Göttlichen, wie es Blumhardt geschenkt wurde. Um so nötiger ist es, bei dieser Gelegenheit auf diese eindrucksvolle Gestalt hinzuweisen, bei der das Heilige natürlich und das Natürliche heilig war.

Johann Christoph Blumhardt stammt aus der ungemein reichhaltigen und manchmal auch etwas engherzigen Welt des württembergischen Pietismus, den er jedoch an entscheidenden Stellen durchbrach. Bengel und Oetinger tief verpflichtet, blieb er ein geistig unabhängiger Mensch. Dies zeigt sich in seiner Stellung zum Deutsch-Französischen Krieg von 1870/71. Er verurteilte die teutonische Kriegsbegeisterung und weinte wie ein Kind über die Tatsache, daß seine Generation noch einmal die rohe Geißel des Krieges erleben mußte. Inmitten aller Siegesfeiern sprach er von der «bösen Zeit» und erklärte allen «Geifer gegen Frankreich» kurz und treffend als Sünde. Damit dokumentierte er sich als echter Christ, dessen Schwerpunkt nicht auf einem gedanklichen Gebiet, sondern ausschließlich auf dem Sein lag. Ein undefinierbares Fluidum ging von seiner Person aus, das auf die Menschen wirkte. Man spürte es einfach, wenn man in seine Nähe kam. Diesen Strom fühlt man noch heute, beschäftigt man sich aus religiösen und nicht aus theologischen Gründen mit ihm. Von ihm ließe sich die echte Seelsorge erlernen, sie, die man ob den psychologischen und soziologischen Ersatzbemühungen beinahe vergessen hat.

Der Pfarrer von Möttlingen war eine sachliche Natur und verlangte als solche nicht nach Sensationellem. Schlicht wie er war, begehrte er einfach seine Pflicht treu zu erfüllen und nichts anderes. Mitten in seiner Gemeindetätigkeit brach ein Ereignis über ihn herein, verwickelte ihn in ein atemberaubendes Geschehen, mit dem er sich nur ungern einließ – ein

beachtenswerter Zug! – und dem er sich doch nicht entziehen konnte. Das Vorkommnis lag außerhalb von ihm, war größer als er, führte ihn über sich selbst hinaus und zog ihn in eine unbekannte Sphäre hinein, ja er wurde darob in aller Bescheidenheit zu einem evangelischen Heiligen.
Blumhardt trieb aus dem besessenen Mädchen Gottliebin Dittus Dämonen aus, und zwar auf eine in der Geschichte selten gehörte Weise. Er kämpfte zwei volle Jahre mit den feindlichen Mächten, die ihm schauerlich entgegentraten, bis er es wagte, sie im Namen Jesu auszutreiben. Dieses unheimliche und außergewöhnliche Tun kann hier nicht mit ein paar Sätzen geschildert werden, weil sie nur eine annähernde Vorstellung von diesem einmaligen Ringen Blumhardts geben würden. Man muß es selbst nachlesen in Blumhardts eigenem, vom erschrockenen Konsistorium geforderten Bericht, der viele Jahre nach Blumhardts Tode unter dem Titel «Krankheitsgeschichte der Gottliebin Dittus» erschienen ist. Blumhardt schildert darin seinen Kampf mit den Dämonen, die wohl in jedem Leser einen unauslöschlichen Eindruck hinterlassen. Diesen Bericht benützte Friedrich Zündel für seine deutende Biographie über Blumhardt, die bis heute noch unübertroffen ist und trotzdem durch eine neue Arbeit ergänzt werden sollte. Zündel versuchte nicht das Unerklärliche zu erklären, aber er kannte Blumhardt gut, stand ihm persönlich nahe, was seinem Buch den Wert eines Augenzeugenberichtes verlieh. Blumhardt selbst hatte das bittere Gefühl, von seinen Zeitgenossen nicht verstanden zu werden. Er seufzte einmal: «Allein, allein stehe ich. Kein Mensch begreift mich und meine Erfahrungen.» Dieses Einsamkeitsgefühl erfüllte ihn, trotzdem ihm viele Menschen zuströmten und ihn in Möttlingen und Bad Boll besuchten. Tatsächlich hat weder die evangelische Amtskirche – sie war mit ihrer Verwaltungsarbeit beschäftigt – noch die evangelische Theologie – sie war in ihrer Wissenschaftlichkeit verstrickt – einer ihrer

größten Söhne des 19. Jahrhunderts verstanden. Erst in der letzten Zeit nimmt die Theologie zaghaft von ihm Kenntnis. Blumhardts Sache gehört nach wie vor zu den unerledigten Fragen der evangelischen Christenheit, zumal seine Hoffnung auf eine neue Geistausgießung nicht übernommen wurde.

Es ist angebracht, Blumhardts ungeheuerlichen Kampf mit den Ausführungen von Justinus Kerners «Die Seherin von Prevost» zu vergleichen, eine Geschichte, die sich zwanzig Jahre früher abspielte. Justinus Kerner war ein der Romantik zugewandter Landarzt, der überzeugt war, daß Geister in das Leben der Menschen hineinwirken. Er hatte einen Blick für die Nachtseite der Natur und war ein kluger Beobachter der somnambul veranlagten Friederike Hauffe. Seine Niederschrift blieb jedoch bei der Feststellung des merkwürdigen Verhaltens seiner Patientin, die er mit ärztlichen Augen neugierig und auch teilnehmend verfolgte. Blumhardt dagegen war eingefordert in den Kampf, war kein Zuschauer, sondern befand sich mitten in der Auseinandersetzung mit den feindlichen Mächten, was seinem Erleben einen grundsätzlich anderen Charakter verlieh. Man muß «Die Seherin von Prevost» und Zündels Blumhardt-Biographie im Kontext lesen, und dann erst spürt man deutlich die Verschiedenheit beider Welten.

Viel später interessierten sich auch die Mediziner für Blumhardts Kampf. Viktor von Weizsäcker, der zusammen mit Martin Buber und Joseph Wittig die gehaltvolle Zeitschrift «Die Kreatur» herausgab, schrieb über den «Fall» der Gottliebin Dittus: «Dieses Mädchen würde die heutige Medizin als einen Fall schwerster Hysterie buchen. Die Auflösung bedeutet einen Sieg Blumhardts über die Hysterie, einen Sieg der Gottliebin über Blumhardt. Er hat den Abzug der Dämonen, sie aber die Lebensgemeinschaft mit Blumhardt erreicht. In Wahrheit ist also der Sieg ein Kompromiß gewesen für beide Seiten...»[18] Diese Auffassung entspricht der medizi-

nischen Denkweise, aber sie wurde hier falsch angewendet. Weizsäcker trug fremde Kategorien an Blumhardt heran und meinte, mit einem bezeichnenden Namen das Problem gelöst zu haben. Mit dem Wort «Hysterie» ist wohl das Geschehen etikettiert, die Frage aber nicht beantwortet, warum Blumhardt Jesu Eingreifen erleben durfte und deswegen die Gottliebin geheilt wurde, während die medizinische Wissenschaft der Hysterie noch vielfach hilflos gegenübersteht.
Zu all den Erklärungen über das Geschehen in Möttlingen möchten wir Blumhardts Selbstverständnis festhalten: Er war ohne sein Zutun mit den Mächten in einen Kampf verwikkelt worden, einen Kampf auf Leben und Tod, der seinen ganzen Einsatz erforderte. Wegen seines lebendigen Vertrauens auf Christus vermochte er ihn zu bestehen. Es ist ein Fluchtgedanke, zu sagen, «es soll der Vorhang darüber fallen». Wie wenige Menschen hat Blumhardt in diesem Kampf erlebt, was es heißt, «Jesus ist Sieger», und hat damit auf eine ganz neue Art die Christus-Realität erfahren. Es ist in religiöser Hinsicht eines der größten Geschehnisse des vergangenen Jahrhunderts, das nicht länger unverarbeitet bleiben darf, namentlich wenn man auf Blumhardts Notschrei achtet: «So ärmlich darf es nicht weitergehen!» Blumhardt ließ sich nie auf das Niveau des «Gesundbeters» herab, blieb er doch zeitlebens der helfende Seelsorger. Es scheint, als ob er aus dem Urchristentum direkt in unsere Zeit hineingeschritten sei. Mit seinem Namen verbindet sich die hagiologische Siegesgewißheit, wie man ihr in der Neuzeit nur ganz ausnahmsweise begegnet.

*

Der heutige Mensch steht den erwähnten Beispielen hilflos gegenüber. Er weiß nicht, was er davon halten soll, und ist schnell bereit, sie auf die Seite zu schieben oder sich hinter sein gelehrtes Bewußtsein zu verschanzen. Mit dieser Taktik weicht er der Antwort der Heiligen aus und macht ihr Tun unwirksam. Es lohnt sich, über die erwähnten Geschehnisse nachzudenken, nicht vorschnell und nicht rationalistisch, denn es wurden nicht unbedeutende Menschen erwähnt, sondern eben Heilige, die den Durchschnittschristen weit überragen.

Zunächst ist darauf hinzuweisen, daß die Heiligen sich nicht in theoretischen Erörterungen über den Teufel ergingen. Bei abstrakten Gesprächen kann man immer zweierlei Meinung sein. Gedankliche Äußerungen verbleiben gerne in der Sphäre des Interessanten und sind daher bedeutungslos. Was die Heiligen über den Teufel ausführten, sind Erfahrungen. Ihre Worte stammen nicht aus dem Gehirn; sie erzählten, was ihnen real begegnet war. Dazu sind sie von einer Tiefe und einem außerordentlichen Gehalt. Ihr Wissen ist kein Schulwissen; es gehört einer ganz anderen Region an. Es ist ein heilsames Erkennen von dem, was sich in der unsichtbaren Welt ereignet und sich in der sichtbaren Welt auswirkt. Deswegen sind ihre Aussagen von bleibendem Wert, mag man auf sie achten oder nicht, das ändert nichts daran. Alle Heiligen waren vom Dasein der dämonischen Mächte ganz real überzeugt, nicht der geringste Zweifel focht sie nach ihren Erfahrungen an. Noch viel stärker als der Gedanke an die Existenz des Teufels lebte in den Heiligen die unerschütterliche Gewißheit vom Sieg Christi über die finsteren Gewalten. Daraus erklärt sich ihre Festigkeit. Sie wichen keinen Schritt zurück, denn sie hatten Anteil an Christi Zerstörung der Satansmächte.

Zuletzt wollen wir noch Franz von Assisi das Wort erteilen, dem einzigartigen Heiligen, dem niemand zu widersprechen vermag, weil er in seiner Demut Christus am nächsten stand. Bedrängt und zaghaft fragt man sich, was aus der Christenheit geworden wäre, wenn sie es gewagt hätte, sich vorbehaltlos auf die Seite von Franziskus zu stellen? Es ist nicht auszudenken, was geschehen wäre. Der Heilige von Assisi hatte ebenfalls Dämonenangriffe zu bestehen und fragte einmal die Brüder: «Warum haben die Dämonen mich geschlagen, und warum ist ihnen vom Herrn die Macht gegeben, mir zu schaden?» Er antwortete selbst darauf: «Die Dämonen sind die Beauftragten unseres Herrn. Denn wie eine Obrigkeit ihre Beamten aussendet, um den zu bestrafen, der sich vergangen hat, so tadelt und züchtigt der Herr den, den er liebt, durch seine Beauftragten, das heißt durch die Dämonen, die in dieser Welt seine Diener sind.»[19]

# *Die vollkommene List*

## Die Neuzeit

Das Heraufkommen der Neuzeit war eine kaum zu vermeidende geschichtliche Notwendigkeit. Zu ihrer Entstehung haben verschiedene Faktoren beigetragen, von denen nur wenige angedeutet werden können.

Die erste Vorarbeit leistete das Zeitalter der Renaissance. Im Urteil der Nachwelt genießt sie ein hohes Ansehen, was im Hinblick auf ihre künstlerischen Schöpfungen ohne weiteres verständlich ist. Damals lebten viele hervorragende Künstler, deren Werke noch heute Bewunderung erwecken. Die Antike trat erneut in den Gesichtskreis der Menschen und bewirkte eine starke Horizonterweiterung. Keineswegs hat aber die Renaissance das Altertum entdeckt. Der Neuplatonismus wurde in der Christenheit nie vergessen, und die Beschäftigung mit Aristoteles begann schon im Hochmittelalter. Der Humanismus, der zur Zeit der Renaissance blühte, löste eine neue Begeisterungswelle für Hellas aus. Der Renaissancemensch war ein stolzer, selbstherrlicher Mensch mit einem hybriden Zug, der sich auf seine Kraft verließ und nach Macht strebte. Das Zeitalter der Renaissance leitete eine Abkehr vom Christentum ein, die durch die Reformation und Gegenreformation unterbrochen wurde, was Nietzsches Ingrimm wachrief.

Zur Entstehung der Neuzeit trugen Reformation und Gegenreformation bei, die nur eine bedingte Erneuerung der Christenheit zur Folge hatten. Gewiß waren beide Bewegungen ernster eingestellt als das Spätmittelalter, doch kam es durch sie zu der unheilvollen Spaltung der Christenheit. Katholizismus und Protestantismus standen sich in der Folge unversöhnlich gegenüber. Die auseinandergebrochene Christenheit rüstete sich zu den Religionskriegen, die in der Schweiz begannen, dann auf Frankreich übergriffen und in Deutschland und England besonders erbittert ausgefochten wurden. Die Religionskriege verbreiteten grausame Unmenschlichkeiten. In Deutschland arteten sie in den Dreißigjährigen Krieg aus, der das Land völlig verwüstete und es an den Rand des Abgrundes brachte. Die blutigen Religionskriege gereichten dem Evangelium zum Hohn, belasteten das christliche Gewissen und dürfen daher nicht mit dem Zeitbewußtsein entschuldigt oder gar gerechtfertigt werden. Sie stehen in tiefem Widerspruch zur christlichen Friedensbotschaft. Geistig gesehen, herrschte damals eine Orthodoxie auf beiden Seiten. Sie verteidigten ihre Lehre mit aller Gewalt und verfügten in ihrer unduldsamen Rechthaberei über geringe religiöse Kräfte. Als Reaktion rief die Orthodoxie auf protestantischer Seite zunächst den Pietismus und auf katholischer Seite den Jansenismus auf den Plan. Auch sie betonten das tätige Christentum und haben damit viel zur Belebung des Christentums beigetragen. Zwar litten sie an Einseitigkeiten und fanden das überlegene Verhältnis zur Welt nicht. Leider vermochten weder Pietismus noch Jansenismus die unverkennbare Religionsmüdigkeit aufzuhalten. An der Überdrüssigkeit waren teuflische Mächte genau so beteiligt wie an den Religionskriegen. Die Menschen wurden der christlichen Streitigkeiten satt, bei denen jeder recht zu haben behauptete und keiner wirklich recht hatte. Ihr Interesse wandte sich immer mehr der Aufklärung zu, womit das neuzeitliche Denken begann.

Der Mann, der an der Drehscheibe zur Neuzeit einen besonders starken Anteil hatte, war René Descartes. Er wird in diesem Zusammenhang als paradigmatisches Beispiel erwähnt, zumal er nicht der einzige Wegbereiter der Aufklärung war. Zahlreiche andere Gestalten spielten eine nicht weniger bedeutsame Rolle. Kierkegaard schrieb über Descartes: «Er war ein ehrwürdiger, demütiger, redlicher Denker, dessen Schriften sicherlich keiner ohne die tiefste Rührung lesen kann, er hat getan, was er gesagt hat, und gesagt, was er getan hat.»[1] Wirklich? Gewiß, Descartes war eine vornehme Persönlichkeit und kein «brüllender Straßenwächter». Leben und Werk des großen Franzosen aber bergen schwerwiegende Fragen in sich.

Descartes wurde in einem Jesuitenkollegium erzogen und nahm den Geist des Humanismus in sich auf. Als intensiver Leser hegte er das brennende Bedürfnis, die verschiedensten Meinungen kennenzulernen, doch wollte er seine Lebensanschauung nicht nur auf Bücherweisheit aufbauen. Den Ratschlag Montaignes befolgend, entschloß er sich zu reisen und lernte dabei hochgestellte Männer und ihre namhaften Kreise kennen. Er besuchte Holland und Deutschland und sehnte sich nach Ruhe und Einsamkeit, um über die philosophischen Probleme ungestört nachdenken zu können. Die Ruhe fand er nur selten, denn auf Reisen findet man kaum die ersehnte Stille. Insofern tat er gerade nicht, was er gesagt hatte. Descartes war kein harmonischer Mensch; schon bei ihm stellt man die moderne Krankheit der inneren Zerrissenheit fest. Schließlich nahm er die Einladung der Königin Christine von Schweden nach Stockholm an, wo er den Launen der exzentrischen Frau ausgeliefert war. Ein vorzeitiger Tod erlöste ihn aus seiner unwürdigen Situation.

In Descartes regte sich mächtig die Vernunft, und er wagte

es, sich ihrer zu bedienen. Das Wort «Vernunft» hatte in seinem Mund noch einen andern Klang als heutzutage, da es völlig ausgelaugt ist. Frankreich verdankt Descartes seine charakteristische Klarheit des Denkens. Bei ihm darf man von einer Wohltat des Denkens reden, mag man sich auch, nach einem Wort von Leibnitz, erst im «Vorzimmer der Wahrheit» befinden. Dem Denker wurde in einem Traum – nicht in einem mystischen Erlebnis, wie oft ausgeführt wurde – eine Erleuchtung zuteil. Dies geschah in der Nacht des 10. November 1619, als er sich über seine «Methode» klar wurde. Sie bestand im Entschluß, sich aller überkommenen Vorstellungen zu entledigen und an allem zu zweifeln. Gab ihm ein Engel in diesem nächtlichen Traum diesen Gedanken ein? Wohl kaum. Weit eher flüsterte ihm ein Dämon die Zweifelssucht ins Ohr, entsprechend der Frage der Schlange im Paradies: «Sollte Gott gesagt haben...?» Darüber gab sich Descartes jedoch keine Rechenschaft; er war vom Traumerlebnis ganz benommen und kümmerte sich nicht, woher die Eingebung kam. Fortan bedeutete ihm der Zweifel keine Anfechtung mehr – was er in christlicher Sicht war –, sondern er erhob ihn zum methodischen Prinzip. Damit begann die langsame Untergrabung der christlichen Weltanschauung, die Descartes an sich nicht wollte. Sein Erlebnis des Zweifels ist nicht singulär, denn viele junge Menschen erleben eine Phase des Zweifelns, in der sie hart mit sich ringen. Bei Descartes handelte es sich dagegen nicht um ein Durchgangsstadium, vielmehr um einen bewußt gewollten Dauerzustand. Die Menschen hörten die Losung, an allem zu zweifeln, nur zu gerne, mochten sie über die Last und die Folgen dieses Weges auch nicht weiter reflektieren. Die Zweifelssucht entstand und unterwühlte die Fundamente des Lebens, nachher aber stürzte der Mensch unaufhaltsam ins Leere.

Descartes schrieb den berühmten Satz: «cogito, ergo sum», ich denke, also bin ich. Bedenklich an diesem Grundsatz ist,

daß er den Schwerpunkt von Gott in das eigene Ich verlegte. Dadurch hat er, beinahe unbewußt, eine weittragende Verschiebung vollzogen. Das menschliche Ich setzte sich in den Mittelpunkt. Descartes' Ichbewußtsein war auf sein Denken und seine Geschöpflichkeit gegründet; er anerkannte kein Geheimnis mehr und wußte nur noch von Grundsätzen. Die Aneignung der Wahrheit war bei ihm ein kühler Denkvorgang, der nicht mehr den Einsatz der ganzen Persönlichkeit verlangte. Das Erkennen aus der Distanz führte Descartes zu einem seltsamen Natur-Verständnis. Das Tier war nach ihm ein bloßer Automat, eine Ansicht, die der Kreatur schweres Unrecht zufügt. Nach Franz von Baader brachte Descartes «eine geistlose Auffassung der Natur und eine naturlose Auffassung des Geistes» zur Geltung – beides wirkte sich gleich verhängnisvoll aus.
Bei dieser mechanischen Auffassung des Lebens vermochte Descartes nur eine «vorläufige Moral» darzulegen, eine Moral, die kein endgültiges Verhalten kennt. Dies reichte natürlich nicht aus, dem Menschen einen echten Halt zu geben. Fortlaufend wurden Vorbilder und Vorschriften über Bord geworfen, und schließlich spazierte jener spielende Rokokomensch über die Bühne, der das Leben mit einer schönen Galanterie zu meistern versuchte. Descartes selbst blieb ein Edelmann; wohl unbewußt zehrte er noch von dem in seiner Jugend empfangenen christlichen Erbe.
Der neuen Philosophie stellte sich Pascal entgegen, der, im Unterschied zu Descartes, Gott mit einem ganz anderen Ernst in sich aufnahm. Beide waren Zeitgenossen, beide stark an der Mathematik interessiert, doch verkehrten sie nicht näher miteinander. Auch der Anhänger von Port Royal hatte ein nächtliches Erlebnis, worüber das Memorial eine Ahnung vermittelt. Aufgrund der Pascal zuteil gewordenen Gotteserfahrung schien ihm die ganze Philosophie Descartes «unnütz und ungewiß» zu sein. Der entscheidende Einwand

Pascals steht in seinen Pensées: «Ich kann das Descartes nicht verzeihen. Er hätte am liebsten in seiner ganzen Philosophie Gott nicht bemüht; er aber konnte es nicht vermeiden, ihn der Welt, um sie in Bewegung zu setzen, einen Nasenstüber geben zu lassen; danach hat er nichts mehr mit Gott zu tun.»[2]

Pascals Einwand ist kurz, trifft aber den entscheidenden Punkt mit der dem rigorosen Mann eigenen Schärfe. Bei Descartes beginnt das Philosophieren ohne Gott, das die ganze Neuzeit, mit wenigen Ausnahmen, übernommen hat. Er hat nicht nur Gott einen Nasenstüber gegeben, sondern auch den Teufel unbeachtet gelassen. Das metaphysische Lebensgefühl hatte sich unmerklich verflüchtigt. Wie sollte das gut ausgehen? In der Entwicklung der Philosophie übernahm Descartes die Führung, während Pascal wegen seiner polemischen «Briefe gegen die Jesuiten» auch von der Kirche in den Hintergrund gedrängt wurde. Erst in unserer Zeit findet er die ihm zukommende Beachtung. Descartes stilles Philosophieren hatte viel größere Folgen, als er es sich selbst ausmalte. Es fällt nicht leicht, den Satz, den man doch nicht umgehen kann, zu schreiben: Descartes ist bei aller Anerkennung seiner persönlichen Integrität vom christlichen Standpunkt aus als eine Katastrophe zu bewerten.

Der neuzeitliche Mensch wähnte, mit seinem Denken alles bewältigen zu können. Gewiß besteht im Denken die Würde des Menschen, dies glaubte auch Pascal. Nichts ist verhängnisvoller, als das Denken geringzuschätzen, weil man damit auch auf das Vorrecht des Menschen verzichtet. Wie der Christ die Vernunft beurteilt, hat Matthias Claudius in aller Schlichtheit am schönsten gesagt: «Wer die Vernunft kennt, verachtet sie nicht. Sie ist ein Strahl Gottes, und nur das radikale Böse hat ihr die himmelblauen Augen verderbt. Aber es schwebt noch um den blinden Tiresias etwas Großes und Ahnungsvolles, und sie hat, wie der König Lear, auch wenn sie irre redet, noch die Königsmiene und einen Glanz an der Stirne.»[3] Um dieser Einsicht willen darf der Verstand, ungeachtet der hohen Schätzung, nicht zur obersten Instanz erhoben werden, denn sonst gerät der abendländische Bau ins Wanken. Dies übersah Descartes; in seiner Nachfolge aber lehnte der neuzeitliche Mensch alles ab, was sich vor dem Verstand nicht rechtfertigen läßt. Die rein rationale Denkweise verbreitete sich über ganz Europa und übt noch in der Gegenwart eine Tyrannei auf die Menschen aus. Der Rationalismus ist das nicht bezwungene Problem der Neuzeit. Luthers Wort von der «Vernunft als des Teufels Hure» war zwar nicht schön, hat aber einen Wahrheitskern in sich. Der Verstand hat bei aller Denkfähigkeit etwas Dirnenhaftes an sich, weil er sich für alles hingibt und auch für alles Argumente findet. Es gibt nichts, was die Vernunft nicht zu begründen und zu rechtfertigen wüßte. Sie entwickelt in dieser Beziehung eine unheimliche Dialektik, wofür der Marxismus ein erschreckendes Beispiel ist. Die alleinige Anerkennung der Vernunft wirkt sich teuflisch aus. Mit dem reinen Rationalismus kann die größte metaphysische Finsternis verbunden sein. Hat nicht der Teufel von sich gesagt: «Du hast wohl nicht gedacht, daß ich ein Logiker bin!» Er ist ein Disputiersüchtiger und noch vieles mehr. Der Teufel als Rationalist eröffnet eine neue Perspektive. Die Vernunft übersieht viele Probleme, erfaßt nicht die ganze Wirklichkeit und verkennt gerade die irrationalen Mächte, denen man sich nur mit dem Ahnungsvermögen nähern kann. Der Mensch hat neben der Vernunft auch Gefühl, Wille, Phantasie, Triebe usw. In einer völlig durchrationalisierten Welt kann er auf die Dauer nicht leben, weil das Leben nun einmal eine überrationale Angelegenheit ist. Diese Wahrheit wird uns nach zwei Weltkriegen erschütternd bewußt, wennschon man fürchtet, keinen Ausweg aus der Bedrohung eines Dritten Weltkrieges zu kennen.

Descartes' Methode hat dem Zeitalter der Aufklärung die philosophische Grundlage verschafft. Ihr entsprach der Deismus, der nach der englischen Revolution eine Reduzierung des Christentums auf wenige, dem Verstand einleuchtende Sätze vornahm. Das Mysterium wurde bewußt aus dem Christentum ausgeschieden, was einem hölzernen Eisen gleichkam. In vielen Menschen weckte die Aufklärung große Erwartungen, empfanden sie doch, nach langer Nacht sei der helle Tag angebrochen. Ein befreiendes Lebensgefühl bemächtigte sich ihrer. Es wäre unrichtig, die Größe der Aufklärung zu bestreiten; sie besitzt ein Anrecht auf Anerkennung.

Eine der großen Taten der Aufklärung war das Verbot der Folter. Wer wollte diese Wohltat bezweifeln? Aber, war die Folter wirklich aus der Welt geschafft? Das kann man im Ernste kaum behaupten. Das 18. Jahrhundert hat die Folter zur Vordertüre hinausbefördert, und das 20. Jahrhundert hat sie durch die Hintertüre wieder hereingelassen. Heute wird nicht weniger gefoltert als im Spätmittelalter. Der Folterteufel ist unablässig am Werk und läßt sich durch alle Leugnung nicht stören.

Freilich muß man neben den großen Errungenschaften der Aufklärung auch ihre Schattenseiten sehen. Kein Mensch möchte hinter die Aufklärung zurückgehen, und trotzdem war sie nicht frei von negativen Wirkungen. Dadurch blieben vom lebendigen Leben nur Formeln übrig. Niemals darf der Verstand mit den Dämonen identifiziert werden, doch haben beide eine gewisse Affinität zueinander, eine Wahrnehmung, die kritiklose Verherrlichung der Aufklärung verbietet. Mit der dämonisierten Vernunft ist ein ungutes Element in den Geschichtsprozeß hineingekommen. Dagegen hat der Teufel keine Beziehung zum Herzen. Das Herz hört auf zu schlagen, wenn der Teufel erscheint. An die Stelle des Herzens trat in der Aufklärung Voltaires frivole Spötterei, die von zahllosen Menschen nur allzu bereitwillig übernommen wurde. Der Spott führte zu einem leichtfertigen Leben, ist es doch so unendlich viel einfacher, alles zu verspotten, als sich um eine ernsthafte Daseinsweise zu bemühen. Auch Rousseau ist zweideutig, ungeachtet seiner großen Wirkung. Er wußte so gescheit über die Erziehung zu schreiben, daß man in ganz Europa seine Schriften las, aber seine eigenen Kinder gab er im Findelhaus ab, was doch nicht gerade eine Empfehlung seiner Erziehungslehre war. Rousseaus Philosophie vom Menschen, der von Natur aus gut sei und nur durch die Gesellschaft verdorben werde, entspricht nicht einer ernsthaften Anthropologie; es steckt auch im kleinen Kind schon viel Neid, Eifersucht und Egoismus. Mit seiner politischen Philosophie leistete Rousseau der Allmacht des Staates Vorschub, und wie verhängnisvoll sich eine doktrinäre Demokratie auswirken kann, erfuhr erst das 20. Jahrhundert im vollen Ausmaß. Auch hinter Rousseaus Werk muß man ein großes Fragezeichen setzen. Obschon wir bis dahin keine bessere Staatsform gefunden haben als die der Demokratie, kommt sie nicht für alle Völker in Frage. Die Genfer Ideen wirken noch heute; anstatt sie unkritisch zu übernehmen, sollten wir sie als eine Warnung verstehen. Die Aufklärung hat viel zur Verflachung des Geisteslebens beigetragen: man wollte das Tiefe und das Abgründige nicht mehr sehen, wollte lebensbejahend und optimistisch sein und erlitt einen gewaltigen Schock, als durch das Erdbeben die Stadt Lissabon in den Fluten des Meeres versank. Es war ein Geschehen, das man mit der oberflächlichen Auffassung vom «höchsten Wesen» nicht in Einklang bringen konnte. Ein panischer Schrecken erfaßte ganz Europa, aber schließlich vergaß man auch dieses Unfaßbare, wie man so vieles andere vergessen hatte, denn selbst war man ja nicht untergegangen. Die Aufklärung breitete sich wieder weiter aus und endete mit einem, von keinem ihrer Anhänger erwarteten Ereignis.

Die Aufklärung führte in politischer Beziehung zur Französischen Revolution, auf die noch heute die meisten Franzosen stolz sind. Sie war nicht über Nacht gekommen, und noch viel weniger war sie das Werk verhetzter Menschen. Revolutionen gleichen elementaren Naturkatastrophen, sie entstehen, wenn das Wasser im Dampfkessel der sozialen Not zu sieden beginnt und sich in einer gewaltigen Explosion Luft macht. Die Lage des arbeitenden Volkes war in Frankreich seit langem äußerst prekär. Den Bauern fehlte das Nötigste zum Leben, während Adel und Geistlichkeit steuerfrei waren. Vinzent von Pauls Schilderungen über die Armut auf dem Lande vermitteln einen Einblick in die traurige Lage, die der ungefärbten Wirklichkeit entsprach. Niemand wird den Heiligen der Übertreibung bezichtigen. Die oberen Stände kümmerten sich ganz ungenügend um das schreckliche Elend des Volkes. Der kleine Mann war rechtlos und konnte sich seiner Haut nicht wehren. Das Bürgertum fühlte sich erniedrigt, weil es kein Wort mitzureden hatte. Es kam zum Ausbruch der Französischen Revolution, die nicht pauschal beurteilt werden darf. Nach Georges Bernanos war das Geschehen von 1789 «die Revolution des Menschen, der sich an einem wahrhaft religiösen Glauben an den Menschen begeisterte»[4], während man die Ereignisse von 1792 nur mit Abscheu verfolgen kann. Viele edle Menschen haben den Ausbruch begrüßt, aber, wie es beinahe bei jeder Revolution zu geschehen pflegt, es wurden die idealistisch gesinnten Menschen von den Ideologen und Fanatikern überrannt. Der Abschaum der Gesellschaft riß die Regierung an sich.

In Paris überstürzten sich die Ereignisse, es brach eine Schreckenszeit an. Die von einer Ideologie berauschten Männer begannen das Christentum auszurotten inmitten des Landes, das sich als «die älteste Tochter der Kirche» rühmte. Eine

wahre Christenverfolgung setzte ein. Anstelle von Christus erhob der eiskalte Ideologe Robespierre eine Dirne in der Kirche Notre-Dame zur Göttin der Vernunft. In der französischen Metropole wurde die Guillotine errichtet, deren Fallbeil beinahe Tag und Nacht niederschlug. Die Aufklärung, die sich rühmte, dem Hexenprozeß ein Ende bereitet zu haben, fiel einem neuen Wahn zum Opfer. Nicht mehr auf arme Frauen machte man Jagd, sondern auf ehemals führende Geschlechter, verhaftete sie, warf sie in Gefängnisse und fuhr sie dann auf einem Karren über die holprigen Straßen zur Guillotine, wo man sie pausenlos hinrichtete. Schuldige und Unschuldige legte man unter das Fallbeil, das Blut floß in Strömen – das Resultat war das gleiche geblieben wie zur Zeit der Hexenprozesse. Wegen dieses entsetzlichen Blutdurstes wendete man sich zuletzt von der Revolution ab, die nicht hielt, was sie versprochen hatte.
Während die Opfer auf dem Blutgerüst zitternd ihren Tod erwarteten, tanzte der Pöbel von Paris vor Freude um das Hinrichtungsgerüst. Der Tanz um die Guillotine enthüllte die Realität der Französischen Revolution. So sah sie aus; die Parolen Freiheit, Gleichheit, Brüderlichkeit waren bloße Schlagworte, die die Ideologen zur Täuschung der Massen produzierten und von denen im täglichen Leben nichts zu spüren war. Im Blutrausch der Nation waren keine klaren Überlegungen mehr vorhanden. Nicht alle Tage sah man den Teufel so sichtbar Gestalt annehmen, wie in jenen tollhausähnlichen Monaten. Selbst den dumpfen Menschen mußten die Augen aufgehen.
Käthe Kollwitz hat mit ihrem unbestechlichen Blick diese Tragödie erfaßt und sie in einer eindrucksvollen Radierung festgehalten, der sie den Namen «Carmagnole» gegeben hat. Sie hat auf diesem Einzelblatt die teuflische Szene mit dem ihr eigenen Realismus dargestellt. Käthe Kollwitz stand stets auf der Seite der Benachteiligten und hatte nichts von einer

Reaktionärin an sich. Die allzu einseitig verstandene Künstlerin wollte mit ihrer Radierung ein schwerwiegendes Wort sagen, das freilich von den ästhetischen Schöngeistern wie auch von den klassenkämpferischen Sozialisten willentlich überhört wurde: Das im Menschen schlummernde Böse kann sich durch den blindwütigen Haß in einem Blutrausch entladen! Betrachtet man das Kollwitzsche Blatt nachdenklich, glaubt man das Lachen des Teufels beim Trommelschlag zu hören, des Satans, der wieder einmal seine reiche Ernte in die Scheune eingebracht hat. Es steckt etwas unverkennbar Teuflisches im Zerstörungswillen der Menschen, der weder Sinn noch Ziel kennt.

Die satanische Verfolgungssucht nötigt den Menschen, das geschichtliche Geschehen des 18. Jahrhunderts nochmals zu überdenken. Die Französische Revolution ist ein entsetzliches und auch ein komplexes Ereignis. Napoleon trat das Erbe an, der zwar ein strategisches Genie, aber ein gewissenloser Mensch war. Gewöhnlich sind die Diktaturen die Erben der Revolutionen. Die Französische Revolution beseitigte viele Ungerechtigkeiten, und für kurze Zeit verwandelte sie die Freiheit in ein heiliges Wort. Zahlreiche Menschen haben für dieses Ideal ihr Blut vergossen, was Respekt verlangt. Das verkennen die reaktionären Menschen, die mit ihrer Schwarzweißmalerei der Geschichte nicht gerecht werden können. Trotzdem ist die geistige Bewältigung der Französischen Revolution mit ihren positiven und negativen Auswirkungen selten erfolgt. Man ließ diese geschichtlichen Ereignisse genauso über sich ergehen, wie man sich später auch den napoleonischen Wirren auslieferte. Die Geschichtsbetrachtung besteht jedoch nicht nur im Pragmatismus und noch viel weniger wird ihr die Wiederholung der altbekannten Urteile gerecht. Der Mensch ist gehalten, die historischen Ereignisse immer wieder neu zu überprüfen und die Geschehnisse von einem bis dahin übersehenen Gesichtspunkt aus zu betrachten. Keine Geschichtsschau ist endgültig. Das Panorama dreht sich immer wieder. Es ist unstatthaft, die Aufklärung und die Französische Revolution überschwänglich gutzuheißen, ebenso wenig darf man sie in Grund und Boden verdammen. Wenn beide Ereignisse auch ihre unbestreitbaren Verdienste hatten, ist nicht zu übersehen, daß die Französische Revolution einfach eine neue Klasse mit der alten ausgewechselt hat. Das Bürgertum hat sich um kein Haar besser aufgeführt als der Adel, zeigte es doch beim Aufkommen des Proletariates die gleiche kalte Gleichgültigkeit. Hier hat sich nicht das mindeste geändert, andere Namen wurden nur gebraucht. Auch die Russische Revolution von 1917 mit ihrem eintönigen Proletenkult hat es, näher betrachtet, nur zur Etablierung einer neuen Klasse mit allen bourgeoisen Instinkten gebracht. Zu allen Zeiten war es der gleiche Mensch, der höchstens von innen und nicht durch die Umkehrung der gesellschaftlichen Zustände geändert werden kann.

Die Aufklärung hatte bei aller Notwendigkeit und bei aller Erhellung noch eine ungünstige Nachwirkung zur Folge. Sie zerstörte das Ewigkeitsbewußtsein des Menschen und lieferte ihn der unbefriedigenden Endlichkeit aus. Der Blick nach der zweiten Wirklichkeit entschwand von Jahrzehnt zu Jahrzehnt und an die Stelle trat eine rein diesseitige Orientierung, die den Menschen um die vierte Dimension betrog.

## Eine unbeachtete Enthüllung

Nachdem sich das Bürgertum im 19. Jahrhundert endgültig als herrschende Klasse etabliert hatte, notierte sich ein einsamer Dichter die Worte: «Liebe Brüder, vergeßt es niemals, wenn ihr den Fortschritt der Aufklärung rühmen hört, die vollkommene List des Teufels ist es, euch zu überreden, daß er gar nicht existiert.»[5] Hat dies einer jener Dunkelmänner gesagt, der die Menschen im Zustand der Unwissenheit halten möchte? Nein, Charles Baudelaire war es, der Verfasser der «Blumen des Bösen». Baudelaire ist eine schwer zu deutende Gestalt; er liebte das Gekünstelte und war doch ein echter Dichter von hohem Rang. Wahrscheinlich litt er an einer unheilbaren Seelenkrankheit. Er war ein Sinnenmensch, und gerade weil er den Weg der Sinne bis zum bitteren Ende gegangen ist, nahm er wahr, was über die Sinne hinausgeht. Jedenfalls ist das abschließende Wort über ihn noch nicht gesprochen, er müßte von mehr als einer Seite erschlossen werden. Baudelaire hat Verse von einer unüberbietbaren Formvollendung geschaffen. Trotzdem umhüllte ihn eine unsagbare Traurigkeit, von der ein Kirchenvater gesagt hat, ihr Vater sei der Teufel. Nach Huysmans war «Baudelaire weiter gegangen: er war bis auf den Grund des unerschöpflichen Schachtes gestiegen, hatte sich in verlassene und unbekannte Quergänge gewagt und war schließlich zu den Gebieten der Seele vorgedrungen, wo die ungeheuerlichen Vegetationen des Gedankens abzweigen»[6]. Der Dichter selbst wußte um «Satan, den listigen Pfaffen», und hat sogar eine unverantwortliche «Satanslitanei» geschrieben. Da Baudelaire mit den oberen und den unteren Mächten verbunden war, sah er tiefer in das Dasein hinein als der gewöhnliche Bürger, der seinen gesunden Menschenverstand als den einzigen Maßstab auf der ganzen Welt anerkennt. Baudelaires Wort ist weder ein genialer Geistesblitz noch das Resultat eines langen Denkprozesses. Es war vielmehr eine plötzliche Erleuchtung, in der es dem Dichter wie Schuppen von den Augen fiel und er durch alle Verschleierungen hindurch sah. Bei diesem scharfsinnigen Durchblick nannte er das Geheimnis der modernen Zeit beim Namen. Um nichts anderes als um diesen Blick hinter den Vorhang geht es bei Baudelaires Enthüllung, die er in so eindringliche Worte kleidete: «Liebe Brüder, vergesset niemals...» Sie ist eine der bedeutsamsten Mitteilungen im letzten Jahrhundert, hat sie doch die neuzeitliche Situation gleich einem Blitz in dunkler Nacht hell erleuchtet. Die List gelang vollständig: die modernen Menschen glauben nicht mehr an den Teufel. Alle, angefangen beim frechen, rotznasigen Schuljungen bis hinauf in die Hochschulen, sind sich einig: Der Teufel existiert gar nicht, man hat uns ein Ammenmärchen aufgebunden. Sie haben die hinterwäldlerische Idee vom Teufel längst überwunden und dünken sich weiß wie aufgeklärt, ohne zu ahnen, daß sie damit dem Teufel in die Arme gelaufen sind. Der Teufel hatte ein leichtes Spiel, denn Unzählige sind seiner List zum Opfer gefallen. Es gehört nachgerade zur Allgemeinbildung, daß es Satan nicht gibt. Kaum jemand denkt über Baudelaires Satz länger nach, ob er nicht doch der Wahrheit klar entspreche. Jedermann, der seine Worte unbeachtet läßt, erfährt täglich von den Machenschaften des Teufels, hört von den Massenmedien Nachrichten über schreckliche Dinge, aber niemand weiß, was dazu zu sagen ist. Mit der Leugnung des Teufels wird ein schwerwiegendes Problem nur zugeschüttet. Die große List aufzudecken, den Betrug den Zeitgenossen zu zeigen, ist eine schwierige Sache, eine Aufgabe, von der man sich nicht dispensieren darf. Nach Denis de Rougemont sind wir alle in die Falle gegangen mit «unserer Sensationslüsternheit: in unserer Flucht vor Verantwortlichkeit; in unserer bürgerlichen Trägheit; in unserer Feigheit der großen Zahl, ihrer Handlungsweise und ihren Schlagworten gegenüber; in unserer Unkenntnis des Nächsten; endlich in unserer Zurückweisung alles Absoluten, das unsere ‹vitalen› Interessen übersteigt und richtet»[7]. Über den Anteil des Teufels an unserem täglichen Leben war sich der hellhörige Westschweizer ganz klar, und dies schon zu einer Zeit, da sich die meisten Menschen den tieferen Einsichten verschlossen.

Bei der Aufdeckung der List denken wir nicht an die von morbiden Schriftstellern gerne geschilderten «Praktiken des

Satanismus». Glaubensfeinde und Psychopathen betreiben auf allerniedrigstem Niveau einen widerlichen Geheimkult. Man darf nicht bei pervertierten Randerscheinungen stehen bleiben, sondern muß die wesentlichen Vorgänge im Auge behalten. Um sie zu erfassen, sei noch an ein Wort von Max Scheler erinnert: «Wer den Teufel in der Welt nicht sieht, ist mit Blindheit geschlagen.» Auch Scheler huldigte in keiner Stunde seines Lebens einem Köhlerglauben. Er verfügte über Genialität und sprühenden Geist und wurde von seinen heftigen Vitalstürmen überrollt, mit denen auch die Wandlungen in seiner Philosophie zu erklären sind. Denken und Leben eines Menschen müssen in Verbindung gebracht werden, wenn man sein Inneres verstehen will, nicht zuletzt bei einer so vielschichtigen Persönlichkeit, wie es der Verfasser «Vom Ewigen im Menschen» war. Scheler bekam die dunklen Mächte am eigenen Leib höchst konkret zu spüren, was ihn zu der erwähnten Aussage berechtigte. Sein scharfes Wort über die Blindheit steht würdig an der Seite von Baudelaires Enthüllung. Die Äußerung wirkte wie eine schallende Ohrfeige auf die Zeitgenossen, die sich hochmütig ihres Unglaubens rühmten anstatt sich ihrer geistigen Blindheit zu schämen. In all ihrer Gescheitheit sind sie zu dumm – Bernanos wurde nicht müde, die Intellektuellen Dummköpfe zu schelten –, um wahrzunehmen, wie sehr heute Satan am Werke ist und wie die Menschen ihm in hellen Scharen zustreben. Unter diesem metaphysischen Gesichtspunkt sind die nachfolgenden Ausführungen zu lesen.

## Die moderne Besessenheit

Nach einer Tagebucheintragung dachte Kierkegaard daran, «ein Buch zu schreiben ‹Über die moderne Besessenheit› und zu zeigen, wie die Menschen en masse dem Bösen sich hingeben.»[8] Der Däne hat leider das geplante Buch nicht geschrieben, was bedauerlich ist. Es wäre gewiß ein aktuelles Werk geworden, würdig, an der Seite von «Die Krankheit zum Tode», «Einübung ins Christentum» usw. zu stehen. Nicht das «Tagebuch eines Verführers» ist wichtig, sondern das Wort von der modernen Besessenheit, weil es das ernste Problem beim wahren Namen nennt. Man könnte auch vom babylonischen Turmbau in der heutigen Zeit reden, an dem die Menschen sisyphusartig arbeiten bis zum Herzinfarkt und sich damit immer weiter vom Himmel entfernen. Die besessene Menschheit taumelt von einer Katastrophe zur andern, und die Massenmedien unterhalten sich vorwiegend über Themen wie Terrorismus, Drogensucht, Arbeitslosigkeit, Atomkrieg und was mehr dergleichen Schrecknisse sind. Bei der modernen Besessenheit sind nicht die einzelnen Symptome bedeutsam, sondern die Erkenntnis, daß es sich da nur um eine andere Form von jener Besitzergreifung durch unmenschliche Mächte handelt, die im Evangelium mit dem Wort «Besessenheit» umschrieben wird. Dabei geht es nicht um die Verteufelung der heutigen Zeit. Man muß das Gute einer Sache anerkennen, sofern dies möglich ist, darf aber auch nicht leichtsinnig die dunklen Schatten übersehen.

Es geht mir bei der Signalisierung der modernen Besessenheit auch nicht um eine moralische Bewertung. Auf die Moral kann keine Gesellschaft verzichten, die Bestand haben will. Verachtet sie sie, dann gerät sie auf eine abschüssige Bahn, die unsere Generation grauenvoll erlebt hat. Doch hat das moralische Werturteil seine Grenzen. Hermann Kutter schrieb um die Jahrhundertwende über die Moral, daß sie «immer recht hat – und eben das ist die Tragik unseres Lebens, daß es schließlich einer Macht zum Opfer zu fallen bestimmt ist, die nur tadeln, strafen, ermahnen kann.»[9] Die Moral kennt nur die Sittlichkeit, aber sie weiß nichts von der Dämonie. Sie bleibt bei der Anständigkeit stehen, verführt den Menschen oft zum Pharisäismus und dringt nicht zu den dunklen Hintergründen allen Lebens vor. Es ist unmöglich, mit einer moralistischen Einstellung Geschichte zu erfassen, jedes Verstehen der historischen Vorgänge endigt mit der Austeilung schulmeisterlicher Noten. Ebenso steht außer Diskussion, daß es auch heute rechtschaffene Menschen gibt und viele Werke der Nächstenliebe getan werden. Bedrückend bleibt nur, daß gegenwärtig das Gute so schwach ist und wenige starke Vertreter besitzt. Das Gute befindet sich in der Defensive und führt in seiner offensichtlichen Ohnmacht nur noch eine geduldete Existenz. Die Mächte des Bösen haben die Oberhand und lassen die Kräfte des Guten gar nicht aufkommen.

Fern liegt mir der Gedanke, früher sei alles viel besser gewesen. Wer die Geschichte kennt, weiß um das Entsetzliche, das in früheren Zeiten geschehen ist. In allen Jahrhunderten haben die Alten über die Verdorbenheit der Jungen geklagt und haben mit diesen Klageliedern arg daneben gegriffen. Dies hat schon der Prediger Salomo festgestellt: «Frage nicht: Wie kommt es, daß die früheren Zeiten besser waren als die jetzige? Denn das wäre nicht eine weise Frage.»[10] Der Vergleich zwischen früher und heute ist eine törichte Sache.

Allezeit gilt es, sich vor Verallgemeinerungen zu hüten, doch man kann den Wirbel nicht übersehen, der mit dem modernen Leben verbunden ist und der viel zur Sinnlosigkeit des Daseins beigetragen hat. Den technischen Errungenschaften steht der Verlust an geistigen Werten gegenüber. Das Tiefe und Innerliche ist aus dem Leben entschwunden, und an seine Stelle ist das Sensationelle und Verblüffende getreten. Alle schwimmen in einem Strom dahin, von dem sie nicht wissen, wohin er sie treibt. Nur zuweilen beschleicht den Gegenwartsmenschen das dunkle Gefühl, alles ende in einer unvorstellbaren Katastrophe.

Im 19. Jahrhundert beherrschte der Liberalismus mit seinem Ideal der freien Marktwirtschaft das Feld. Der ursprüngliche

Liberalismus glaubte noch an die Idee der Freiheit, eine Überzeugung, der er seine Anziehungskraft verdankte. Er hat eine Unmenge an persönlicher Energie, Unternehmungsgeist, Erfindungsgabe, Einsatzbereitschaft entbunden, die großen Aufschwung brachten. Es wäre nicht recht, dies nicht bereitwillig anzuerkennen. Freilich ist dabei auch viel Rücksichtslosigkeit und Brutalität im Konkurrenzkampf an den Tag getreten. Wie in der Natur, setzte sich der Stärkere auf Kosten des Schwächeren durch; die Trusts sind nur ein Beispiel dafür. Doch wäre es wenig einsichtig, die nicht mehr wegzudenkende Industrie für alle Schwierigkeiten im Leben verantwortlich zu machen. Die Industrialisierung ist ein Prozeß, der sich folgerichtig aus der Erfindung der Maschine ergeben hat. Länder ohne Industrie sind rückständig und unterentwickelt geblieben. Wenn wir unerkannte Teufel am Werk sehen, denken wir überhaupt nicht an die nationalökonomischen Vorgänge, deren Berechtigung außer Diskussion stehen, sondern haben den Mammonismus im Sinne. Eine große List des Teufels besteht darin, des Menschen Denken auf den Gelderwerb zu lenken, und hat er ihn so weit, daß er nur an das Geld und an nichts anderes denkt, ist er vom Teufel schon eingefangen. Es geht diesen Leuten stets darum, ein Geschäft abzuschließen, möglichst «einen guten Schnitt» zu machen; sie denken nur an Zuwachsraten und sind schon bei gleichbleibendem Geschäftsgang verzweifelt. Es ist ihnen alles recht, sofern es nur Geld einbringt. Ethische Fragen spielen kaum eine Rolle. Die Geldherrschaft hat den praktischen Materialismus zur Folge, der jede Gesellschaft zuletzt in ein Teufelsnetz verstrickt und der ebenso verhängnisvoll ist wie der theoretische Materialismus.

Ähnlich verhält es sich mit der Feindschaft gegen die Technik und der gleichzeitigen Bedienung all ihrer Errungenschaften. Die Technik ist nicht falsch – schon die Erfindung des Pfluges war eine technische Tat –, vielmehr war der

Mensch ihrer rasanten Entwicklung seelisch offensichtlich nicht gewachsen. Seine geistige Einstellung vermochte den raschen Fortschritt nicht mitzumachen. Eng verknüpft mit dieser Problematik ist auch die Wissenschaft. Nur Unverständnis kann sie in Frage stellen, doch ist die Überschätzung falsch. Wissenschaft ist Suche nach der Wahrheit und ist nicht die Wahrheit selbst. Der Kult der Kommunisten mit dem Begriff «wissenschaftlich» ist reiner Götzendienst, nichts anderes. Die Antwort auf die Atomfrage: «Wir treiben hier Wissenschaft und nicht Ethik», trennt, was man nicht trennen darf. Die Verantwortung und das Gewissen kann und darf keinem Forscher abgenommen werden.

Dem Liberalismus ist der Sozialismus auf dem Fuß gefolgt und hat tatsächlich viel zur Verbesserung der arbeitenden Klasse beigetragen. Mit welcher Begeisterung lasen einst die jungen Leute Gustav Landauers «Aufruf zum Sozialismus»! Der Sozialismus, den man nur theoretisch kannte, wurde als das Tor zu einer neuen Welt verkündet. Er würde, sagte man, dem Militarismus, der Geheimdiplomatie, dem Hunger endlich ein Ende bereiten und allen Menschen ein menschenwürdiges Leben verschaffen. Wie viel Hoffnung hat sich mit diesem Wort verbunden, und wie sehr haben sich die ersten Pioniere für den Sozialismus geopfert! Was ist aus der verbürgerlichten Sozialdemokratie geworden? Es gibt nur eine Antwort darauf: Die Besessenheit bemächtigte sich auch des Sozialismus. Er drängte auf Massenaufpeitschungen und Massenbewegungen, und genau in diesem Massengewühl ging die menschliche Person des Arbeiters zugrunde. Mit dem einzelnen Arbeiter kann man reden, Massenversammlungen aber können als amorphe Gebilde nur brüllen.

Der erste Mißbrauch liegt heute vor aller Augen: Der Nationalsozialismus. Er hat mit der Verbindung von sozialen und nationalen Gefühlen den Arbeitern Sand in die Augen gestreut. Was für eine Lüge wurde mit der Parole «Kraft durch

Freude» getrieben, was für eine rüde Bande kam durch den Nationalsozialismus an die Macht! Mit einer raffinierten Verführungskunst hat ein teuflischer Propagandaapparat die Welt in einen beispiellosen Krieg hineingetrieben, einen Krieg, der unbeschreibliches Elend über Millionen Menschen gebracht hat. Ein kleiner Kreis von Studenten sah zunehmend den satanischen Nationalsozialismus unter einem metaphysischen Gesichtspunkt. «Hinter dem Konkreten, hinter dem sinnlich Wahrnehmbaren... steht das Irrationale, d.i. der Kampf wider den Dämon, wider den Boten des Antichrist.»[11] Dies schrieb der scharfblickende Hans Scholl, der mit seiner tapferen Schwester Sophie und den übrigen Gefährten ihren ungeheuer mutigen Widerstand gegen das Dritte Reich mit dem Leben bezahlten.
Der andere Mißbrauch mit dem Sozialismus wurde von den an die Macht gelangten Kommunisten getrieben. Karl Marx, selbst ein herrschsüchtiger Mensch, hat die Gefahren der Macht gar nicht gesehen, und seine Nachbeter sind ihr zum Opfer gefallen. Stalin war so schlimm wie Hitler. Wenn man heute die osteuropäischen Länder bereist, begreift man nicht, was aus der sozialistischen Arbeiterbewegung geworden ist. Der Privatkapitalismus wurde in einen molochähnlichen Staatskapitalismus umgewandelt, der die Arbeiter vollends versklavte, indem er ihnen ihre letzte Waffe aus der Hand nahm: das Streikrecht. In den kommunistischen Staaten stellen nicht die Arbeiter die Regierung, sondern eine kleine Clique herrscht in selbstherrlicher Willkür unter dem Deckmantel einer Scheindemokratie. Den ordensgeschmückten Parteibonzen ist es um die reine Macht zu tun. Militär und Polizei überwachen die arbeitende Bevölkerung, die unablässig mit propagandistischen Schlagworten überschwemmt wird. Sie nehmen keine Rücksicht auf deren Wohnungsnot und auf das mangelhafte Warenangebot, vielmehr werden die Briefe und Telephongespräche überwacht. Im Kommu-

nismus hat der Teufel seine Maske abgelegt; sein zynischer Atheismus tötet die Seele des Menschen.
Ebenso stark macht der Niedergang in den westlichen Ländern betroffen. Auch da spielen sich wegen des politischen Ehrgeizes unwürdige Machtkämpfe ab, auch da herrschen Inflation und Arbeitslosigkeit, auch da sind zahlreiche Dinge nicht in Ordnung. Selbstverständlich muß es in jedem Staatswesen politische Bewegungen geben. Aber: in der Politik den obersten Zweck des Lebens zu sehen und die Familie, Schule, Kunst nur immer unter politischen Gesichtspunkten zu betrachten, das ist die modern eingerichtete Hölle, in die der Mensch von dem Teufel hereingeholt wird, an dessen Existenz er nicht mehr glaubt.
Es gibt neben den erwähnten Erscheinungen noch andere Faktoren der Neuzeit, die unter die moderne Besessenheit zu summieren sind. Der Eros kann durch eine verlogene Prüderie und ebenso durch eine abstoßende Schamlosigkeit geschändet werden. Es gibt eine geordnete und es gibt eine ungeordnete Liebe. Rubens nackte Frauenkörper sind beispielsweise nie ordinär, sondern sind bei aller Sinnenfreude eine Huldigung an den Schöpfer. Die List des Teufels begann mit dem Abbau aller Tabus und der Auffassung der Sexualität als Konsum. Merkwürdig und unverständlich ist, daß die kritisch sich gebärdende Jugend nicht spürt, wie sie mit ihren zerfetzten Blue jeans und ihrem Rollentausch der Geschlechter nur den Händlern ins Garn gelaufen ist, die ihre erotische Freizügigkeit nach allen Seiten ausnützen. Die entfesselte Sexwelle ist doch einzig darauf ausgerichtet, die Menschen ihren blinden Trieben auszuliefern, in ihnen jede feinere Liebesfreude zu zerstören und sie damit um eines der tiefsten Erlebnisse zu betrügen. Deswegen fragt der vorurteilslose Rougemont: «Es bleibt aber zu prüfen, ob diese Liebe, von der man behauptet, sie erlaube alles, wirklich Liebe ist. Oder nicht vielmehr eine mißbräuchliche mit diesem schönen Na-

men geschmückte Besessenheit. Nun sieht aber jedermann, daß die moderne ‹Liebe› ein ungeheurer innerer Bankrott unserer Zivilisation ist. Sie ist eine so tragisch verwirrte Sache, daß der Teufel allein sicher ist, sich darin zurechtzufinden. Wird man leugnen, daß er sich daran gütlich tut?»[12] Nein, das läßt sich nicht bestreiten, und wenn man an die Orgien denkt, die sich heutzutage überall abspielen, so hört man unwillkürlich das höhnische Gelächter Mephistos: «Hab ich doch meine Freude daran!»

Ebenso hat die geistlose Sportvergötzung mit dem griechischen Sportideal nichts mehr zu tun. Die Spitzensportler betreiben eine rein kommerzielle Karriere. Das maßlos übersteigerte Interesse am Sport ist der antiken Parole «Brot und Spiele» verzweifelt ähnlich, womit man damals das Volk von den Fragen und Nöten abzulenken versuchte. Die schlaue Rechnung des Teufels ist auch in diesem Fall glatt aufgegangen, weil der Massenmensch den Nervenkitzel nur allzu sehr liebt.

Die Frage lautet nicht, ob Emanzipation Aufbruch oder Niedergang bedeutet. Die Dekadenz ist zu offenkundig; sie kann so wenig wie im alten Rom in Abrede gestellt werden. In der Geschichte haben sich immer Aufstiegs- und Niedergangsepochen abgelöst; die gegenwärtige Talfahrt ist unmißverständlich als ein Zeichen der Zeit zu deuten. Die Jetztzeit ist ratlos und unfähig, die Schwierigkeiten zu meistern. Der Mensch ist der modernen Besessenheit verfallen – wie aber steht es um seine Seele? Wozu leben solche Menschen? Unmerklich hat der Mensch seine Seele verloren, haben die dunklen Mächte die Führung übernommen und übrig geblieben ist ein geistiges Trümmerfeld.

Einige Jahre vor Ausbruch des Zweiten Weltkrieges schrieb Karl Jaspers das Buch «Die geistige Situation der Zeit». Obwohl seit dem Erscheinen des Buches ein halbes Jahrhundert vergangen ist, hat es nichts an Aktualität eingebüßt. Man staunt über die scharfsinnige Durchleuchtung des zwanzigsten Jahrhunderts, in dem sich der Mensch bedroht fühlt, weil er vor dem Nichts steht[13]. Jaspers zählt sowohl die Rationalisierung als auch die Mechanisierung zu den Gefahren. Der Mensch reduziert sich auf das Allgemeine. Die Herrschaft des Apparates nimmt überhand. Durch die moderne Sophistik werde mit Hilfe der Sprache eine bewußte Verschleierung betrieben. «Eine vielleicht so noch nie gewesene Lebensangst ist der unheimliche Begleiter des modernen Menschen.»[14] Jaspers erstrebte eine «betrachtende und erweckende Prognose»[15]; man wird nicht sagen können, es sei eine falsche Diagnose gewesen. Seine Aussagen haben sich mit geringen Ausnahmen bewahrheitet, wahrscheinlich würde der Philosoph heute die Situation nicht anders beurteilen. Es war eine klare Analyse der geistigen Situation und keine Therapie, die Jaspers ohnehin nicht als seine Aufgabe betrachtete.

Dann endete der Zweite Weltkrieg, dessen Schrecklichkeit aller Beschreibung spottet. Übrig blieb eine verstörte Generation, die inmitten geistiger und materieller Ruinen existieren mußte. Nach dem Erwachen aus der Irreführung glaubte man, ein neuer Abschnitt der Geschichte beginne und der Zeitpunkt sei gekommen, in dem sich der Mensch entweder endgültig verliere oder sich auf seine ewige Bestimmung besinne. Die neuzeitlichen Ideen von Natur, Kultur und Subjektivität schienen zu versinken, was Guardini veranlaßte, das «Ende der Neuzeit» zu proklamieren. Es war Wunschdenken und Täuschung. Statt der Umkehr der Völker, vollzog sich ein neuer Auszug aus dem Christentum. Mit dem wirtschaftlichen Wiederaufbau verschwand jeder Gedanke an eine innere Erneuerung und machte einer weitverbreiteten Gleichgültigkeit Platz. Die Menschen bewegten sich nach dem Zweiten Weltkrieg in den Vorkriegsbahnen weiter, die Talfahrt endigte im Sumpf der Indifferenz.

Nach wie vor steht die heutige Generation vor der einen Frage: Gelingt es, den Teufelskreis zu durchbrechen? Das kann nicht das Werk eines Menschen sein, nicht einmal das einer Gruppe. Wahrscheinlich müssen noch viel größere Katastrophen über die Welt hereinbrechen, bis sie die Verteufelung aller Lebensgebiete erkennt und sich ernsthaft auf die ewigen Werte neu besinnt. Die primäre Aufgabe liegt darin, unter der Maske des Zeitgeistes das teuflische Tun auf den verschiedenen Gebieten zu erkennen, um sich dagegen zu wappnen.

Man mag vielleicht gegen die skizzierte moderne Besessenheit einwenden, sie leide an einer zu pessimistischen Sicht. Dieser Einwand ginge am eigentlichen Problem vorbei. Das Christentum hat weder mit dem Optimismus noch mit dem Pessimismus etwas zu tun. Beides sind menschliche Veranlagungen oder Weltanschauungen, die man mit mehr oder weniger Berechtigung vertreten kann. Uns geht es um eine realistische Erfassung der jetzigen Zeit; es gilt, die Beziehung nach oben und nach unten im Auge zu behalten. Nur die Wirklichkeitssicht dringt in die Tiefe, die die metaphysische Blickrichtung einbezieht.

Der Christ verzichtet allem Anschein zum Trotz nicht auf die Hoffnung. Doch handelt es sich nicht um ein schemenhaftes «Prinzip der Hoffnung». Das ist ein blutleerer Begriff, der in der Abstraktion verbleibt. Die christliche Hoffnung ist mit dem Glauben und der Liebe verbunden. Sie hofft wider alle Hoffnung und gibt den Kampf niemals auf. Resignation ist feige Mutlosigkeit. Eine hoffnungsvolle Tatsache ist, daß die orthodoxe Kirche des Ostens für die Erlösung der Dämonen betet. Auch wir sollten in der gegenwärtigen dunklen Nacht mit inniger Inbrunst um die Befreiung von der modernen Besessenheit flehen. Dieses tägliche Gebet allein schon würde das bedrückte Herz erleichtern.

Man darf vor allem nicht vergessen, daß es in der Geschichte letztlich nicht um Ideen, sondern um Mächte geht. Wir müssen uns angesichts der dunklen Gewalten, die gegenwärtig das Feld beherrschen, nach hilfreichen Mächten umsehen. Um der modernen Besessenheit Herr zu werden, bedürfen wir der Hilfe der Engel. Die neuzeitliche Christenheit hat weitgehend die Engel vergessen und erfährt deshalb eine schauerliche Verfinsterung. Die ernsthafte Frage ist, wie wir den heutigen Christen den Glauben an die Engel wieder vermitteln und ihnen den neuen Zugang zu diesen Schutzmächten verschaffen können. Die Engel sind unsere stärksten Verbündeten im gegenwärtigen Kampf. Wir bedürfen des Beistandes der himmlischen Heerscharen für unsere Abwehr der teuflischen Versuchungen. Verbunden mit den Engeln singen wir das in einer Gefängniszelle gedichtete Lied von Dietrich Bonhoeffer, von dem hier die erste Strophe zitiert sei:

«Von guten Mächten treu und still umgeben,
behütet und getröstet wunderbar,
so will ich diese Tage mit euch leben
und mit euch gehen in ein neues Jahr.»[16]

## *Das Zeugnis der Dichter*

Die Menschen machen sich gewöhnlich vom Dichter eine romantische Vorstellung. Er lebt keineswegs in ätherischen Regionen und ist mit rein ästhetischen Kategorien nicht zu erfassen. Auch wenn er von der Inspiration lebt, muß er trotzdem an seinem Werk arbeiten, und zwar unablässig arbeiten. Der Dichter hat in der modernen Zeit eine Abwertung erfahren, indem seine Arbeit mit der eines «freischaffenden Schriftstellers» gleichgesetzt wird. Heutzutage meint jeder junge Mensch, er könnte einen Roman schreiben, eine verbreitete Einbildung, die die gegenwärtige Literaturmisere geschaffen hat. Wir müssen dem Dichter seinen Adel zurückgeben, indem uns bewußt wird, daß er das Unaussprechliche in Worte zu kleiden vermag. Die Dichter zählen zu unseren besten Freunden, mögen ihre Werke auch oft lange still in den Bücherregalen warten müssen, bis wir nach ihnen greifen.

Es handelt sich bei dem Hören auf die Stimme der Dichter nicht um eine bloß literarische Unterhaltung. Die Dichter helfen ihrem aufmerksamen Leser zu einem vertieften Daseinsverständnis. Dem Amt des Dichters kommt die hohe Bedeutung zu, weil er «der Bote der menschlichen Sehnsucht nach dem Göttlichen, dem Bedingungslosen, dem Absoluten ist», schrieb Kurt Guggenheim, der seine eigene Dichterexistenz überaus verantwortungsbewußt lebt[1]. Ein Dichter hat nichts zu tun mit einem Tagesschriftsteller, der dem modischen Trend nachläuft. Im Gegensatz zu ihm hat der Dichter seinen Zeitgenossen ein bedeutsames Wort zu sagen, denn

mit seinen seherischen Fähigkeiten verbindet sich ein Spürsinn für die Nachtseite des Daseins. Deshalb vermag er, ähnlich dem in die Unterwelt hinabgestiegenen Orpheus, mit seiner Musik die Götter zu bezaubern. Er wittert Dinge, die andern Menschen verschlossen bleiben, und ist auch fähig, dämonische Kräfte zu signalisieren. Darum haben die Dichter zuerst «die Wiederkehr des Teufels» erlebt, obschon er immer anwesend blieb. Ach, wenn man nur andeuten könnte, wie viel die Dichter uns zu sagen haben!
Was den Dichtern in diesem Zusammenhang ihre Bedeutung verleiht, ist ihre Fähigkeit, über den Teufel visionär zu schreiben. Das bleibt dem Historiker versagt. Sie schildern Satan in Bildern und nicht in Begriffen, deswegen ist alles bei ihnen nicht nur viel anschaulicher, sondern geradezu bestürzend wahr, hintergründig und unauslotbar. Einem Dichter ist es unmöglich, das Teufelsthema zu ignorieren. Oskar Loerke schrieb in einem Aufsatz über «Bezwinger des Teufels»: «Das Licht des Buches fällt auf die gesamte Menschenwelt. Das Böse hält haus darin; erschüttert und verkehrt, verdirbt sie an allen Enden.»[2] Ich erwähne einige Dichter, die auf das Teufelsthema direkt eingegangen sind, auch wenn dies nur ein unzureichender Hinweis ist.
Von der älteren Dichtung haben sich Dante in seiner «Göttlichen Komödie» und Milton im «Verlorenen Paradies» mit dem Satan beschäftigt, wobei man eine deutliche Abschwächung wahrnimmt. Während Satan beim Florentiner Dichter noch im tiefsten Abgrund der Hölle schmachtet, ist beim Puritaner Milton eine gewisse Bewunderung für den Empörer gegen Gott festzustellen, was einer offensichtlichen Störung der christlichen Ordnung gleichkommt. Einen neuen Ernst findet man bei einigen Dichtern des 19. und des 20. Jahrhunderts, die den Teufel in seinen mannigfachen Verkleidungen aufspürten.

## Adelbert von Chamisso: Peter Schlemihls wundersame Geschichte

Ein bedeutsamer Beitrag zum Teufelsthema stammt aus der Feder Adelbert von Chamissos. Der Franzose, dessen Eltern wegen der Revolution außer Landes flüchteten, wählte Deutschland zu seiner neuen Heimat. Aus seinem lyrischen Schaffen verdient sein emotionales Gedicht «Die alte Waschfrau» hervorgehoben zu werden, weil darin ein Adeliger dem Armen die Ehre zurückgegeben hat. Auf das Leben des weitgereisten, namentlich an der Botanik interessierten Mannes kann nicht näher eingegangen werden. Wichtig für die Teufelsfrage ist einzig seine 1813 niedergeschriebene Novelle «Peter Schlemihls wundersame Geschichte». Religiöse Reserven besaß Adelbert von Chamisso nicht. Obwohl Katholik von Geburt, pflegte er keine Verbindung mit seiner Kirche und ließ seine Kinder protestantisch erziehen. Er handelte im Leben, nach eigenem Geständnis, mehr nach sittlichen als nach christlichen Grundsätzen. Anlaß zu seiner Schlemihl-Erzählung gab eine zufällige Begebenheit. Auf Chamissos Klage, er habe auf einer Reise seine mitgeführten Utensilien verloren, fragte Fouqué ironisch, ob er nicht auch seinen Schatten verloren habe? Die spaßige Bemerkung löste in Chamisso eine tiefere Überlegung aus, die sich zuletzt in Worte formulierte, die «mit einer zweiten Stimme gesprochen werden. Es ist eine Stimme, die aus einer sonst unzugänglichen Ferne und Tiefe zu kommen scheint»[3]. Ob man diese andere Stimme aus der zweiten Wirklichkeit in Chamissos Novelle wahrnimmt oder nicht, entscheidet über das tiefere Verständnis seiner Dichtung.

Chamisso schilderte eine Gesellschaft, in der sich ein grauer Mann, von niemandem näher beachtet, bewegte und direkt auf Peter Schlemihl zuschritt. So verlegen der Mann selbst zu sein schien, «so war mir doch seine blasse Erscheinung, von der ich kein Auge abwenden konnte, so schauerlich, daß ich sie nicht länger ertragen konnte»[4]. Er erschrak, als der Mann im grauen Rock sich anerbot, ihm seinen Schatten abzukaufen und ihm dafür als Kaufpreis Fortunats Glückssäckel anzubieten. Peter Schlemihl fragte sogleich, ob er denn nicht an seinem Schatten genug habe? Der Graue aber versicherte, für diesen unschätzbaren Schatten würde er den höchsten Preis bezahlen. Obwohl Schlemihl den Handel ganz absonderlich fand, und er sich darob ängstigte, ging er darauf ein und sah zu, wie der Graue mit einer bewunderungswürdigen Geschicklichkeit den Schatten leise vom Gras löste, aufhob, zusammenrollte und zuletzt einsteckte, nicht ohne leise vor sich hinzulachen. Schlemihl besaß jetzt den Glückssäckel, aus dem er nun beliebig Dukaten herausnehmen konnte. Der junge Mann vermochte sich nur während kurzer Zeit des vielen Geldes zu freuen, denn bald hielten sich alle Leute wegen seiner Schattenlosigkeit auf. Er wanderte zur Stadt, und schon am Tore rief eine Frau: «Jesus Maria! der arme Mensch hat keinen Schatten!»[5] Auch die Schuljugend spottete: «Ordentliche Leute pflegten ihren Schatten mit sich zu nehmen, wenn sie in die Sonne gingen.»[6] Obwohl er Gold in Hülle und Fülle auswarf, blieb ihm zuletzt nichts anderes übrig, als sich in eine Kutsche zu retten, in der er bitterlich zu weinen anfing. Wegen seiner Schattenlosigkeit konnte er auch das geliebte Mädchen nicht heimführen, und obendrein drohte sein frecher Diener ihm zu kündigen, falls er ihm nicht gestehe, wie er um den Schatten gekommen sei. Peter Schlemihl geriet in eine verzweifelte Situation und versuchte, den Handel rückgängig zu machen. Der Graue war nur bereit darauf einzugehen, sofern er ihm für den Schatten seine Seele verschreibe. Der Graue, der sich «gleichsam als eine Art von Gelehrter und Physikus» ausgab, frägt den widerstrebenden Schlemihl: «Was ist denn das für ein Ding, Ihre Seele? Haben Sie es je gesehen, und was denken Sie damit anzufangen, wenn Sie einst tot sind?»[7] Schlemihl wollte nach den gemachten bösen Erfahrungen auf den Handel nicht eingehen, warf Fortunats Glückssäckel voller Zorn in den Abgrund und wurde fortan in Siebenmeilenstiefeln durch die Welt gehetzt. Die Reue über den verwünschten Handel ist bei Peter Schlemihl grenzenlos, aber er vermochte den Grauen nicht zu finden, so sehr er nach ihm suchen ließ.

Obwohl die Novelle sofort allgemeines Aufsehen erregte, wurde sie ihrer phantastischen Einkleidung wegen unter die Märchen eingereiht. Dieses Mißverständnis war naheliegend, denn die Geschichte ist anmutig erzählt. Obschon Märchen oft einen tiefen Symbolgehalt aufweisen, werden sie in der Regel den Kindern überlassen. Chamissos «Schlemihl» ist jedoch kein Märchen, auch kein geniales Kunstmärchen, besonders da es aller romantischen Züge bar ist. Seine Dichtung ist eine im Kleinbürgertum sich abspielende Novelle voll geheimer Symbolik. Was bedeutet die Schattenlosigkeit? Die gegenwärtig modische psychoanalytische Deutung der Dichtung sieht im Schatten das andere Ich. Von einer solchen Interpretation wußte Chamisso noch nichts; Chamisso und Schlemihl sind nicht identisch, mögen sie auch in einer geheimen Verbindung miteinander stehen. Gewiß ist der verlorene Schatten der Kern der Erzählung, doch bedeutet Schlemihl mehr als nur ein aus der Gesellschaft ausgestoßener Mann. Ebensowenig genügt die biedermeierliche, vordergründige Antwort Thomas Manns, Schlemihl symbolisiere den Menschen ohne Vaterland oder er sei ein «Sinnbild aller bürgerlichen Solidität»[8]. Alle diese Interpretationen werden dem tieferen Sinn der Erzählung nicht gerecht. Der traurige Gehalt erfordert eine andere Deutung.

Wer ist der graue Mann? Das ist die entscheidende Frage. Peter Schlemihls wundersame Geschichte ist nichts Geringeres als eine moderne Teufelserzählung. Wir glauben nicht, den Dichter besser zu verstehen, als er sich selbst verstanden hat.

Das wäre eine Anmaßung. Oft steigen bei den Dichtern Gestalten aus einer Tiefe auf, die sie selbst in ihrer Tragweite nicht übersehen. Chamisso wußte um das Umheimliche des grauen Mannes, denn Schlemihl befiel nicht umsonst ein furchtbares Entsetzen. Der Neuzeit gemäß wird der Teufel nicht als häßliches Schreckgespenst mit Hörnern und Bocksfüßen geschildert, vor dem jedermann entsetzt zurückfährt, sondern als ein grau gekleideter Mann, der sich mit ausgemachter Höflichkeit an die Menschen heranschleicht. Der Schatten ist das Ewige im Menschen; Schlemihl wirft ihn ab wegen eines Geschäftes mit dem grauen Mann. Fortan ist er so sehr entblößt, daß auch die andern Menschen die Seeleneinbuße ahnen. Der Zusammenhang vom grauen Mann mit dem Mammon ist unübersehbar hergestellt. Der Besitz von Fortunats Glückssäckel verführt den Menschen. Der Mammon schafft die Ruhelosigkeit des Menschen, denn ihm ist die innere Substanz abhanden gekommen. Zwar ist Chamisso nicht bei den großen Dichtern einzureihen, sein Schlemihl warnt jedoch ganz deutlich vor dem verkleideten Teufel. Die Erzählung verdient noch immer alle Beachtung. Was zu jener Zeit selten von den Kanzeln zu hören war, ein Dichter hat auf den geleugneten Teufel in einer künstlerischen Novelle hingewiesen.
Schlemihl ist ein hebräisches Wort, das man für einen unbeholfenen Menschen, einen Pechvogel, braucht. Das Wort wurde im Jiddischen zum Begriff. Während Chamissos Novelle in Deutschland nicht in ihrem hintergründigen Wert erkannt wurde, erfuhr das Thema bei den Ostjuden eine Weiterentwicklung. Der hebräische Erzähler Jehuda Jaari schrieb in seiner Novelle «Peter Schlemihl fand einen Schatten»: «Zu meiner Zeit gab es nur einen einzigen Peter Schlemihl, der den Propagandakniffen des Teufels zum Opfer fiel. Heutzutage ist ihre Zahl Legion. Der Satan hat im Laufe der Zeiten dazugelernt. Er begnügt sich nicht mehr mit dem

Schatten, um später um seinen Preis die Seele nehmen zu können; er bemächtigt sich der Seele von vornherein.»[9]

## Jeremias Gotthelf: Die schwarze Spinne

Eine Teufelserzählung von grandiosem Ausmaß ist «Die schwarze Spinne» von Jeremias Gotthelf, dessen Dichtung sich wie ein Gebirgsmassiv aus dem Flachland der damaligen Zeit heraushebt. Gotthelfs dichterisches Werk ist Urgestein, mit dem man sein ganzes Leben lang nicht fertig wird. Walter Muschg hat zuerst seine wahre Größe erkannt, hat ihn aus dem allzu engen Rahmen des «Heimatdichters» herausgenommen und ihn in die ihm zukommende Dimension hineingestellt. Der Dichter verstand sein Schaffen als ein Fechten; er fühlte sich zu einem offenen Kampf gegen den nivellierenden Zeitgeist aufgerufen, den er auch mit aller Leidenschaft führte: «Es ist eine große Gabe Gottes, mit der er seine Propheten ausstattete, daß sie die Wahrheiten sagen durften, daß sie der Wahrheit treu blieben im Widerreden der Welt, daß sie ausharrten und fortredeten, wenn alles umsonst, ja, wenn selbst Gott sie zu verlassen schien, doch auf ihn vertrauend.»[10] In diesen Worten hat sich Gotthelf selbst porträtiert; es gibt kein besseres Bild von ihm. «Es steckt ein elementarisches Gigantentum in diesem Dorfpfarrer», schrieb Werner Bergengruen[11].

«Die schwarze Spinne» gehört nach Benno von Wiese «zu den größten Prosadichtungen, die in deutscher Sprache geschrieben wurden.»[12] Dem literarhistorischen Urteil ist beizupflichten, aber noch viel größer als seine Prosa war sein innerer Blick für die zeitlosen Lebensprobleme. Er erinnerte den Leser an die Ursprünge allen Lebens. Gotthelf hat, ähnlich wie J.J. Bachofen, den überzeitlichen Mythos geschaut und hat hernach gewagt, ihn mit seiner lebhaften Bilderspra-

che zu gestalten – ein kühnes Unterfangen. Der Dichter sah den Teufel am Werk und hat ihn in der «Schwarzen Spinne» dermassen realistisch geschildert, daß ihn der Leser nicht mehr vergißt.
Da es sich bei «Der schwarzen Spinne» um eine Rahmenerzählung handelt, beginnt sie zunächst ganz bieder. In einem wohlhabenden Bauernhaus bereitet die Bäuerin ein reichliches Frühstück, und die Gäste kommen zu Tische. Es wird behaglich gefrühstückt, dann begibt man sich in die Kirche zur Taufe des kleinen Erdenbürgers. Dies alles erzählt der große Bauerndichter breit und schön. Man darf sich jedoch durch die festen Arme der Patin nicht täuschen lassen, denn hinter der behäbig schmausenden Taufgesellschaft brodelt und gärt eine andere Wirklichkeit. Sie kommt erst am Nachmittag zum Vorschein, als die Familie mit ihren Gästen im Garten unter einem Apfelbaum sitzt und das stattliche Haus von außen betrachtet. Einer der Gäste erkundigt sich, warum sich neben dem ersten Fenster der häßliche schwarze Fensterpfosten befinde, der nicht recht zur Schönheit des neuen Hauses passen will. Der Großvater macht unwillkürlich ein bedenkliches Gesicht, beginnt aber mit der Erzählung der schwarzen Spinne, die ungeheuer wuchtig ausfällt.
Den Bauern dieser Talschaft, die wegen des Übermutes eines Burgritters eine unvernünftige Fronarbeit nicht zu leisten imstande waren, erschien einst der Teufel in Gestalt eines grünen Jägers. Er anerbot sich, an ihrer Statt die schwere Arbeit innerhalb der kürzesten Zeit zu vollbringen. Als Entgelt forderte er ein ungetauftes Kind, ein Ansinnen, darob die Bauern entsetzt in alle Richtungen auseinander stoben.
Nur die landesfremde Christine war halbwegs bereit, auf den lasterhaften Handel einzugehen, damit sie erfahre, was für ein Aussehen der Teufel habe. Bei der Begegnung machte der Grüne «ein zärtlich Gesicht und faßte mit höflicher Gebärde ihre Hand. Christine wollte sie wegziehen, aber sie entrann

dem Grünen nicht mehr.»[13] Sie ging auf das Anerbieten ein, zumal der Grüne ihr immer weniger schreckhaft vorkam und sie schon viel häßlichere Männer gesehen hatte. Einzig vor dem Augenblick graute ihr, da sie den Akkord mit ihrem Blute zu unterschreiben hatte. «Aber der Grüne machte es viel leichtlicher und sagte: Von hübschen Weibern begehre er nie eine Unterschrift, mit einem Kuß sei er zufrieden. Somit spitzte er seinen Mund gegen Christines Gesicht, und Christine konnte nicht fliehen, war wiederum wie gebannt, steif und starr. Da berührte der spitzige Mund Christines Gesicht, und ihr war, als ob von spitzigem Eisen aus Feuer durch Mark und Bein fahre, durch Leib und Seele, und ein gelber Blitz fuhr zwischen ihnen durch und zeigte Christine freudig verzerrt des Grünen teuflisch Gesicht, und ein Donner fuhr über sie, als ob der Himmel zersprungen wäre.»[14] Christine fühlte plötzlich ein feurig Eisen auf der Wange, dort, wo der Grüne sie geküßt hatte. Der schwarze Punkt dehnte sich aus, es erschienen deutlich Beine, kurze Haare trieben empor, und schließlich schrien alle Leute laut auf, wenn sie die giftige Kreuzspinne auf Christines Wange sahen, eine Spinne, die sich rasch vermehrte. Der Dichter schildert unheimlich, daß die Spinne bald nirgends, bald hier, bald dort, bald im Tale unten, bald oben auf den Bergen zu sehen war. Die Bauern fühlten in ihren bebenden Seelen erst jetzt so recht, was es heißt, von irdischer Not und Plage mit Hilfe einer unsterblichen Seele sich loskaufen zu wollen.

«Die schwarze Spinne» gehört wohl zu den dramatischsten Erzählungen Jeremias Gotthelfs. Rahmen und Inhalt der Erzählung stehen im Verhältnis einer Spannung und doch in künstlerischer Übereinstimmung zueinander. Heiteres Taufessen und eine unheimliche Geschichte bilden den starken Gegensatz; in solchen Schnittpunkten tritt der Teufel in Erscheinung. Den Stoff entnahm Gotthelf einigen Sagenelementen und verarbeitete sie souverän zu einer einheitlichen

Dichtung von seltener Kraft. Sie erschien erstmals 1842 in einem Sammelband unter dem Titel «Bilder und Sagen aus der Schweiz». Die Erzählung wurde bei ihrem Erscheinen schlechterdings nicht verstanden. Gottfried Keller erwähnte sie bei einer Besprechung des Buches mit keinem Wort, und selbst Gotthelfs nächste Freunde warnten ihn ängstlich, in Zukunft derartige Publikationen zu vermeiden, da sie seinem Ansehen als volkstümlicher Schriftsteller nur abträglich seien[15]. Mit einem solchen Rat bekundeten seine bürgerlichen Freunde, wenig von Gotthelfs mächtiger Kunst begriffen zu haben. Offenbar brachten sie auch kein Verständnis auf für die unheimlichen Hintergründe seiner mythischen Schau. Erst unserer Zeit erschloß sich der hohe Rang der Erzählung; im übrigen ist sie der beste Einstieg in seine Dichtung.

Unvoreingenommen betrachtet, ist Gotthelfs «Schwarze Spinne» eine gewaltige Vision des Teufels. Der Dichter selbst war gleich dem Priester von einem heiligen Kampfeswillen erfüllt, dem Widersacher seiner Zeit überall mutig entgegenzutreten. Das Böse bedeutete ihm nicht nur Abwesenheit des Guten, sondern es tobte wuchtig der Vernichtungswille und die Zerstörungslust des Teufels. Die Spinne ist eine «Plage des Bösen»[16], «ein Untier», das immer boshafter, immer teuflischer wird[17], die sich überall befindet und nirgends lokalisiert werden kann. «Der schwerste Stein erdrückte sie nicht, das schärfste Beil verletzte sie nicht.»[18] Die Schilderung ist nicht bloß sinnbildlich zu verstehen, Gotthelf verfocht zum Ärger seiner liberalen Zeitgenossen einen starken Teufelsglauben. Er schreckte nicht vor den furchtbarsten Bildern zurück, um das Wüten des Teufels dem Leser deutlich zum Bewußtsein zu bringen.

Eine besondere Beachtung verdient Christine. Sie wird als ein «grausam handlich Weib» geschildert – welch eine prachtvolle Charakterisierung! –, eine Frau «mit wilden schwarzen

Augen», die sich «nicht viel vor Gott und Menschen fürchtete»[19]. Mit ihr hat Gotthelf eine der unheimlichsten Frauengestalten geschaffen. Es war kein nichtssagender Höflichkeitskuß, den Christine vom Grünen empfangen hatte, sondern er symbolisierte die tiefergehende, übererotische Berührung mit ihm, darob ihr Innerstes erbebte. Der Kuß hatte Bündnischarakter, denn an der Stelle, da sie den Kuß erhielt, wuchs auch die schwarze Spinne. Keineswegs will Gotthelf mit Christines Tat sagen, die Frauen seien anfälliger für das Böse als die Männer. Dies würde Gotthelfs hoher Auffassung von der Frau widersprechen. Es ist nicht zu übersehen, wie die als Gegenspielerin von Christine aufgefaßte junge Frau sich ein Herz nahm und als einziger Mensch den gläubigen Mut aufbrachte, die Spinne einfach mit der Hand zu packen und sie schnell in das Astloch des alten Fensterpfostens zu sperren. Diese Tat der Namenlosen verdient die größte Aufmerksamkeit. Eine Frau war es, die der Talschaft die Erlösung vom Übel verschaffte. Die Rollen der beiden Frauen sind so tiefsinnig verteilt, wie jene von Eva und Maria. Kommt durch eine Frau das Verderben, bringt die andere die ersehnte Rettung.

Bei aller Unheimlichkeit der Erzählung bezeugt der Dichter unmißverständlich, daß der Teufel durch den christlichen Glauben besiegt wird. «Gottes Gewalt ist stärker als die des Teufels», betont er mehrfach. Der Großvater sagt nachdrücklich, «wie nötig ihnen Gott und wie mächtig er sei; so mahne sie die Spinne an Gott und müsse, dem Teufel zum Trotz, ihnen zum Heil werden»[20]. Gerade deswegen erzählte er die Sage von der Spinne beim trauten Beisammensein einer Taufgesellschaft.

Wem es um eine existentielle und nicht einfach um eine unverbindliche Deutung Gotthelfs zu tun ist, fragt sich, wie es sich heute mit der Spinne verhält? Indirekt wird diese Frage in der Dichtung aufgeworfen. Die Großmutter meinte unwillig, ihr Mann hätte die alte Geschichte nicht erzählen sollen, «so etwas trägt heutzutage nichts mehr ab»[21], und der junge Vetter zweifelt: «Es ist nur schade, daß man nicht weiß, was an solchen Dingen wahr ist.»[22] Der Großvater jedoch erwiderte ruhig, man könnte «in der heutigen Zeit ein Exempel daran nehmen»[23], wohl wissend, «es täte je länger je nöter, davon zu reden»[24]. Diese Meinung ist durchaus richtig, müssen wir uns doch fragen, ob die Spinne noch immer im Loch des Fensterpfostens gefangen ist. Es ist hier nur eine Antwort möglich: Nein. Der Zapfen ist wieder losgemacht, und es laufen heute die Spinnen in der Welt herum und verbreiten überall Unglück und Verderben. Wir haben allen Grund, wie die Patin nach der Erzählung erschreckt aufzufahren, weil «ihr Rücken sie brannte, sie drehte sich, sie schaute hinter sich, fuhr mit der Hand auf und ab und kam nicht aus der Angst, die schwarze Spinne sitze ihr im Nakken», was für die Gegenwart in vollem Umfange zutrifft[25].

## F. M. Dostojewski: Der Teufel besucht mich

Ein ebenso eindrückliches Zeugnis einer Teufelsdichtung legt die Literatur des alten Rußlands ab. Sie erlebte in der zweiten Hälfte des 19. Jahrhunderts eine einmalige Blütezeit, und das Besondere an ihr ist, daß sie inmitten eines materialistischen Zeitalters unaufhörlich an die Fragen vom anderen Ufer erinnert.

An erster Stelle ist Nikolaj Gogol zu nennen. Zu seinen Lebzeiten wurde er viel gelesen, und auch jetzt noch wird er im Theater gespielt. Gogol ging in die Weltliteratur ein. Man lacht über den falschen Revisor und über die betrügerischen Seelenkäufe Tschitschikows, ohne zu ahnen, daß dies alles einen viel, viel tieferen Sinn hat. Warum übergehen die russischen Religionsphilosophen und die westlichen Literaturhistoriker Gogol mit Schweigen? Bis heute fehlt die denkerische Auseinandersetzung mit diesem unheimlichen, das Kommende vorausahnenden Dichter. Gewöhnlich werden seine tiefen Intentionen nicht beachtet. Einzig Mereschkowski trat in seinem Buch «Gogol und der Teufel» für eine hintergründigere Deutung ein, indem er klar feststellte: Gogols humoristisch eingekleidete Dichtung enthüllt in Tat und Wahrheit den Teufel! «Ich nenne die Dinge beim richtigen Namen; den Teufel nenne ich Teufel und kleide ihn nicht in ein schönes Gewand à la Byron; denn ich weiß, daß er den gewöhnlichen Frack trägt», schrieb Gogol[26]. Im dichterischen Werk schildert der große Russe den Teufel bereits ohne Maske; er zeigt sich uns in seiner wahren Gestalt. Bei ihm wird der Teufel als der Durchschnitt, die Verneinung aller Tiefen und Gipfel, als die ewige Gemeinheit und Plattheit begriffen. Nicht im Außerordentlichen, Titanischen und Übermenschlichen meldet sich Satan, sondern er versteckt sich im Kleinlichen, Langweiligen und Spießigen. Diese neue Sicht des Teufels wird unwiderlegbar bestätigt in Gogols «Briefwechsel mit meinen Freunden». Eine aufmerksame Lektüre macht den nachdenklichen Leser noch nachdenklicher, jedenfalls sieht er sich unerwartet vor die letzten Fragen gestellt.

Auch in der russischen Gegenwartsliteratur begegnet man überraschenderweise dem Teufelsthema. Michail Bulgakows Roman «Der Meister und Margarita» ist ein unmißverständlicher Teufelsroman in surrealistischer Sprache. Mitten in der Stadt Moskau erscheint am hellichten Tag der Teufel und setzt sich zu zwei Männern auf eine Boulevardbank. Es ist bemerkenswert, daß in einem kommunistischen Land, das sich dem Atheismus verschrieben hat, der Teufel sein Wesen treibt und die Untersuchungsbehörde alles vernünftig zu erklären versucht, worüber Bulgakow volle Schalen der Ironie ausgießt. Es ist geradezu köstlich zu lesen, wie hilflos die

Herren Parteifunktionäre dem Einbruch der metaphysischen Mächte gegenüberstehen und das zu ignorieren versuchen, was sich nicht weginterpretieren läßt.

Doch die stärkste Teufelsdichtung schrieb unstreitig F.M. Dostojewski, der vier Jahre in der Katorga in Sibirien verbrachte, geschlagen mit der «heiligen Krankheit», und der so unheimlich viel von dem wußte, was der Mensch vor sich selbst zu verbergen sucht. Er entdeckte zuerst den Untergrundmenschen, und gerade deswegen wußte er auch um das Überpsychologische. Seine Werke sind der Form nach Romane, dem Inhalt nach eine verschlüsselte und kaum schon erkannte Religionsphilosophie. Der russische Dichter sah mit glühendem Seherblick durch die Dinge hindurch und nahm visionär die sich unter der Oberfläche verbreitenden Geschehnisse wahr. Er bekämpfte hauptsächlich den Nihilismus und mußte dabei folgerichtig auf das Satanische stoßen. Das Nihilistische ist eine Ausprägung des Teuflischen, aus diesem Grund beschimpften ihn die Revolutionäre als den «bösen Genius» ihrer Zeit, während die Kommunisten ihn hernach totzuschweigen versuchten. Im Nichts versteckt sich Satan. Dostojewski hat dies erkannt, und wir sind immer noch mit der Aufarbeitung seiner Einsichten beschäftigt. Man sagt so leichtsinnig, Dostojewskis Gestalten seien alle krank und glaubt sich damit entschuldigt, sie nicht ernst nehmen zu müssen. In Wirklichkeit leiden sie alle, auch in ihren glücklichen Stunden, an Rußland, an ihrer eigenen Sündhaftigkeit und beten mit modernen Worten, bewußt oder unbewußt, um die Erlösung. Dostojewski sah das Böse nicht als eine Abstraktion, sondern suchte es dort, wo es am stärksten wirksam ist: im Innern des Menschen. Er, nicht die Sowjetschriftsteller, stellte die entscheidenden Probleme zur Diskussion und gab darauf die christliche Antwort. Zuweilen trübte er sie durch seinen maßlosen Nationalismus, doch betrachtete er das russische Volk als zum Leiden und zur Demut auserwählt, was seinen Chauvinismus in Schach hält. Dafür fehlte Lenin jeglicher Sinn. In seiner plumpen Polemik schmähte er «die reaktionäre Niederträchtigkeit und den sonstigen Schund» des metaphysisch orientierten Dichters! Tatsächlich aber ist Dostojewski das größte Dichter-Erlebnis unserer Zeit, dessen Verabeitung abgebrochen wurde, ehe sie recht begonnen hatte. Man muß seine Werke nochmals lesen, nicht im Hinblick auf die slavistische Philologie, sondern unter beständiger Berücksichtigung unserer geistigen Situation.

In den «Dämonen» gab Dostojewski schon durch den Titel die satanischen Kräfte zu erkennen, die in Rußland an der Arbeit sind, weswegen ihm die Bezeichnung «Prophet der russischen Revolution» durchaus zukommt. Teuflische Mächte siegten über das an der trägen Oblomowerei krankende Bürgertum. Zur Zeit gibt es keine Lektüre, die derart anschaulich zeigt, wie der Mensch durch revolutionäre Ideen förmlich besessen wird und damit die Welt zugrunde richtet. Der Dichter hat prophetisch die kaltblütigen Verbrechen vorausgesehen, mit denen in der Revolution die Gegner buchstäblich liquidiert und das ganze Land in ein Meer von Blut und Tränen versenkt wurde. Der Roman ist alles andere als eine Karikatur, wie damals die aufgeklärte Intelligenz argwöhnte. Dostojewski hat nicht den Idealismus der Jugend verkannt, aber er lehnte ganz entschieden eine durch Verrat und Mord geschaffene Utopie ab. Der ganz der Verneinung verfallene, finstere Stawrogin – bei dem Dostojewski zuweilen an Bakunin dachte[27] – sieht den Teufel und gesteht seine Verbindung mit dem Bösen, dem Priester Tichon, ein, der ihm darauf erwidert: «Zweifellos gibt es Teufel, aber die Vorstellung von ihnen kann eine sehr verschiedenartige sein.»[28] In wohlbedachter Überlegung stellte der Dichter die Erzählung vom Gerasener aus dem Evangelium, nach der unsaubere Geister in die Schweine zu fahren begehrten, als Motto seinem düsteren Roman voran. Freilich vermochte

Dostojewski die Austreibung der Dämonen in diesem Roman nicht zu schildern, weil sie in seiner Zeit nicht erfolgt ist. Man sieht die Dämonen an ihrem Zerstörungswerk und stellt fest, daß unter der Pseudoparole der Befreiung die Menschen der ärgsten Sklaverei ausgeliefert werden. Dostojewski schrieb die «Dämonen» im 19. Jahrhundert, aber jede Seite mutet den Leser an, als sei sie heute verfaßt worden.

Eine ebenso scharfe Sicht des Satanischen liegt in den «Brüdern Karamasoff» vor, dem letzten Roman des Dichters, den er gerade noch vor seinem Tode beendete. Der zynische Iwan ist die komplizierteste Gestalt des Romans, ein nur aus dem Intellekt lebender, alles Gefühl unterdrückender Mensch. In ihm tobt eine beständige «Empörung», und er denkt sich die quälende Großinquisitorlegende aus. Iwan spielt mit Gedanken, die in Dostojewski selbst als Zweifel existierten, doch hat der Dichter sie durch seinen Glauben überwunden. Der Atheismus und der Immoralismus beschäftigten Iwan fortwährend, ihn, der kein flachköpfiger Freigeist ist, sondern ein direkter Gegner Gottes. Iwan hat es mit dem Teufel zu tun, doch nicht in der traditionellen Vorstellung. Der Teufel erscheint als «irgend ein Herr», gekleidet wie ein russischer Gentleman, elegant, wenn auch seine Wäsche ein wenig schmutzig war, wie sich bei näherem Zuschauen herausstellte, und schien bei äußerst knappem Taschengeld zu sein. Der Teufel war «zu einer Art von Schmarotzer» herabgesunken – in dieser Gestalt hat ihn vor Dostojewski kein Dichter geschildert. Iwan befand sich in seinem Zimmer, und plötzlich saß jemand auf dem Diwan. Wie dieser Jemand hereingekommen war, wußte Iwan nicht. Der nihilistisch eingestellte Iwan verwunderte sich über den unerwarteten Besucher nicht sonderlich und begann ein Gespräch mit dem unbekannten Manne. Und was für ein Gespräch! Man kann es gar nicht mit wenigen Worten wiedergeben. Es ist eines der seltsamsten und unheimlichsten Gespräche, das in der Weltliteratur stattfand. Thema der Unterredung war, ob dem Teufel eine Realität zukomme. Iwan bestritt dies entschieden und wollte in ihm nur eine Halluzination sehen. «Du bist ich; ich, ich rede selbst, und nicht du!», schreit er ihm entgegen[29]. Aber gerade weil er ihm diese Worte entgegenschleudert, bemerkt der Teufel treffend: «Bei Gott, es scheint, daß du allmählich anfängst, mich für ein Etwas, für etwas in der Tat Vorhandenes zu halten, und nicht nur für eine Ausgeburt deiner Phantasie, worauf du das letztemal so hartnäckig bestandest...»[30] Doch Iwan erwiderte: «Keinen Augenblick akzeptierte ich dich als reale Wirklichkeit! Lüge bist du, meine Krankheit bist du, du bist nichts als ein Fiebergespinst! Du bist meine Halluzination. Du bist die Verkörperung meines Ich, übrigens nur eines Teiles meines Ich.»[31] Zornig befahl Iwan dem Besucher zu schweigen, ansonst er ihm einen Fußtritt gebe, worauf der Teufel wiederum hohnlachend antwortete: «Gibst du mir einen Fußtritt, so glaubst du folglich an meine Realität, denn einem Gespenst versetzt man doch keine Fußtritte.»[32] Der Teufel schweigt nicht und redet weiter mit dem unendlich gequälten Iwan, sagt, wie er die Menschen aufrichtig liebe und er in vielen Dingen unglaublich verleumdet werde. «Denn ich leide doch auch, ganz so wie du, unter dem Phantastischen, und darum liebe ich euren irdischen Realismus... Mein einziger Schwarm ist, mich zu verkörpern, aber endgültig und unwiderruflich – in irgendeine dicke, sieben Pud schwere Kaufmannsfrau und an alles zu glauben, woran sie glaubt. Mein Ideal ist – in die Kirche zu gehen und dort von ganzem und reinem Herzen einem Heiligen ein Licht stellen zu können.»[33] Das Gespräch näherte sich absichtlich urkomischen Dingen, um aber plötzlich wieder ganz ins Metaphysische zurückzubiegen. «Ich bin das X in einer unbestimmten Gleichung. Ich bin irgendein Phantom des Lebens, das alle Enden und Anfänge verloren, und schließlich sogar selbst vergessen hat, wie es sich nennen soll...»[34], gestand der Teufel, worauf Iwan ihn fragte: «Also auch du glaubst nicht mehr an Gott? Gibt es einen Gott oder gibt es keinen?» Der Teufel stellte ausweichend fest: «Ach, so fragst du im Ernst? Mein Lieber, bei Gott, ich weiß es nicht»[35], und dann wendet sich das Gespräch wieder zu den Qualen der Hölle, auf die Iwan die Antwort erhält: «Was für Qualen? Ach, frage lieber nicht danach! Früher gab es noch so dies und das, jetzt dagegen hat man sich fast nur auf die abstrakten, auf die moralischen Qualen verlegt, so – ‹Gewissensbisse› und diesen ganzen Schwindel. Das ist gleichfalls von euch übernommen, infolge der ‹Milderung› eurer Sitten.»[36] Hierauf sprachen sie von der jungen Generation der Nihilisten, die alle Überlieferungen zerstören wollen, wozu der Teufel bemerkte: «Die Schafsköpfe, warum haben sie mich nicht um Rat gefragt! Meiner Ansicht nach ist es gar nicht nötig, zuerst mit dem mühsamen Niederreißen anzufangen, das ist ja ganz überflüssig! Man brauchte doch einzig und allein die Gottesidee in der Menschheit zu zerstören, und alles würde nach Wunsch gehen! Das ist es, nur das ist es, womit man beginnen muß! O diese Blinden, die überhaupt nichts begreifen!»[37] Schließlich wurde es Iwan zu dumm; er ergriff wutbebend ein Glas vom Tisch und schleuderte es gegen den Teufel, dieser aber erwiderte: «Da ist ihm Luthers Tintenfaß eingefallen! Selbst hält er mich für einen Traum und wirft dabei mit Teegläsern nach mir! Das ist ja Weiberart! Also habe ich richtig vermutet, daß du dich nur so anstelltest, als hieltest du dir die Ohren zu, in Wirklichkeit aber zuhörtest...»[38]

Ein beharrliches Klopfen an den Fensterläden wurde hörbar, und Iwan sprang auf: «Er blickte wild um sich. Die beiden Kerzen waren fast schon ganz heruntergebrannt, das Glas, mit dem er soeben nach seinem Gast geworfen hatte, stand vor ihm auf dem Tisch, und auf dem Diwan an der gegenüberliegenden Wand saß – niemand.»[39] Trotzdem sagte er zu sich: «Das war kein Traum! Nein, ich schwöre, das war kein Traum! – das war doch soeben alles wirklich!»[40] Darauf trat Aljoscha ins Zimmer, und Iwan gestand ihm: «Der Teufel hat sich angewöhnt, mich zu besuchen. Zweimal ist er schon bei mir gewesen, genau genommen sogar fast dreimal. Er will mich damit necken, weil ich mich, wie er glaubt, darüber ärgere, daß er nur ein einfacher Teufel ist und nicht der Satan mit glühenden Schwingen, von Donner und Blitz umgeben.»[41] Das Geständnis weist nach der Transzendenz, der Dostojewski entgegenschaute und die im Gespräch mächtig aufleuchtete.

Der Leser des unheimlichen Teufelgespräches fragt sich nach der Lektüre von Iwans Alptraum unsicher: Schilderte der Dichter eine Realität oder eine Fieberphantasie? Die Frage ist falsch gestellt. Die Situation bleibt trotz des geworfenen Wasserglases, das nach wie vor auf dem Tisch steht, absichtlich zweifelhaft. Das Zwielichtartige ist doch das Wesen des Teufels, der nie eindeutig ist. Der Dichter hielt den Teufel für eine Realität und zugleich für eine Unrealität. In diesem Satz ist das Denken Dostojewskis über den Teufel zusammengefaßt. Das Paradox, Realität und Unrealität, ist kein fauler Zauber Dostojewskis, mit dem er sich um eine klare Entscheidung drückte, sondern es ist die gleiche Ansicht, die Antonius von Ägypten vertrat: Die Dämonen sind und sie sind Nichtse. Man kann sich in dieser metaphysischen Frage nur widersprüchlich ausdrücken; alles einlinige Denken verfehlt im voraus das Problem. Des Dichters Auffassung geht dahin: Realität kommt letztlich nur Gott zu, und insofern hat der Teufel keine. Iwans Gespräch war jedoch nicht nur die Ausgeburt einer Fieberphantasie, er täumte den Traum von Satan, und dieser war so schrecklich, daß die schwersten Alpträume dagegen ein Kinderspiel sind. Der Teufel hat Iwan tatsächlich heimgesucht in seiner nihilistischen Denkweise «alles ist erlaubt» und hat ihn zuletzt ins Nervenfieber gestürzt, womit er sein Vernichtungsziel erreicht hat. Nichts freut den Teufel mehr, als wenn man ihn nur als die Spaltung des Ichs auffaßt, ihn demnach rein psychologisch sieht. Dagegen erhob Dostojewski selbst Einspruch: «Man nennt mich einen Psychologen. Das ist nicht richtig. Ich bin nur ein Realist im höheren Sinne, d.h. ich zeige alle Tiefen der Menschenseele.»[42] Um diesen Realismus im höheren Sinn geht es bei der Erscheinung des Teufels im Zimmer des Atheisten Iwan. Nach des Dichters Meinung ist der Teufel nicht zu fassen. Er entgleitet dem Menschen immer wieder. Jedenfalls vergeht es dem ernsthaften Leser nach der Lektüre der «Brüder Karamasoff», sich über die Teufelsvorstellung hohnlächelnd hinwegzusetzen. Dafür ist dieses fiebrige Gespräch zu quälend. In ihm ist eine neue und zugleich uralte Sicht des Teuflischen verborgen. Der Teufel hält sich tatsächlich zu oft in unseren Zimmern auf und diskutiert mit uns, ohne daß wir uns über unsere Gesprächspartner Rechenschaft geben, eine Einsicht, die wir von Dostojewki gelernt haben, bei dem sich das Phantastischste und das Allerrealste enthüllt. Von diesem paradoxen Wirklichkeitsverständnis haben die gegenwärtigen Menschen keine Ahnung mehr, und gerade darum nehmen sie auch den Teufel nicht mehr wahr. Dostojewski dagegen hat die echte Versuchung erlebt, weshalb man mit ihm nicht zu Ende kommt; er fasziniert uns noch heute wie am ersten Tag.

## Georg Bernanos: Abbé Donissan

Nach dem unausgereiften Buch von Giovanni Papini «Der Teufel» ist «Frankreich das gelobte Land des Satanismus»[43]. Nun gab es in Frankreich etliche Schriftsteller, die der Faszination des Bösen verfallen waren, indem sie das Böse vom Bösen aus betrachteten und damit die Menschen nur verwirrten. Abgesandte des Teufels versuchten die Leser zu überreden, sich in der Hölle anzusiedeln. Wegen einiger Missetäter ganz Frankreich «das gelobte Land des Satanismus» zu nennen, ist ungerecht und eine krasse Verallgemeinerung. Frankreich hat bis in die moderne Zeit hinein auch immer wieder unvergleichliche Heilige hervorgebracht, Menschen, die dem Teufel den Kampf ansagten.

Die französische Literatur setzte sich mehrfach mit Satan auseinander. Jules Barbey d'Aurevilly veröffentlichte unter dem Titel «Teufelskinder» eine Novellensammlung, in der er im Vorwort versichert: «Der Verfasser dieser Geschichten, der an den Teufel und seine Macht in der Welt glaubt, meint es durchaus ernst.»[44] Die Novellen sind jedoch kein Teufelswerk, obwohl der Staatsanwalt damals den Dichter einklagte und die Novellen einstampfen ließ. Es war vielmehr eine psychologische Dichtung, die den Menschen in seiner unlöslichen Verstrickung in die erotische Triebwelt schilderte. Jules Barbey d'Aurevilly war ein Außenseiter. Seine Romane erregten Anstoß, zeigte er doch eindrucksvoll die Gewalt der Leidenschaft, die bis zur Selbstzerstörung führte.

Auch in den späteren Werken des flämischen J. K. Huysmans «Gegen den Strich» und «Tief unten» spielt der Satanismus einen Rolle. Beide Dichter waren überzeugte Katholiken und wollten eindeutig vor dem Teufelsgedanken abschrekken. Trotzdem sind ihre Werke nur Präludien zum französischen Teufelsthema.

Das wichtigste Zeugnis stammt aus der Feder von Georg Bernanos. Er hatte ein vulkanisches Temperament und bezahlte mit seiner Person, wie der Franzose zu sagen pflegt. Albert Béguin hat sich um den Nachlaß von Bernanos verdient gemacht, doch das bedeutsamste Buch über den Dichter schrieb Hans Urs von Balthasar. Man darf sich von der Auseinandersetzung mit Bernanos nicht durch die Ausrede dispensieren, er sei zu militant gewesen, zumal er wirklich strahlende Heiligenbücher schrieb. Seine heftigen Angriffe richteten sich gegen die lauen Christen und gegen allzu klerikale Katholiken, über die er schonungslos seine Geißel schwang.

Bloße Weihrauchschwinger und Kopfnicker erregten seinen Zorn. Es lebte in ihm ein echtes Pathos der Gerechtigkeit. Anfänglich beschritt er in der Politik einen Irrweg, arbeitete sich dann aber zu großem, christlichem Mut hindurch. Es wäre falsch, seine politischen Schriften als schreiende Pamphlete zu diskreditierien. Nach seinen Briefen ist Bernanos einzig und allein aus den Quellen seiner Kindheit zu verstehen. Es war sein Anliegen, in das Antlitz unserer verlorenen Zeit hineinzuschauen. Er leuchtete tief in den Schlund der Gegenwart hinab und sah seine Zeitgenossen in die falsche Richtung marschieren, wovor er sie unermüdlich warnte.

Im «Tagebuch eines Landpfarrers» finden sich die Sätze: «Aber der Geschichtsschreiber, der Sittenlehrer und sogar der Philosoph wollen nur den Verbrecher sehen, sie schaffen sich ein Bild des Bösen nach dem Gleichnis des Menschen. Vom Bösen Selbst machen sie sich überhaupt keine Vorstellung, von dieser ungeheuern, saugenden Sehnsucht des Leeren, des Nichts.»[45] Bernanos selbst machte sich dieses Vergehens nicht schuldig; er sah den Bösen und scheute sich auch nicht, ihn beim Namen zu nennen. Das erforderte Mut im laizistischen Frankreich, was ihm unvergessen bleibt.

In seinem Roman «Unter der Sonne Satans» ließ Bernanos sich vom Pfarrer von Ars inspirieren, dessen Gestalt er dichterisch verarbeitete. Dies ist nicht nur eine Vermutung. Bernanos hatte das Leben Vianneys genau studiert und hat ihn nicht einfach historisch erfaßt, sondern er ist für ihn zu einem Heiligen in einer unheiligen Welt geworden. Er nannte den Helden seines ersten Romanes Abbé Donissan, «als wäre er ein zweiter Pfarrer von Ars»[46]. Mögen seinem ersten Roman noch einige Mängel anhaften, so war es doch eine gespenstige Analyse des Bösen, ein würdiger Auftakt zu den nachfolgenden Werken. Bernanos betrieb keine falsche Heroisierung des Teufels, es lag ihm nichts daran, den negativen Menschen zu verherrlichen, der sich in den Krallen des Widersachers befindet. Satan war für ihn das Grauen, dem der Mensch entgegengeht. Er nannte beim Namen, was hinter dem Nichts steht: das Böse, das ohnehin verschiedene Aspekte hat. So ist beispielsweise die Lüge kein bloß moralischer Defekt, sondern das feingesponnene Netz, in das sich der Mensch verfängt, um nachher wie eine Fliege von der lauernden Spinne ausgesaugt und aufgefressen zu werden.

Satan gesellte sich in einer finsteren Nacht zum heiligmäßigen Abbé Donissan, der plötzlich spürte, daß er nicht mehr alleine des Weges schritt. «Jemand geht neben ihm her. Offenbar ein kleiner, sehr lebhafter Mann, bald rechts, bald links, bald vor, bald hinter ihm – man kann seinen Umriß schlecht erkennen – er läuft nebenher, ohne zunächst ein Wort zu sprechen.»[47] Schließlich ergab sich doch ein Gespräch; der unbekannte Begleiter gesteht, daß «er sozusagen nirgends wohne», weil er «keine Zeit habe, irgendwo Wurzel zu fassen»[48]. Und plötzlich wird es dem gequälten Abbé Donissan klar, wer das Wesen ist, das in dieser nächtlichen Wanderung neben ihm als Pferdehändler einhergeht. Es war er, «der zum schändlichsten Begleiter seines schmerzensreichen Lebens werden sollte. Es war das erste Mal, und dennoch erkannte er ihn ohne Schwierigkeit. Es war ihm sogar versagt, in dieser Minute an seinen Sinnen oder seinem Verstand zu zweifeln.»[49] Der geplagte Abbé vermag dem quälenden Gespräch nicht auszuweichen, obschon er sich in der pechschwarzen Nacht auf den Boden setzt und nicht weiter will, setzt sich der andere unverschämterweise einfach neben ihn und fährt in seiner grauenhaften Rede weiter: «Ich halte die Kälte aus, ich halte wunderbarerweise Hitze und Kälte aus. Aber ich wundere mich, daß Sie noch immer unbeweglich hier auf dem gefrorenen Schmutz sitzen. Sie müßten längst tot sein, wahrhaftig… Sie haben sich allerdings vorhin auf der Straße tüchtig Bewegung gemacht, lieber Freund… Was mich angeht, so friere ich offengestanden… Ich friere immer… das sind so Dinge, über die ich nicht gern spreche… Trotzdem sind sie wahr… Ich bin die Kälte selbst. Das Wesen meines Lichts ist unerträgliche Kälte… Aber lassen wir das… Ich wünsche nur, Ihnen behilflich zu sein und daß Sie mich auf der Stelle vergessen. Ich werde Sie nicht vergessen. Ihre Hände haben mir sehr weh getan… und auch Ihre Stirn, Ihre Augen und Ihr Mund… Ich werde sie nie mehr wärmen: an ihnen ist mir buchstäblich das Mark in den Knochen zu Eis gefroren; das kommt gewiß von den Salbungen her, von eurer verfluchten Sudelei mit geweihtem Öl – verdammte Zauberkünste. Sprechen wir nicht mehr davon…»[50] Es ist ein ganz außerhalb aller Logik sich abspielendes Gespräch, wie man es nicht für möglich hält, das Abbé Donissan mit seinem Partner führt, der ihn aushöhnt, als er Gebete zu stammeln beginnt, weil sie keinen Pfifferling wert seien, der sogar mit fröhlichem Gewieher die Worte der Hostienweihe sprechen kann und den der Priester umsonst fortzuschicken versucht. Der Heilige von Lumbres aber antwortet ihm: «Mir ist gegeben, dich zu sehn. Soweit es dem Menschenblick möglich ist, sehe ich dich. Ich sehe dich unter deinem Leid zermalmt, bis an die Grenze des Vernichtetseins – aber es wird dir nicht bewilligt werden, du gequältes Geschöpf.»[51] Während des Gespräches wandert Abbé Donissan weiter, doch kommt er immer wieder auf denselben Punkt zurück. Er bewegt sich wie im Kreis. Satan führt den Menschen nicht weiter, sondern läßt ihn immer nur um sich selber drehen, damit er nicht den Weg zu Gott findet.

Im Verlaufe des Gespräches sagte der als Pferdehändler verkleidete Satan zum armen Abbé Donissan noch: «Oh, ihr, die ihr von der Welt nur blinde Farben und leere Töne kennt, empfindsame Herzen, lyrische Lippen, auf denen die bittre Wahrheit gleich einem Naschwerk zerginge – enge Herzen, dürre Lippen – all dies ist nicht für euch. Eure Teufeleien richten sich nach euern schwachen Nerven, euern zarten Hirnen, und der Satan euers wunderlichen Kults ist nur euer eigenes Zerrbild; denn der Anhänger der Welt des Fleisches ist sich selber Satan. Das Ungeheuer sieht euch lachend an, aber mit seinen Krallen hat es euch verschont. Es findet sich nicht in euern geilen Blicken, euern ruchlosen Händen, euern Ohren, die voll Wind sind. Vergebens sucht ihr es in dem verborgenen Fleisch, das eure elende Lust durchdringt, ohne je sich zu sättigen, und aus dem Mund, in den ihr beißt, rinnt nur schales, blasses Blut... Aber Satan ist trotzdem... Er ist im Gebet des Einsiedlers, in seinem Fasten und seiner Kasteiung, im Innern der tiefsten Verzückung und im Schweigen des Herzens... Er vergiftet das Weihwasser, er brennt in der geweihten Kerze, atmet im Mund der Jungfrauen, verwundet mit dem Büßerhemd und der Geißel, und wohin er kommt, ist alles vergiftet. Man sah ihn auf den Lippen lügen, die sich öffneten, um das Wort der Wahrheit zu verkünden, man sah ihn, wie er den Gerechten durch Donner und Blitze seligen Entzückens bis in die Arme Gottes verfolgte... Warum sollte er so viele Menschen der Erde streitig machen, die wie Tiere auf ihr kriechen, bis sie morgen wieder von ihr bedeckt sind? Diese dunkle Herde geht von allein ihrem Schicksal entgegen... Sein Haß bleibt den Heiligen vorbehalten.»[52] Damit gesteht Satan, daß er sich nicht so sehr um die gewöhnlichen Menschen und um die Übeltäter kümmert, die ihm ohnehin ins Garn gehen, sondern um die Heiligen, die sich seiner Herrschaft entziehen wollen. Da die Heiligen den Angriffen des Teufels besonders ausgesetzt sind, nehmen sie in diesem Buch einen bevorzugten Platz ein.

Nach Bernanos hatte es Abbé Donissan mit einer Realität

und nicht mit einem Phantasiegebilde zu tun, obwohl die Gestalt bald verschwindet, um plötzlich wieder als Doppelgänger ihm gegenüberzustehen. Dabei wußte der Dichter genau, daß auch für einen gelehrten und geschmeidigen Priester seiner Zeit der Teufel nicht mehr ernst zu nehmen sei und man seinen Namen nicht nennen konnte, ohne zu lachen. Bei Abbé Donissan war es anders, denn ihn hatte Satan gleichsam an der Kehle gepackt, beständig hatte er seinen Namen auf den Lippen, und dabei sprach er ihn so ungewöhnlich aus, daß er dem Leser das Herz durchbohrte. Bei Bernanos hat Satan die Menschen wieder unter den Füßen; sie werden von ihm breitgetreten, erstickt und überdeckt, mit einem Wort, er ist wieder der Fürst dieser Welt, als der er im Neuen Testament geschildert wird.
Was ist bei Bernanos geschehen? Nichts Geringeres, als daß der Teufel wieder erkannt wurde, und zwar als eine höchst aktive Macht. Bernanos hatte sich nicht umsonst in das Leben des Pfarrers von Ars vertieft, spürt man doch die unsichtbare Anwesenheit des Teufels auf Schritt und Tritt. Der Dichter notierte sich: «Wer könnte zum Beispiel daran zweifeln, daß die Schau des Pfarrers von Ars erschütternder war als jede andere? Er war sich bewußt, daß das Böse um seiner selbst willen geliebt wird, daß auch die Hölle ihre Klöster besitzt.»[53] Bernanos' Buch «Unter der Sonne Satans» erregte unerwartetes Aufsehen. Man hatte es im aufgeklärten Frankreich nicht für möglich gehalten, daß ein moderner Dichter eine dermaßen erregende Schilderung vom Teufel zu geben imstande sei. Es war unmöglich, dies nur als literarischen Effekt zu betrachten, dazu stand die Wahrheit zu gewaltig da. Das Gelächter verstummte auf den Lippen der Spötter, weil sie den Teufel leibhaftig zu spüren bekamen. Einen Moment stutzten seine Zeitgenossen, rannten dann aber blindlings weiter, ohne seine Worte länger zu bedenken. Satan war für Bernanos nicht das in der Welt herrschende

Prinzip der Verneinung. Das wäre viel zu blaß, zu akademisch, zu professoral ausgedrückt. Nein, für diesen Mann war Satan wieder der Gegenspieler Gottes, der brutale, auf Seelenmord ausgehende Teufel der alten Kirche. Bernanos, als echter Christ, sprach wieder von ihm. Jedenfalls hatte er den Mut, in einer Zeit, in der es beinahe eine Frage des guten Geschmackes war, das Wort «Teufel» nicht mehr in den Mund zu nehmen, wieder von ihm ganz elementar zu reden. Bernanos hat sich nicht gescheut, allen Vorurteilen zum Trotz, den Widersacher wieder in seiner bestürzenden Wirksamkeit zu zeigen. Niemand wird nach der Lektüre vom längst überholten Aberglauben reden, der seit der Aufklärung keinen Platz mehr in der Welt hat. Das Böse, das Dämonische, das Satanische ist da; es existiert und wird in dem Moment wieder sichtbar, da auch das Göttliche glaubhaft gegenwärtig ist. Man muß sich nur hüten, es sich in kindischer Form vorzustellen. Bei Bernanos geht der Teufel in unauslotbare Tiefen, kehrt immer wieder anders zurück, da das Problem der Lüge seine Grundlage ist. Bedeutsam bleibt, daß dieser Dichter, der durchaus auch um die Heiligen wußte, das Einbrechen des Teufels signalisiert hat, ein Ereignis, das der neuzeitliche Mensch in seiner oberflächlichen Geschwätzigkeit nicht erwartet hat. Bernanos wurde nach dem Zweiten Weltkrieg auf die Seite geschoben, begreiflicherweise, denn Frankreich hatte sich durch das Kriegsgeschehen so wenig verändert wie irgendein anderes europäisches Land, waren sie doch alle an einem törichten Nachholbedürfnis interessiert. Der heutige Mensch leidet an einer unverzeihlichen Vergeßlichkeit; er vergißt alles sehr schnell und hat auch sein besseres Selbst vergessen. Doch wird man auf Bernanos zurückkommen, da seine Romane zur bleibenden christlichen Literatur gehören, deren Tiefe sich erst nach mehrmaliger Lektüre erschließt.

*

Man mag einwenden, es sei unstatthaft, dichterische Aussagen der Wirklichkeit gleichzusetzen, denn es handle sich bei den angeführten Beispielen um poetische Schöpfungen ohne Realitätswert. Der Einwand ist naheliegend, und trotzdem beruht er auf einer Verkennung. Für den Dichter sind seine Gestalten so wirklich wie die Menschen. Dostojewskis «Idiot» besitzt einen stärkeren Wirklichkeitscharakter als irgend jemand, der vor zehn Jahren gestorben ist.

Die erwähnten Teufelserscheinungen sind keineswegs Schöpfungen dichterischer Phantasie. Die Künstler erlebten reale Teufelsbegegnungen. Der Dichter Julien Green erzählt in seiner Autobiographie «Jugend», daß, zu seiner grauenhaften Überraschung, sich plötzlich außer ihm noch eine zweite Person im Raum befunden habe. «Jemand, der hinter mir stand, beugte sich über meine Schulter, als wolle er sehen, was ich schrieb. Keinen Augenblick herrschte Ungewißheit in meinem Geist, ich erkannte das Wesen sofort an dem namenlosen Grauen, das es mir einflößte.»[54] Der Dichter stürzte aus dem Zimmer auf die Straße und schlotterte am ganzen Körper. Er hatte den Teufel nicht gerufen, er kam ungerufen, das Böse im Menschen beschwört ihn herauf. Julien Green kommentiert das schreckliche Erlebnis: «Man gibt sich alle Mühe, die Existenz des Teufels in Frage zu stellen, aber es ist unbestreitbar, daß die Seele, die seine Nähe gespürt, dies nie vergessen kann.»[55] Für den Dichter war das Blendwerk des Dämons keine bloße Einbildung, bezeugte er doch mehrfach die Präsenz des Teufels. Blitzartig war die Begegnung mit dem Teufel da, in der sich jedoch mehr ereignete, als in vielen leeren Jahren. Seinem Erlebnis kommt um so größere Bedeutung zu, als Julien Green der Verfasser von finsteren Romanen und äußerst lichtvollen Tagebüchern ist. Ein überaus ernsthafter, bis auf den Grund der Dinge bohrender Dichter schrieb diese Werke, ein Mensch, dem man unbedingtes Vertrauen schenken darf.

In einer Zeit, da die Menschen ahnungslos vom Nichts verschluckt werden, haben die Dichter, unbekümmert um Spott und Hohn, die Nähe des Teufels aufgezeigt, und zwar mit der Vollmacht des Dichterwortes. Was sie über Satan geschrieben haben, hat den Wert eines Zeugnisses; man ist versucht, die Schlußworte des Johannesevangeliums anzuführen: «...und wir wissen, daß sein Zeugnis wahr ist»[56]. Ein Zeugnis weist stets auf das hin, was größer ist als jede Diskussion für oder gegen eine Frage. Es schließt seinen Wert in sich selbst ein und erträgt nur eine Deutung: «Wenn diese schweigen, werden die Steine schreien.»[57]

## *Schlußbetrachtung: Ritter, Tod und Teufel*

Wir suchen nach einem Bild, das den Inhalt der Ausführungen gleichnishaft zusammenfaßt, und finden zahlreiche Gemälde, denn nicht nur die Dichter, sondern auch die Maler haben sich dem Teufelsproblem gestellt und haben den Bösen erfaßt. Kunst ist Ausdrucksmöglichkeit, ist Gestaltungskraft des Menschen, ist Dascinserhellung und Hilfe zum richtigen Schauen. Darum hat sie den Menschen, die Landschaften und die stillen Dinge, aber auch die elementaren Naturereignisse und die hintergründigen Mächte zum Gegenstand. Der Maler bedient sich dabei der Sprache der Farbe, der Zeichnungen und der Skizzen. Seine Werke sind aus dem geistigen Leben schlechterdings nicht wegzudenken. In der vorliegenden Thematik waren Grünewald, Bosch und Brueghel nicht die einzigen Künstler, die die Dämonen furchterregend gemalt haben. Ebenso stark und erschreckend haben Van der Weyden und Michelangelo, Pacher und Goja, Kubin und die Symbolisten den Teufel und seine Trabanten dargestellt. Otto Dix schilderte das Kriegsgeschehen, G. Grosz das Treiben in der Großtstadt unter dem Aspekt: Überall ist Satan deutlich am Werk. Man würde nicht bald zu einem Ende gelangen, wollte man die Schau all jener Maler ausbreiten, die mit scharfem Blick ein dämonisiertes Dasein gemalt haben. Ein Teufelsbuch in Bildern wäre unangenehm und abstoßend zugleich. Es würde niemandem helfen, und zugleich wäre es kein Gegenstück zum Buch «Bleibt ihr Engel, bleibt bei mir».

Reinhold Schneiders Feststellung besteht zu Recht: «Wir

möchten noch weiter gehen und sagen: ein Künstler, der nicht an den Teufel glaubt oder an seine dämonischen Knechte, wird die wahre Welt nicht ins Bild fassen; sein Werk wird uns nicht mehr erreichen in dieser Stunde.»[1]
Tatsächlich läßt uns der größte Teil der modernen Malerei mit ihrer ungegenständlichen Farbornamentik in der heutigen bedrohten Weltsituation völlig kalt. Sie mutet als Spielerei, ja als Effekthascherei an, die ein geringes künstlerisches Vermögen verrät und die Stunde verkennt, die es auf der Weltenuhr geschlagen hat. Ein ernsthaftes Bild will zum Menschen sprechen; sein Schöpfer fühlt sich jedoch unverstanden, wenn man unberührt an seinem Werk vorüber eilt. Der heutige Mensch leidet freilich an einer Bilderüberflutung und wegen des Fernsehens zugleich an einer Bilderblindheit, weil allzu viele Eindrücke unverarbeitet an ihm vorbeihuschen. In der Folge vermag er gar nichts mehr richtig anzuschauen, auch jene Dinge nicht, an denen man unter keinen Umständen vorbeisehen darf.
Um dieser flüchtigen Bilderbetrachtung bewußt entgegenzutreten, sei aus der Fülle der Teufelsbilder nur ein einziges ausgewählt, ein Werk von Albrecht Dürer. Er zählt zu den aufgewühlten Künstlern, die die Not ihrer turbulenten Zeit lebhaft gespürt haben, zwar anders, aber nicht weniger scharf als seine Zeitgenossen Grünewald und Riemenschneider. In seiner Seelenbedrängnis schrieb er das ergreifende Gebet um die Einheit der Christenheit: «Ach Gott im Himmel, erbarme dich unser! O, Herr Jesu Christe, bitte für dein Volk, erlöse uns zur rechten Zeit, bewahre in uns den rechten, wahren christlichen Glauben, versammle deine weit getrennten Schafe durch deine Stimme, in der Schrift dein göttlich Wort genannt! Hilf uns, daß wir diese deine Stimme erkennen... Rufe die Schafe deiner Weide wieder zusammen mit samt den Indianern, Moskowitern, Reußen und Griechen.»[2] Dürer begrüßte Luther, brach in laute Klagen aus bei dem fal-

schen Gerücht, Luther sei auf der Heimfahrt von Worms gestorben, und blieb trotzdem zeitlebens der alten Kirche treu. Der Künstler war in jeder Beziehung ein ungewöhnlicher Maler, bei dem sich das überraschende Eingeständnis findet: «Die Schönheit, was das ist, das weiß ich nicht.»[3] Wir wissen es auch nicht, und am allerwenigsten wissen es die geistreichelnden Schöngeister, die sich im bloßen Ästhetizismus gefallen. In vielen seiner Bilder stellte Dürer die Fragwürdigkeit seines Jahrhunderts dem Betrachter eindringlich vor Augen. Wer vermag den berühmten Stich «Melancholia» anzuschauen, ohne die lastende Schwermut zu fühlen? Und wer empfände nicht die spürbare Geborgenheit des «Hieronymus in der Klause»? Dürer vermochte noch mit verehrender Andacht einfache «Grashalme» zu malen, genau hinzusehen auf die schlichten Dinge, und daneben kühn die «Vier Apostel» zu schaffen, die in der weltlichen Ratsstube von Nürnberg hingen.

Ich möchte aus Dürers reichhaltigem Werk zum Abschluß auf seinen Stich «Ritter, Tod und Teufel» hinweisen. Schon früh hat er die Aufmerksamkeit auf sich gezogen und hat die verdiente Berühmtheit erlangt. Der junge Nietzsche, der mit ritterlichem Ernst seinen Weg suchte und sich noch nicht an allerlei glitzernden Macht-Paradoxien berauschte, bekannte offen: «Dieses Bild steht mir nahe, ich kann kaum sagen wie.»[4] Es ist und bleibt eine geistige Votivtafel, die ausdrükken will: das Leben ist ein tragisches und gefährliches Abenteuer, wer weiß, ob einer sein Schicksal auch besteht.

Der erste Blick gilt dem Ritter. Er ist ein Kämpfer; seine Rüstung zeigt, daß er bereit ist, in die Schlacht zu ziehen. Das Ideal des Ritters war zu Dürers Zeiten noch nicht verblaßt, trat doch der Ritter für die Schwachen und Bedrängten ein. Dafür ist Georg, der Drachentöter, das unvergängliche Vorbild, das man aus unverständlicher Symbolblindheit als unhistorisch aus dem Heiligenverzeichnis verbannte. Wie alles

in der Welt, wurde auch das Rittertum schändlich mißbraucht. Brutale und gewalttätige Raubritter traten auf und brachten die hehre Idee in Mißkredit. Trotzdem lebte das Ideal weiter, man denke nur an den unvergeßlichen Don Quijote, diese ergreifendste Gestalt der Weltliteratur, und an seine Gespräche mit Sancho Pansa, die man nicht genug lesen kann. Die Christenheit kann auf den ritterlichen Menschen nicht verzichten, denn in allen Jahrhunderten bedurfte sie der Ritter ohne Furcht und Tadel. Das transponierte Ideal des geistigen Ritters bedeutet viel. Wennschon es in unserer unritterlichen Zeit unter Schutt und Geröll begraben liegt, wird es eines Tages wieder entdeckt werden.
An seiner Seite reitet der Tod, der ihm das Stundenglas, das Symbol der unablässig verrinnenden Zeit, vor die Augen hält. Kein Mensch weiß zu sagen, zu welcher Stunde seine Zeit abgelaufen sein wird, ganz gewiß ist nur, daß sie einmal kommen wird. Dies ist sogar das einzig Gewisse in aller Ungewißheit. Auch der junge Mensch hat allen Anlaß, ernsthaft an den Tod zu denken, zumal in der heutigen Zeit zu viele Menschen den elenden Straßentod erleiden. Niemand entwischt dem Tod. Freund Hain, wie Matthias Claudius ihn nannte, nimmt jeden eines Tages in Empfang, sei es den Akkermann beim Pflügen, den Reichen beim Geldzählen, die Edelfrau beim Spaziergang, den Bischof beim Weiden seiner Herde, wie es Holbein in seinen Totentanzbildern so eindringlich dargestellt hat. Man tut gut daran, der Worte Benedikts zu gedenken: «Des Todes immer und überall gegenwärtig sein.»[5] Vielleicht kommt die Zeit des Abschiednehmens dann, wenn man es am wenigsten denkt, jedenfalls haben die Menschen im Mittelalter schon das Lied gesungen: «Mitten wir im Leben sind mit dem Tod umfangen.» Der Tod geht beständig neben dem Menschen einher. Dürers Ritter macht sich keiner Oberflächlichkeit schuldig, die das nicht sehen will, dem doch alles Fleisch entgegengeht. Zwar

vermag der Mensch das Todesproblem in keiner Weise zu bewältigen. Auch alle frommen und intellektuellen Überlegungen nützen ihm in dieser Stunde nichts, da er dem «letzten Feind», wie Paulus den Tod nennt, ganz real gegenüber steht. Kein Aufbäumen hilft, unfehlbar wird er bezwungen. Alle verstummen vor diesem unentwirrbaren Rätsel, das weder Kranzgepränge noch Leichenschmaus überspielen können.

Hinter des Ritters Pferd stelzt der Teufel einher, der spätmittelalterlichen Vorstellung entsprechend mit gräßlicher Fratze. Er bleibt nie zurück. Allezeit ist er dem Menschen auf den Fersen und lauert auf eine günstige Gelegenheit, ihn zu Fall zu bringen. Verblendet ist der Mann, der von diesem unsichtbaren Feind nichts wissen will. Der Künstler hat sich dieser sträflichen Nachlässigkeit nicht schuldig gemacht. Er hat den Teufel in seine Lebensrechnung einbezogen. Dürers Ritter ist sich stets der heimtückischen Angriffe des Teufels bewußt.

Zwischen dem Tod und dem Teufel reitet der Ritter unentwegt seines Weges. Mit ingrimmigem Ernst und offenkundiger Tapferkeit schaut er weder nach links noch nach rechts. Er blickt geradeaus und blinzelt nicht ironisch seitwärts. Offenbar weiß er Bescheid um die beiden schrecklichen Begleiter seines Lebens:

«Dem garst'gen Paar, davor den Memmen graut,
Hab immerdar ich fest ins Aug geschaut.»[6]

Er sieht sich auch nicht ängstlich nach ihnen um, noch weniger zuckt er erschreckt zusammen. Der Ritter hält auf seinem Weg nicht inne, sondern reitet mit gläubigem Mut unerschrocken weiter, allezeit zum Streit bereit. Das kämpferische Element ist nicht zu übersehen und bedeutet in diesem Zusammenhang in anderer Formulierung: Mahnung zur höchsten Wachsamkeit. Er weiß sich auf seinem Ritt von einer höheren Hand gehalten. Dürers Bild enthält eine zeitlose Wegweisung. Unter dem Aspekt, «und wenn die Welt voll Teufel wär'», ist das Leben eines Christenmenschen aufzufassen, ein Schicksal, dem er ein tapferes «Dennoch» entgegensetzt. Das «Dennoch» ist eines der allerletzten Worte des Glaubens, eine entschlossene Entschlossenheit, mit der der Christ zu leben hat.

Nun gilt es, noch das Entscheidende hinzuzufügen. Was sagt nach C.F. Meyers erwähntem Gedicht der Pfarrer, der den Dürer-Stich in Huttens kahle Kammer hängt? Kurz und bündig spricht er das jeden Beschauer direkt angehende Wort:

«Der Ritter, Herr, seid Ihr.»

# *Quellennachweis*

*Motto:*
Franz Grillparzer, sämtl. Werke,
ed. Frank, Bd. I, S. 557

## Die moderne Vielmeinerei

[1] Simone Weil: Schwerkraft und Gnade, 1952, S. 232
[2] J. W. Goethe: Die Faustdichtungen, Artemis-Ausgabe, S. 220
[3] M. Buber: Bilder von Gut und Böse, 1952, S. 49/51
[4] L. Ziegler: Menschwerdung, 1958, Bd. II, S. 289
[5] F. Kafka: Tagebücher und Briefe, 1937, S. 234 u. 213
[6] J. G. Jung: Symbolik des Geistes, 1948, S. 403
[7] F. Stier: Vielleicht ist irgendwo Tag, 1981, S. 240
[8] R. Huch: Urphänomene, 1946, S. 110
[9] Dostojewski: Die Brüder Karamasoff, 1925, S. 273
[10] 2. Kor. 4,8
[11] R. Blunk: Nietzsche, 1952, S. 217
[12] Theodor Haecker: Der Christ und die Geschichte, 1965, S. 250
[13] P. Tillich: Über das Dämonische, 1926, S. 4
[14] J. Böhme: Sämtl. Schriften, 1955, Bd. IX, Sendschreiben 45 u. 47
[15] Dostojewski: Literarische Schriften, 1920, S. 356
[16] 1. Kön. 19,7

## Unter den Söhnen Gottes

[1] P. Claudel: Das Buch Job, 1948, S. 7
[2] Sacharja, 3,1/2
[3] Hiob 1,6
[4] 1. Moses 6,2
[5] Hiob 1,6
[6] Hiob 1,7
[7] Jesus Sirach, 37,3
[8] Hiob, 1,7
[9] Hiob 1,8
[10] Hiob 1,9–10
[11] Hiob 1,12
[12] Hiob, 2,3
[13] 1. Chron. 21,1
[14] Hiob, 6,4
[15] M. Susman: Das Buch Hiob, 1946, S. 27
[16] Nelly Sachs: Fahrt ins Staub-lose, 1961, S. 95

## Fahre aus, du unreiner Geist

[1] P. Schütz: Die Kunst des Bibellesens, 1964, S. 52/3
[2] R. M. Rilke: Über Gott, 1934, S. 28 u. 30
[3] 2. Clemens-Brief, 1,1
[4] Lk. 4,12
[5] Mk. 1,24
[6] Mk. 5,7
[7] Mk. 5,1
[8] Lk. 22,31/2
[9] Mt. 12,24
[10] Mt. 12,28
[11] Mt. 12,43/5
[12] Lk. 10,18
[13] H. Kutter: Wo ist Gott? 1926, S. 36
[14] Joh. 8,44
[15] Joh. 13,31
[16] Joh. 3,16
[17] Joh. 12,31
[18] A. Schweitzer: Die Mystik des Apostel Paulus, 1930, S. 366
[19] 1. Kor. 10,21
[20] Eph. 6,12
[21] 2. Kor. 12,7
[22] 2. Thess. 2,7
[23] 2. Kor. 11,14
[24] Röm. 16,20
[25] Mt. 16,23
[26] Joh. 21,15
[27] 1. Petr. 5,8
[28] Judas-Brief, 9
[29] Mt. 24,29
[30] 4. Esra-Buch, 7,30
[31] K. Koch: Ratlos vor der Apokalyptik, 1970, S. 67
[32] Himmelfahrt Moses, 10,1
[33] Off. Joh. 4,10
[34] Off. Joh. 2,24
[35] Off. Joh. 12,7–9
[36] Weish. Sal. 2,23/24
[37] Off. Joh. 20,2
[38] 1. Joh. 3,8

## Dem Teufel verschrieben

[1] Pred. Sal. 3,21
[2] Mk. 12,24/5
[3] Matth. 25, 46
[4] Theresia von Jesu: Sämtl. Schriften, 1952, Bd. I., Kp. 32
[5] Ignatius von Loyola: Geistliche Übungen, 1924, S. 50/51
[6] H. Sedlmayer: Der Tod des Lichtes, 1964, S. 21
[7] Charles de Tolnay: Hieronymus Bosch, 1965, S. 52
[8] R. Schneider: Winter in Wien, 1958, S. 120
[9] Sedlmayr: Der Tod des Lichtes, 1964, S. 32
[10] E. Bernanos: Tagebuch eines Landpfarrers, 1936, S. 192
[11] Hebr. 9,27
[12] Kierkegaard: Die Tagebücher, ed. Haecker, 1923, Bd. II, S. 60
[13] Off. Joh. 20,10
[14] Joh. 16,33
[15] 1. Joh. 4,18
[16] Dostojewski: Die Brüder Karamasoff, 1925, S. 528/9
[17] 1. Kor. 15,55

[18] Ch. Baudelaire: Mein entblößtes Herz, 1946, S. 23
[19] Die Deutschen Volksbücher, ed. R. Benz, 1924, S. 200
[20] Goethe: Die Faustdichtungen, Artemis-Ausgabe, S. 151
[21] ibid., S. 181
[22] F. Gundolf: Goethe, 1920, S. 676
[23] Thomas Mann: Dr. Faustus, 1947, S. 701/2
[24] ibid., S. 727
[25] 2. Moses, 22,18
[26] F. X. Seppelt: Geschichte der Päpste, 1957, Bd. IV, S. 369 ff.
[27] F. Merzbacher: Die Hexenprozesse in Franken, 1970, S. 24
[28] Pascal: Pensée, Nr. 262
[29] Soltan-Heppe: Geschichte der Hexenprozesse, 1911, Bd. I, S. 1
[30] Pred. Sal. 13,16
[31] I. Sprenger und H. Institoris: Der Hexenhammer, 1980, S. 99
[32] ibid., S. 100
[33] ibid., S. 104
[34] F. Spee: Güldenes Tugendbuch, 1968, S. 15
[35] F. Spee: Cautio criminalis, 1982, S. 53
[36] ibid., S. 32
[37] ibid., S. 93
[38] ibid., S. 162
[39] ibid., S. 9
[40] ibid., S. 174
[41] ibid., S. 40
[42] ibid., S. 98
[43] ibid., S. 134
[44] ibid., S. 23
[45] ibid., S. 128
[46] ibid., S. 20
[47] ibid., S. 135
[48] ibid., S. 102
[49] ibid., S. 153
[50] 1. Tim. 4,7
[51] Pred. Salomo, 12,12
[52] Schwager: B. Bekker, 1780, S. 65
[53] Spee: Cautio criminalis, S. XVIII

## Und wenn die Welt voll Teufel wär'

[1] M. Luther: Sämtl. Werke, E. A. 1826, Bd. 53, S. 106
[2] B. Lohse: Martin Luther, 1981, S. 195
[3] Grillparzer: Ein Bruderzwist im Hause Habsburg, II. Aufzug
[4] Luther: Vorlesung über den Römerbrief, ed. Ellwein, 1927, S. 166
[5] R. Schneider: Erbe und Freiheit, 1955, S. 184
[6] Kierkegaard: Tagebücher, ed. Haecker, 1923, Bd. II. S. 118
[7] ibid., S. 153
[8] ibid., S. 258
[9] Vgl. W. Kütemeyer, Kierkegaard: Der Einzelne und die Kirche, 1934
[10] Vgl. K. A. Meissinger: Der katholische Luther, 1952
[11] W. von Löwenich: Luthers Theologie crucis, 1954, S. 245
[12] Luther; Römerbrief, S. 310
[13] ibid., S. 117
[14] E. A. 34,286
[15] Römerbrief, S. 270, 341, 472
[16] E. A. 59,338

[17] ibid., 60,22
[18] ibid., 60,38/39
[19] ibid., 59,332
[20] ibid., 59,345
[21] ibid., 43,323
[22] ibid., 63,385
[23] ibid., 53,306
[24] ibid., 30,199
[25] ibid., 24,288
[26] Althaus: Luthers Haltung im Bauernkrieg, o. J., S. 32
[27] E. A. 57,65
[28] ibid., 58,301
[29] ibid., 60,4
[30] Althaus: Die Theologie M. Luthers, 1963, S. 145
[31] E. A. 60,59
[32] ibid., 60,47
[33] ibid., 59,320
[34] ibid., 59,324
[35] ibid., 60,42
[36] ibid., 17,205
[37] ibid., 62,171
[38] Römerbrief, S. 420
[39] ibid., S. 424
[40] ibid., S. 427
[41] E. A. 31,363
[42] 1. Petri, 4,17
[43] E. A. 32,10
[44] H. Preuss: Die Vorstellungen vom Anti-Christ im späten Mittelalter, bei Luther und in der konfessionellen Polemik, 1906, S. 102
[45] E. A. 19,163
[46] 1. Mos. 6,6
[47] R. Huch: Luthers Glaube, 1917, S. 98
[48] E. A. 60.1
[49] Römerbrief, S. 461
[50] ibid., S. 430
[51] E. A. 59,325
[52] ibid., 60,53
[53] ibid., 60,60
[54] ibid., 60,12

## Heilige kämpfen mit dem Widersacher

[1] Mk. 16/17
[2] Athanasius: Das Leben des Antonius, Kp. 5
[3] ibid., Kp. 8
[4] ibid., Kp. 9
[5] ibid., Kp. 9
[6] ibid., Kp. 10
[7] ibid., Kp. 25
[8] ibid., Kp. 30
[9] ibid., Kp. 42
[10] ibid., Kp. 23
[11] Gregor: Das Leben des Benedikt, Kp. 8
[12] ibid., Kp. 9
[13] R. Durrer: Bruder Klaus, 1917, Bd. I, S. 463
[14] ibid., S. 469
[15] ibid., S. 546
[16] ibid., S. 49
[17] Kierkegaard: Begriff des Auserwählten, ed. Haecker, 1917, S. 365
[18] b/E. Michaelis: Geisterreich und Geistermacht, 1949, S. 23
[19] Leo von Assisi: Der Spiegel der Vollkommenheit, 1935, Kp. XIX

## Die vollkommene List

[1] Kierkegaard: Furcht und Zittern, o.J., S.40
[2] Pascal: Pensées, Nr.77
[3] M.Claudius: Werke, 1924, Bd.III, S.251
[4] G.Bernanos: Wider die Roboter, 1949, S.85
[5] Baudelaire: Prosaschriften, ed. Küchler, 1955, S.120
[6] Huysmans: Gegen den Strich, 1965, S.255
[7] Denis de Rougemont: Der Anteil des Teufels, 1949, S.79
[8] Kierkegaard: Die Tagebücher, ed. Haecker, 1923, Bd.II, S.146
[9] H.Kutter: Das Unmittelbare, 1921, S.189/90
[10] Pred.Sal. 7,11
[11] Hauser: Deutschland zuliebe, 1980, S.193
[12] Rougemont: Der Anteil des Teufels, S.146
[13] Karl Jaspers: Die geistige Situation der Zeit, 1930, S.131
[14] ibid., S.55
[15] ibid., S.182
[16] D.Bonhoeffer: Widerstand und Ergebung, 1961, S.275

## Das Zeugnis der Dichter

[1] K.Guggenheim: Einmal nur, 1981, S.136
[2] Oskar Loerke: Die Schriften, o.J., Bd.II, S.615
[3] R.Schneider: Macht und Gnade, 1940, S.250
[4] A.von Chamisso: Werke, 1864, Bd.II, S.,253
[5] ibid., S.256
[6] ibid., S.256
[7] ibid., S.281
[8] Thomas Mann: Adel des Geistes, 1945, S.55
[9] Hebräische Erzähler, ed. Mittelmann, 1964, S.324
[10] J.Gotthelf: Sämtl.Werke, 1912, Bd.XVII, S.206
[11] W.Bergengruen: Dichtergehäuse, 1966, S.219
[12] Benno von Wiese: Die deutsche Novelle, 1956, S.195
[13] Gotthelf: Werke, Bd.XVII, S.37
[14] ibid., S.39
[15] K.Fehr: Gotthelf, 1954, S.324
[16] Gotthelfs Werke, Bd.XVII, S.56
[17] ibid., S.72
[18] ibid., S.93
[19] ibid., S.33
[20] ibid., S.79
[21] ibid., S.77
[22] ibid., S.97
[23] ibid., S.79
[24] ibid., S.95
[25] ibid., S.75
[26] Mereschkowsky: Gogol und der Teufel, 1963, S.36
[27] Der unbekannte Dostojewski, ed. Füllop Miller, S.200/2

[28] Dostojewski: Die Dämonen, 1926, S. 598
[29] Dostojewski: Die Brüder Karamasoff, 1964, S. 1039
[30] ibid., S. 1040
[31] ibid., S. 1040
[32] ibid., S. 1041
[33] ibid., S. 1049
[34] ibid., S. 1049
[35] ibid., S. 1049
[36] ibid., S. 1051
[37] ibid., S. 1061
[38] ibid., S. 1063
[39] ibid., S. 1063
[40] ibid., S. 1064
[41] ibid., S. 1066
[42] Dostojewski: Literarische Schriften, 1920, S. 363
[43] Giovanni Papini: Der Teufel, 1955, S. 223
[44] Jules Barbey d'Aurevilly: Teufelskinder, o. J., S. 5
[45] Bernanos: Tagebuch eines Landpfarrers, 1936, S. 172
[46] Bernanos: Unter der Sonne Satans, 1937, S. 268
[47] ibid., S. 159
[48] ibid., S. 161
[49] ibid., S. 166
[50] ibid., S. 169/70
[51] ibid., S. 174
[52] ibid., S. 140/1
[53] A. Béguin: Bernanos, 1958, S. 128
[54] Julien Green: Jugend, 1980, S. 251
[55] ibid., S. 251
[56] Joh. 21,24
[57] Lk. 19,40

## Ritter, Tod und Teufel

[1] R. Schneider: Erbe im Feuer, 1946, S. 123
[2] Albrecht Dürrer: Tagebücher und Briefe, o. J., S. 84
[3] H. Wölfflin: Die Kunst Albrecht Dürers, 1920, S. 308
[4] E. Bertram: Nietzsche, 1921, S. 43
[5] Regel Benedikts, Kp. 4
[6] C. F. Meyer: Sämtl. Werke, o. J., Bd. II, S. 255

*Bitte beachten Sie auch*
*die folgenden Seiten*

# *Walter Nigg im Diogenes Verlag*

## *Große Heilige*

Von Franz von Assisi bis Therese von Lisieux

»Walter Niggs *Große Heilige* haben in Deutschland einen immer wachsenden Kreis von Menschen angezogen, der von den Mönchen des Klosters Maria-Laach bis zu den protestantischen Theologie-Studenten reicht und noch viel weiter reichen sollte. Denn in diesen Biographien wird dem Leser die volle Wirklichkeit eines Lebens vor Augen gestellt, dessen Inhalt ein unendliches Zwiegespräch der Seele mit dem transzendenten Du Gottes war. Die nüchtern-klare Diktion Niggs rückt die mystischen Gestalten der Heiligen in die geistige Reichweite des modernen Menschen.« *Die Zeit, Hamburg*

## *Das Buch der Ketzer*

Von Simon Magus bis Leo Tolstoi

Walter Nigg beschreibt fromme, innerlich freie Gottes- und Wahrheitssucher, die sich von der Kirche getrennt haben oder von ihr ausgestoßen und als Ketzer verschrien worden sind: Er zeigt diese Häretiker als echt religiöse Menschen, die mit ihrer unabhängigen, nur Gott verpflichteten Haltung der Gegenwart Wesentliches zu sagen haben: Simon Magus, Origines, Kaiser Julian, Meister Eckhart, John Wycliff, Johannes Hus, Martin Luther, Thomas Müntzer, Giordano Bruno, Spinoza, Pascal, Lessing, Tolstoi u.a.

»Das in seiner Darstellung großartige und in seiner Problematik erregende *Buch der Ketzer* ist mehr als ein Kapitel Kirchen- und Geistesgeschichte.«
*Welt und Wort*

## *Vom Geheimnis der Mönche*

Von Bernhard von Clairvaux bis Teresa von Avila

Walter Nigg geht dem Geheimnis der großen Ordensgründer nach, erzählt aus dem Leben von Augustinus, Benedikt, Franz von Assisi, Bernhard von Clairvaux, Teresa von Avila, Ignatius von Loyola und vielen anderen mehr. Dieses Werk macht uns bekannt mit den großen Ordensgründern, die dem ewig-gleichen Getümmel einer lärmenden Welt Andacht und Inbrunst gläubiger Herzen gegenüberstellen, der Zerstreuungssucht der Vielen das Gesammelte der Wenigen.

»Was uns bei diesem künstlerisch gestalteten und doch streng wissenschaftlichen Buche erstaunt und erfreut, ist das Talent dieses Schriftstellers, der den Leser von der ersten Zeile an gefangennimmt und sein Interesse selbst bei einem so umfangreichen Buch wachzuhalten versteht.« *Neue Zürcher Zeitung*

## *Das mystische Dreigestirn*

Meister Eckhart, Johannes Tauler,
Heinrich Seuse

»Leben und Werk dreier Mystiker werden beschrieben, d.h. für den modernen Leser in packender Weise aktualisiert; der zu Unrecht von der Inquisition verdammte Eckhart, der herausragende Straßburger Prediger Tauler und der hochpoetische Seuse. Alle drei waren zutiefst beseelt von der Suche nach Gott, von der ›Gottesfreundschaft‹, der Sehnsucht nach immer mehr Innerlichkeit. Sie blieben von Enttäuschungen und Leiden nicht verschont, weil sie sich keinem theologischen System unterwarfen, sondern aphoristisch ›ihren Gott‹ bezeugten. Wie Nigg diese Männer immer wieder in Beziehung zur modernen Literatur bringt, beweist die unglaubliche Belesenheit und Gestaltungskraft dieses Verfassers.«
*Die neue Bücherei, München*

## *Heilige und Dichter*

Von Augustinus bis
Reinhold Schneider

Walter Nigg veranschaulicht zunächst das Wesen der Heiligen an den konkreten Gestalten von Augustinus, Konrad von Konstanz, Heinrich und Kunigunde, Hildegard von Bingen, Albertus Magnus und Thomas von Aquin. Der zweite Teil ist den Dichtern gewidmet: Menschen, die dem Autor auf seinem Lebensweg persönlich begegnet sind, Menschen, die Dichtung noch als etwas Göttliches inmitten eines schweren Lebens erfuhren.

## *Des Pilgers Wiederkehr*

Drei Variationen über ein Thema

Walter Nigg beleuchtet in diesem Werk das Thema der zeitlosen Wanderschaft am Beispiel dreier Pilgerleben: John Bunyan, Verfasser des Erbauungsbuches ›Des Pilgers Reise‹ lebte im 17. Jahrhundert in England und gehörte dem Protestantismus an, Benedikt Labre, ein französischer Heiliger des 18. Jahrhunderts und ein anonymer russischer Pilger des 19. Jahrhunderts. Nigg stellt den religiösen Wanderer als eine zeitlose Erscheinung dar, der eine genuin christliche Haltung verkörpert.

## *Heimliche Weisheit*

Mystisches Leben in der evangelischen Christenheit

Mystik als »das Gebiet am Grenzrand des Glaubens, das Gebiet, in dem die Seele Atem holt zwischen Wort und Wort« (Martin Buber), spielte in der katholischen Tradition schon immer eine wichtige Rolle. Doch wie steht es mit dem Protestantismus? Kennt auch er, neben der aufs biblische Wort ausgerichteten Lehre, mystische Strömungen? Dieser Frage ist Walter Nigg als ein wahrer Entdecker nachgegangen. Dargestellt werden u. a. folgende Mystiker des 16. bis 19. Jahrhunderts: Martin Luther, Thomas Müntzer, Valentin Weigel, Johann Arndt, Jakob Böhme, Angelus Silesius, Peter Poiret, Gottfried Arnold, Gerhard Tersteegen, Michael Hahn, Novalis.

## *Der christliche Narr*

Über Symeon von Edessa, Jacopone da Todi,
Erasmus' *Lob der Torheit*, Philipp Neri, Cervantes' *Don Quijote*,
Heinrich Pestalozzi und Dostojewskijs *Idiot*

Das Menschenbild der Antike war der Weise. Salomo, Lao Tse und Konfuzius, sie alle verherrlichten den weisen Menschen. Das Christentum entthronte die Weisheit und lobte den heiligen Narren. Der christliche Narr mit seinem Hinweis auf die Übervernunft taucht immer wieder auf. An ausgewählten Beispielen zeigt Walter Nigg das dramatische und zugleich beglückende Leben christlicher Narren: Symeon von Edessa, Jacopone da Todi, Philipp Neri und Heinrich Pestalozzi. Beispielhaft in der Literatur sind Erasmus' *Lob der Torheit,* Miguel de Cervantes' *Don Quijote* und Dostojewskijs *Idiot.*

## *Friedrich Nietzsche*

Mit einem Nachwort von Max Schoch

»Nietzsche war eine religiöse Natur, die in einer unreligiösen Zeit nicht mehr den ihr entsprechenden Ausdruck finden konnte. Je mehr man in Nietzsche eindringt, um so stärker drängt sich die religiöse Interpretation auf.« *Walter Nigg*

»Es ist in der theologischen, vor allem in der historisch-biographischen Literatur heutzutage selten geworden, daß einem Autor noch ein wirklicher Fund gelingt. Bei Nigg begegnet man solchem auf Schritt und Tritt, das ist das Große an seinen Büchern.«
*Süddeutscher Rundfunk*

## *Buch der Büßer*

Neun Lebensbilder

Walter Nigg spürt im *Buch der Büßer* die Wirren, Ängste und Probleme im Leben von neun berühmten Persönlichkeiten auf und zeigt in lebendiger Beschreibung, daß es die gleichen Wirren, Ängste und Probleme auch des heutigen Menschen sind. Er zeigt aber auch, wie sie überwunden werden können: durch Einsicht nämlich. Auf dem Gang durch die Jahrhunderte begegnen wir Maria Magdalena, dem Wüstenheiligen Makarius, Margareta von Cortona, Hieronymus Savonarola, dem Abbé de Rancé, Dostojewski, Albert von Polen, Charles de Foucauld und Simone Weil.

»Ein Buch voller Engagement – und voller Modernität; ein Buch, das auch für den Menschen von heute entscheidende Bedeutung hat.«
*Kirchenzeitung, Köln*

## *Große Unheilige*

Auf der Suche nach dem »wahren Bild des Menschen« beschreibt und deutet Walter Nigg mit großem psychologischem Einfühlungsvermögen die Verfehlungen der »Gegenspieler der Heiligen«, ohne deren Größe zu negieren. Dargestellt werden die Lebensläufe der Großen Unheiligen König Saul, Judas Ischariot, Heloise, Kaiser Friedrich II., Michael Bakunin, Charles Baudelaire und Friedrich Nietzsche.

## *Das ewige Reich*

Geschichte einer Hoffnung

Welch immense Bedeutung der Heilserwartung in der Geschichte des Glaubens, in der Philosophie sowie ganz allgemein im Leben zukommt, darauf lenkt Walter Nigg in der ›Geschichte einer Hoffnung‹ den Blick. Dabei interessiert den Autor immer auch die

›andere Seite‹ der Hoffnung: Höchste Freude und dramatische Enttäuschung, Glaube und Mißtrauen liegen gefährlich nahe beieinander. Gerade hier aber sieht Nigg ein außergewöhnliches Potential: Für ihn ist diese Konkurrenz letztlich Quelle aller Kreativität.

»Vermutlich wird jeder, der einmal etwas von Nigg gelesen hat, beinahe süchtig nach weiteren Büchern dieses ebenso feinfühligen wie kunstsinnigen Essayisten unter den Religionswissenschaftlern verlangt haben. Wer ihn noch nicht kennt, ist zu beneiden.« *Rhein-Neckar-Zeitung, Heidelberg*

# *Jeremias Gotthelf im Diogenes Verlag*

»Gotthelf war ohne alle Ausnahme das größte epische Talent, welches seit langer Zeit und vielleicht für lange Zeit lebte.« *Gottfried Keller*

»Dieses großartige, alles Literarische sprengende Phänomen.« *Thomas Mann*

»Es hilft nichts, man kann sich um Gotthelf nicht drücken.« *Hermann Hesse*

»Wieviel Nobelpreis-Bekränzte werden schon längst vergessen sein, wenn Jeremias Gotthelf noch in aller Gemütlichkeit fortexistiert.« *Robert Walser*

*Der Bauernspiegel*
oder Lebensgeschichte des Jeremias Gotthelf. Von ihm selbst beschrieben. Mit einem Essay von Walter Muschg

*Meistererzählungen*
Mit einem Anhang ›Gottfried Keller über Jeremias Gotthelf‹

*Ausgewählte Werke in 12 Bänden*
Herausgegeben von Walter Muschg

*Uli der Knecht*
Eine Gabe für Dienstboten und Meisterleute. Roman

*Uli der Pächter*
Roman

*Anne Bäbi Jowäger*
Roman in zwei Bänden

*Geld und Geist*
Roman. Mit einer Einleitung von Walter Muschg

*Der Geltstag*
Roman

*Käthi die Großmutter*
Erzählung

*Die Käserei in der Vehfreude*
Roman

*Die Wassernot im Emmental / Wie Joggeli eine Frau sucht*
Ausgewählte Erzählungen I

*Die schwarze Spinne*
*Elsi, die seltsame Magd*
*Kurt von Koppigen*
Ausgewählte Erzählungen II

*Michels Brautschau / Niggi Ju / Das Erdbeerimareili*
Ausgewählte Erzählungen III

*Der Besenbinder von Rychiswyl / Barthli der Korber / Die Frau Pfarrerin*
*Selbstbiographie*
Ausgewählte Erzählungen IV

## *Charles Baudelaire im Diogenes Verlag*

### *Die Tänzerin Fanfarlo und Der Spleen von Paris*

Prosadichtungen
Aus dem Französischen von Walther Küchler

»... diese kleinen Spielereien gingen aus einer großen geistigen Konzentration hervor. Dennoch hoffe ich, daß es mir gelingt, ein sonderbares, jedenfalls noch fremdartigeres und eigenwilligeres Werk zu schaffen als die *Blumen des Bösen*, in dem ich das Grauenhafte mit dem Närrischen und sogar das zarte Gefühl mit dem Haß verbinde ... Im Grunde sind es die *Blumen des Bösen* noch einmal, aber mit viel mehr Freiheit, Details und Spott gestaltet.« *Charles Baudelaire*

»Weil es aber etwas anderes ist, das Ungesehene zu erkunden und das Ungehörte zu erlauschen als nur den Geist des Abgestorbenen wieder zu beleben, ist Baudelaire der erste Seher, König der Dichter, ein wirklicher ›Gott‹.« *Arthur Rimbaud*

### *Die Blumen des Bösen*

Gedichtzyklus. Deutsch von Terese Robinson

»Mein lieber Freund, ich habe *Die Blumen des Bösen* zuerst von Anfang bis Ende verschlungen wie eine Köchin einen Feuilletonroman, und nun lese ich den Band seit acht Tagen Vers für Vers und Wort für Wort noch einmal; ja, er gefällt mir und bezaubert mich. Ich liebe Ihre Schärfe mit ihren sprachlichen Köstlichkeiten, die sie zur Geltung bringen wie Damaszierungen auf einer feinen Klinge. Was mir vor allem an Ihrem Buch gefällt, ist, daß darin die Kunst den Vorrang hat. Außerdem besingen Sie das Fleisch, ohne es zu lieben, auf eine traurige und indifferente Weise, die mir

sympathisch ist. Sie sind hart wie der Marmor und durchdringend wie der englische Nebel.«
*Gustave Flaubert an Charles Baudelaire*

»Baudelaire scheint mir eminent gebildet gewesen zu sein; womöglich war er in der Kunst der Verstellung Meister. Übertrug man ihm eine diplomatische Sendung? Nein? Jedenfalls stelle ich ihn mir als einen Salonmenschen von erster Qualität vor.«
*Robert Walser*

»Vielleicht hätte nur Walter Benjamin die Klassik von Terese Robinsons Baudelaire-Übertragung durch Modernität übertroffen.« *Alfred Andersch*

»*Les fleurs du mal* von Baudelaire: ein Buch fürs Leben, für *alle* Leben.« *Rainer Maria Rilke*

## *Friedrich Nietzsche im Diogenes Verlag*

»Der Geist braucht von Zeit zu Zeit einen dämonischen Menschen, dessen Übergewalt sich auflehnt gegen die Gemeinschaft des Denkens und die Monotonie der Moral... Tritt man in Nietzsches Bücher, so fühlt man elementarische, von aller Dumpfheit, Vernebelung und Schwüle entschwängerte Luft: man sieht frei in dieser heroischen Landschaft bis in alle Himmel hinauf und atmet eine einzig durchsichtige messerscharfe Luft, eine Luft für starke Herzen und freie Geister.« *Stefan Zweig*

»Nietzsche ist, was sich immer deutlicher zeigt, der weitreichende Gigant der nachgoetheschen Epoche und seit Luther das größte deutsche Sprachgenie.«
*Gottfried Benn*

*Brevier*
Ausgewählt, herausgegeben
und mit einem Vorwort von
Wolfgang Kraus

*Vom Nutzen und Nachteil der Historie für das Leben*
Herausgegeben und mit einem Nachwort
von Michael Landmann

*Gedichte*
Ausgewählt von
Anton Friedrich. Mit einer Rede von
Thomas Mann

Walter Nigg
*Friedrich Nietzsche*
Mit einem Nachwort von Max Schoch

## Ludwig Marcuse
## *Ignatius von Loyola*
Ein Soldat der Kirche

Ignatius von Loyola, spanischer Grande und Offizier, Gründer und erster General des Jesuiten-Ordens, ist einer der großen, muster- und mythenbildenden Politiker der Weltgeschichte.
Ludwig Marcuse, auch Biograph Sigmund Freuds, Richard Wagners und Heinrich Heines, erzählt mit plastischen Details das Zeitalter der Renaissance, Inquisition und Reformation und zeigt am Beispiel des Ignatius, wie man das macht: Macht gewinnen, ausbauen, behalten.

»Es darf der Loyola, es darf das Christentum nicht denen überlassen werden, die es in Verruf gebracht haben; und nicht von denen ›überwunden‹ werden, die seiner nicht würdig sind.« *Ludwig Marcuse*

## *Carl Gustav Jung*

### *Leben, Werk, Wirkung*

Eine Biographie von Gerhard Wehr

Gerhard Wehrs sorgfältig dokumentierte, umfassende Biographie über Leben und Werk C. G. Jungs, des großen Schweizer Tiefenpsychologen.

»In dem Buch über C. G. Jung ist es Wehr gelungen, diesen vielschichtigen und an Widersprüchen reichen Charakter zu zeichnen.«
*Israel-Nachrichten, Tel Aviv*

»Wehrs Biographie vermittelt mehr als präzise biographische Details, sie läßt die innere Entwicklung C. G. Jungs, wie sie sich in seinem Leben und Werk widerspiegelt, deutlich werden. Hellsichtig und plastisch beschreibt Wehr den Menschen und Denker Jung, aber auch den Arzt, den Ehemann und Vater, den Bildhauer und den Landwirt. Sein Buch ist die erste groß angelegte Jung-Biographie, sie wird über Jahrzehnte ein Standardwerk bleiben.«
*Lothar Hanisch/Buch Journal, Frankfurt*

»So bin ich glücklich, in ihrer Biographie ein Buch empfehlen zu können: es ist das Beste, was je über meinen Vater C. G. Jung geschrieben wurde.«
*Franz Jung an den Autor*